식민지 조선은
어떻게
해방되었는가

이덕주 지음

에디터

식민지 조선은 어떻게 해방되었는가

발행일 | 초판 1쇄 2003년 8월 10일
지은이 | 이덕주
펴낸이 | 김석성
펴낸곳 | 에디터
　　　　서울시 서초구 양재동 371 희빌딩 502호
　　　　1991년 6월 18일 등록 제 1-1220호
　　　　편집부 (02)579-3315
　　　　판매 (02)572(3)-9218　팩스 (02)3461-4070
E-mail | editor1@thrunet.com
인　쇄 | 삼성인쇄주식회사

※ 이 책은 방일영 문화재단의 지원을 받아 저술·출간되었습니다.

ISBN 89-85145-78-9　03910　값 13,000원

식민지 조선은
어떻게 해방되었는가

Introduction

머리말

1945년 8월 15일 정오, 일본 천황 히로히토(裕仁)는 연합국의 포츠담 선언을 수락하는 연설로 4년간 끌어온 태평양전쟁에서 무조건항복을 선언했다. 이로써 일본은 2백만 명에 이르는 군인과 50만 명의 민간을 희생시키고 아무런 소득도 없이 완전히 폐허가 된 국토를 남긴채 패망했다.

일본 제국의 패망은 식민지 조선의 해방을 의미했다.

조선은 일본의 식민지가 된 후 35년간의 질곡의 세월을 끝내고 광명의 천지가 되었다. 조선의 2천만 동포는 일본의 항복 소식에 무조건 환희를 느끼고 저절로 나오는 기쁨을 억누를 수 없었다.

식민지 기간에 조선민족을 그토록 멸시하고 착취하고 탄압하던 일본인들은 초라한 모습으로 쫓겨가고 조선인은 긍지를 갖고 기를 펴고 살 수 있는 세상을 맞이했다.

그런데 억압 통치를 하던 일본인들만 없어지면 우리 끼리 잘 살 수 있으리라는 환상은 너무도 빨리 깨지고 말았다.

국토는 분단되고 사상이 좌우로 갈리고, 그에 따라 정치적 혼란과 경제적 파탄 그리고 사회적 무질서 속에서 사람들의 생활은 급속도로 곤궁으로 몰렸다.

서민들은 그렇다면 '왜 해방이 되었는가?'고 의문을 갖게 되었다.

이러한 정치적 갈등과 사회적 혼란을 가져 온 원인은 무엇보다도 한반도의 남북분단에 있었다.

종전 막바지에 참전한 소련군이 대거 만주와 조선으로 진군해 오자 다급해진 미군은 한반도에서 일본군의 항복을 받아내는 군사분계선을 획정해야 하는 절박한 상태로 몰렸다. 미군은 급한 대로 서울 인천을 포함하는 선, 즉 38도선을 미군과 소련군의 점령구역으로 확정했다.

미군에 의해 깊은 사려없이 그어진 군사분계선은 60년이 지난 오늘날까지 해결되지 못한채 남에는 대한민국이, 북에는 조선민주주의인민공화국이 대치하여 긴장상태를 유지하고 있다.

일본이 조선을 식민지로 만든 것은 1910년 8월 22일 한일합방조약에서 였다. 조선이 일본의 식민지가 된 경위는 저자가 앞서 발간한 『조선은 왜 일본의 식민지가 되었는가』(에디터 간행)에서 자세히 설명했다.

일본은 러시아의 남하정책을 저지하고 만주 지역으로 진출하기 위해 조선을 점령했다. 그 후 그들은 생명선이라고 하는 중국대륙을 침략하기 위해 한반도를 전략적 가교로 이용했고, 그러한 의미로 조선점령은 전수방위개념 즉 군사적 목적에서 이루어졌다.

일본의 조선점령에 영국 미국 프랑스가 내면적으로 양해를 했고 이들 국가는 러시아의 남하정책을 저지해야 한다는 공동의 이해관계를 가지고 있었다.

일본의 지칠줄 모르는 확대정책은 결국 중국대륙과 태평양 지역에서 미국 영국 프랑스 네덜란드 등 서구제국의 국익과 마찰을 일으켰고 마침내는 전쟁이라는 수단을 통해 갈등은 해소되었다.

전쟁이 끝난 후 서구제국은 조선문제에 대해 일본을 무죄로 하고 만주사변에 대해서는 유죄로 했다. 그렇다고 일본이 만주를 침략했다고 해서 유죄로 한 것은 아니었다. 국제연맹도 미국도 일본이 만주를 침략했다고 비난한 것이 아니었다. 일본이 국제조약을 파기하고 조약 당사국의 만주에서의 권리를 침해 했기 때문에 유죄라고 하는 것이다.

당시 국제질서는 도의와 윤리로 약소국을 옹호하지 않았다. 도의와 윤리는 약자의 절규에 지나지 않았고 강대국이 도의를 내세울 때는 다분히 허위와 기만의 슬로건으로 이용했을 뿐이다.

15세기에 마키아벨리는 '목적은 정복이고 수단은 힘'이라는 현실정치를 말했다. 이후 국제정치는 이 기본논리에서 이탈해 본 일이 없다.

일본은 식민지 조선을 35년 간 통치하면서 첫 단계(1910-1919)의 무단정치기와 3.1운동 이후 문화정치기(1919-1931)의 정책전환이 있었지만 기본은 점령목적인 군사적 가교의 기반을 구축하는 데 전념했다.

토지조사사업으로 식민지 재정과 사회제도를 확립하고 산미증식계획으로 농토개량 농사개선을 추진하고, 철도 도로 항만 전신 전화 등 사회간접시설의 확충에 주력했다. 일본은 이것을 가르켜 전후 식민지 시혜론으로 거론하고 있다.

이후 일본이 군국주의화 하면서 전쟁을 시작했고 조선을 일본에 동화시키는 정책을 폈다. 내선일체 국체명징(內鮮一體 國體明徵) 등 슬로건 밑에서 조선인에 황민화교육을 강요했다. 만주사변(1931) 중일전쟁(1937) 태평양전쟁(1941)의 전시체제 하에서 조선 민중은 극도의 고통스러운 세월을 보내야 했다.

한일합방조약에 의해 조선의 영토는 일본영토로 편입되었고 조선인은 일본의 국적을 취득하여 일본인이 되었다. 일본 천황의 소칙에서 일시동인(一視同仁)이라 하여 차별없이 제국신민으로 대우한다고 했다. 법적으로도 차별을 한다는 항목이 없었음에도 불구하고 조선인은 일본인의 권리를 인정 받은 일이 없었다. 그것은 친일파도 부일협력자도 예외는 아니었다. 조선인은 일본인이면서 권리는 없고 의무만 있는 피지배민족으로 처우 받았을 뿐이다. 그들은 항상 조선인을 센진(鮮人) 또는 한토진(半島人)이라고 멸시하고 차별했다.

조선의 지도층은 일제 35년 기간 중 계속 항일 독립투쟁을 전개했다.
이승만 김규식이 주도한 끈질긴 외교활동, 홍범도 이청천 후의 김일성 등이 주도한 만주에서의 무장항일투쟁, 김구 이동휘 등이 이끈 임시정부의 독립운동과 안창호의 실력양성론, 국내에서 벌린 김성수 송진우 등의 민족개량운동 그리고 김재봉 박헌영 이재유 등의 공산당 사회주의자에 의한 항일독립운동이 있었다.
그러나 이러한 독립운동과 항일투쟁으로 조선의 독립을 쟁취하기는 어려운 실정이었다. 일본은 너무 강대하고 조선은 너무도 약했다.
일부에서는 조선의 해방이 세계 열강의 작전과 힘에 의해 성취되었다기 보다는 임시정부를 구심점으로 하여 국내의 우리 동포가 뭉친 민족독립전쟁의 세력이 복합화된 조직과 투쟁에 이룩되었다는 견해(백범어록)를 말하기도 하지만 그것은 조선인의 자긍심을 표현하는 것일지는 몰라도 현실을 냉철하게 분석하는 데는 도움이 되지 못한다.

비록 두동강이 난 불구의 상태로 해방은 되었지만 이러한 결과는 일본이 연합국에 패전했기 때문이었다. 그러면 왜 일본은 미국과 전쟁을 해야 했는가. 일본 군부도 미국이 초강대국이라는 것은 잘 알고 있었다. 장기전으로 가면 반듯이 진다는 예측도 했다. 그러나 일본은 미국의 석유 금수조치로 궁지에 몰려 더 이상 견디기 어렵게 되었고, 미국과의 단기결전의 승산과 독일의 승리를 너무 과신했다.

그리고 루스벨트 대통령의 대일본 강경책이 미국을 물러서지 않게했다. 미국은 단호히 일본을 응징해야 한다고 방침을 정했다.

구한말 이래로 조선인은 미국에 크게 기대했다. 한규설, 민영환 등이 이승만을 미국으로 보내 미국의 도움을 청했고 이승만, 서재필 등은 임시정부를 승인해줄 것을 미국정부에 줄기차게 청원했다.

그러나 미국정부는 좀처럼 조선인의 청원을 들어주지 않았다. 처음에는 일본과의 약속 때문에 주저했고 그 후에는 조선인의 지도층이 너무 분열되었기 때문이라고 했다. 심지어 임시정부는 조선을 통치한 일도 없고 하나의 자치 클럽이라고까지 했다. 이승만은 조선에서 잘 알려지지도 않았고 조선인을 대표하지 않는다고도 했다.

그리고 무엇보다도 아쉬었던 점은 미국정부가 조선인의 자립 능력을 인정하지 않았다는 것이다. 루스벨트 대통령은 조선은 강대국에 의해 20년 혹은 5년이라도 신탁통치를 받아야 한다고 생각했다.

이러한 미국정부의 생각은 종전 후 미국이 남한에 군정을 실시하기 전에 일제의 행정기관원에게 계속 집무를 명령하는 데서 뚜렷이 드러났다. 일제의 식민통치기구는 인정하면서도 임시정부를 비롯한 한국인의 단체는 일체 인정하지 않는 태도를 보였다.

이것은 미국의 조선에 대한 연구가 부족한 탓도 있지만 조선인 지도층의 분열과 알력이 지나치게 부각되어 미국정부의 신뢰를 얻지 못한 이유도 있다.

　조선의 지도층이 일치단결하여 한 목소리를 내지 못한 데는 조선인의 분파주의적 습성이 강하기 때문이다. 자기 주장을 너무 강하게 내세우고 다른 사람의 의견을 존중하지 않고 상호 협력하는 자세가 결여되었다. 그것은 스스로 반성해야 할 문제점이다.

　그리고 외부적으로는 일본의 독립운동자에 대한 분열획책과 제1차세계대전 이후 전세계를 풍미한 사회주의 사상 때문이었다.

　사회주의 사회는 태어나서 무덤까지 생활이 보장되고 누구나 걱정없이 평등하고 평화롭게 살아 갈 수 있다고 하는 장밋빛의 꿈을 심어주었다. 사회구조를 변경시켜 부의 재분배를 통해 최대 다수의 최대 행복을 약속하는 이 사상에 매력을 느끼지 않을 수 없었다.

　많은 독립운동자들이 소련의 피압박민족의 해방이라는 슬로건에 기대를 걸었고 민족혁명(독립)과 사회혁명(계급타파)의 동시 수행이라는 목표에 쉽게 물들어 갔다. 당시에는 계급혁명을 부르짖지 않는 사람은 사상이 없는 사람으로 취급되는 상황이었다. 이러한 사회주의 사상은 현실적으로 실현되기 어려운 것은 그 후 역사가 증명하고 있다. 때문에 민주주의 자유주의를 신봉하는 많은 사람과 융화되지 못하고 갈등을 가져왔다.

　또한 일본의 조선 지도층에 대한 회유와 강권으로 많은 지도층인사들이 친일파로 전향하게 된 것도 지도층 빈곤을 가져온 원인 중 하나다.

　많은 역사학자들은 일제 35년을 기술할 때면 항상 수탈론을 들고 있다. 일본은 조선에서 수많은 자원을 약탈해갔고 특히 쌀을 최고 8백만석까지 수탈해 갔다고 주장한다. 물론 일본의 필요에 의해 양은 조절되었을지 몰라도 대금도 지불하지 않고 약탈해 갔다고 할 수는 없다. 조선은 필요한 생필품을 수입하기 위해 수출을 할 품목은 쌀 이외에 별로 없었던 것도 사실이다.

조선은 부존자원이 풍족하지 못하고 산업시설의 규모가 너무 작아서인지 총독부 예산은 일본정부 예산에 비하면 너무도 격차가 심했다. 그 예로서 일본정부의 예산은 중일전쟁이 시작된 1937년에 131억 엔(일반회계 27억엔, 임시군사비를 포함한 특별회계 104억엔)에 비해 조선총독부 예산은 고작 4억 2천만 원이었다. 태평양전쟁이 발발한 1941년에 일본정부 예산은 453억 엔(일반회계 81억 엔, 특별회계 372억 엔)이었고 조선총독부 예산은 10억 1천만 원이었다. 일본정부 예산이 급격히 늘어난 1944년에 1천 384억 엔에 비해 조선총독부 예산은 24억 원이었다.

그러나 일본은 연이은 패전으로 병력이 고갈되어 전쟁 말기에 이를 보충하려고 조선에서 인적자원을 대량 동원했다.

한국의 오늘날 근대화 기조에는 일본통치가 토대가 되었다는 '식민지 근대화론'이 최근에 제기되고 있다. 일본의 나카무라(中村哲) 교토대학 교수의 주장이다. 그는 그 논리적 근거로 식민지화에 의해 전근대적 경제구조가 파괴되어 해체되었고 그 위에 일본에 종속되는 경제구조가 만들어졌고 그 과정에서 일본의 자본을 중심으로 한 자본주의 경제가 급속하게 발전되었다는 점을 들었다. 이러한 주장은 다시 미국의 카터 엑카트 하바드대학 교수와 조지 타운대학의 데니스 맥나마라 교수가 동조했다. 한국에서는 안병직 교수가 이 이론에 찬동하고 있다.

그러나 한국의 근대화가 일본의 식민지시대에 사회간접시설의 확충으로 다소 도움이 되었을 수는 있겠지만 근대화 자체가 식민지통치와 직결되었다는 주장은 믿기 어렵다. 그러한 면에서 수탈론이나 근대화론 모두 좀더 계량적 연구가 있어야 한다.

일본의 식민지 통치가 끝난지도 이미 60년이 가까워지고 있다. 그러나 아직도 한반도에서 분단의 상처가 치유되지도 못하고 있는 것은 이러한 식민지 시대의 유산이 한반도의 분할을 가져왔고 그후 세계정세가 미국과 소련의 양극체제로 냉전으로 발전한 데 원인이 있다. 소련의 사회주의체제의 붕괴로 세계질서는 큰 변화를 가져왔음에도 불구하고 오늘도 한국인은 남북의 첨예한 대립으로 이데올로기와 국제질서의 갈등 속에서 시련을 겪고 있다.

한반도는 주변의 일본과 중국 그리고 미국과 러시아 등 강대국이 접속되는 지리적 요충에 자리잡고 있기 때문에 역사적으로 항상 이들 강대국간의 마찰 속에서 시달리며 살아왔다.

앞으로도 이러한 국제환경의 긴장 속에서 살아가야 할 한국인이 어떻게 생존하고 발전해 나가야 하는가 하는 지혜를 필요로 하는 것이 한국인에 지워진 숙명이면서 사명이기도 하다.

그러한 뜻에서 일제 35년에 있었던 일들을 국제적 흐름을 따라 조망해보고 강대국간의 갈등과 충돌이 어떻게 우리에게 영향을 주었는가를 두서없는 글로 엮어보았다.

2003년 8월 해방 58주년을 맞아

지은이 이덕주

contents

차례

■ 머리말/ 4

제1장 식민지가 된 조선

미국에서 듣는 망국소식/ 17   합방 후 외국으로 떠난 유학생들/ 20   세 차례에 걸친 '한일협약'/ 22   조선 총독부의 발족/ 25   데라우치(寺內正毅) 초대 총독/ 28   초기 총독부의 무단정치/ 29   토지조사사업/ 32   동양척식회사 설립/ 34   양가는 망하고/ 36   대민에서도 도지조사사업 실시/ 38   총독부의 제1단계 조선통치/ 40

제2장 제1차 세계대전과 3.1운동

대전의 발발/ 43   미국의 참전/ 46   러시아 혁명/ 48   전쟁종결과 평화/ 50   일본의 활약/ 52   굴러들어온 군수붐/ 53   흥분한 일본 사회/ 55   오만해진 일본/ 56   '민족자결의 원칙'/ 58   조선에서 일어난 3.1운동/ 60   일제의 무력진압/ 64   제암리사건/ 66   3.1운동에 대한 외국의 반향/ 68   3.1운동의 의의/ 69   일본의 양식있는 지식인들/ 71

제3장 총독의 유화정책과 참정권 논란

조선에 대한 정책변화 절감/ 73   사이토 총독의 유화정책/ 74   다이쇼(大正) 데모크라시/ 77   조선 독립청원의 좌절/ 79   선교사의 배후조정/ 81   사이토 총독의 선교사 유화정책/ 83   총독부 미국에 사절 파견/ 85   무장 독립군/ 86   식민지의 참정권/ 88   조선인 차별의 법적근거/ 89   미국에서의 식민지 논쟁/ 91   조선에서의 참정권 논의/ 92   여운형과 자치문제 협상/ 94   참

정권의 재론/ 97   민족주의 우파의 동조/ 98   일본에서 일어난 쌀소동/ 100
총독부의 조선 산미증식계획/ 102   조선의 공업화 정책/ 102   식민통치 제2
기의 총독부의 재정/ 104

제4장 20년대 세계정세와 공산당

러시아에 소비에트 정부 수립/ 107   공산당에 심취하는 유학생들/ 110   조선
공산당 창립/ 110   이승만과 임시정부/ 113   좌익과 우익이 충돌하는 일본
정세/ 115   관동 대지진/ 117   쇼화(昭和)시대의 개막/ 119   전후 유럽의 양
상/ 120   사회주의의 매력/ 122   전체주의와 사회주의/ 123   나치즘의 등장
/ 125   중국의 국민당과 공산당/ 127   조선 공산당의 좌절/ 128   레닌과 소
련 공산당/ 130   대중 소비사회로 들어간 미국/ 131   미국의 보수화/ 133

제5장 일본의 군국주의화

다나카 내각과 동방회의/ 135   관동군의 장작림 폭살사건/ 136   일본 경제의
취약성/ 138   일본인의 데모크라시에 대한 실망/ 139   군인들이 찾는 활로
/ 141   우익과 군부의 결합/ 143   군부의 행동 개시/ 145   청년장교들의 쿠데
타계획/ 147   히틀러와 독일/ 150   스탈린과 소련 사회주의 건설/ 152   마르
크스 사상과 볼셰비키/ 154   미국 공산당/ 157

제6장 루스벨트와 고노에(近衛) 수상

세계 대공황/ 161   프랭클린 루스벨트의 등장/ 165   보호무역주의로 회귀
/ 169   루스벨트와 스팀슨/ 171   루스벨트의 일본관/ 174   다나카 메모리얼
/ 177   루스벨트와 칼슨 대위/ 178   중국 로비와 차이나핸즈/ 180   고노에 후
미마로(近衛文磨)/ 183   지나사변(支那事變)=중일전쟁/ 185   국가총동원법
/ 188   서구에 의존하는 일본 경제/ 189   남경학살/ 190   중국인의 생활상
/ 192   중국 공산당과 모택동/ 194

contents

제7장 전시하 조선인의 항일운동

조선인의 항일운동/ 197 6.10만세사건/ 198 만주에서의 독립운동/ 199 1930년대의 독립운동/ 201 동북인민혁명군과 김일성/ 202 의열투쟁(암살과 테러)/ 205 우가키 총독 시대의 조선통치/ 208 미나미(南次郎) 총독/ 210 식민통치 제3기(1931-1945)의 총독부재정/ 211 세출예산 분석/ 213 조선인의 해외 이주/ 214 조선으로 이주한 일본인/ 216 한 일본인 토목공사 감독의 경험담/ 216 일본인 순사/ 220 사범학교 설립/ 222 일본 천황과 황민화 교육/ 224 천황의 어진영(御眞影)/ 225 신사참배/ 226 일본인의 천황제론/ 227

제8장 유럽에서 시작된 제2차 세계내전

히틀러의 제3제국 건설/ 229 독일의 폴란드 침략/ 234 고노에의 제2차 내각/ 235 일독이(日獨伊) 3국 동맹/ 236 히틀러가 일본에 거는 기대/ 237 루스벨트와 조지 워싱턴/ 239 맨해튼 계획/ 242 일본의 제로센/ 243 미군이 무서워 한 제로센/ 244 일본과 미국의 군사비 차이/ 247 미국의 경제 제재/ 248 일본이 독일에 거는 기대/ 251 미소의 협력 체제/ 252 자포자기의 전쟁인가/ 253 스탈린과 소련의 경제 성장/ 255 히틀러의 새로운 질서/ 257

제9장 진주만 기습공격

개전을 결정하는 어전회의/ 259 대서양헌장/ 260 미·일 수뇌회담의 좌절/ 261 도조(東條英機) 수상의 등장/ 262 도조 최후의 협상노력/ 263 헐 노트의 수교/ 265 전쟁으로 몰린 일본/ 267 진주만 기습 공격/ 268 고립주의의 포기/ 271 전쟁의 원인/ 272 권한이 없는 천황/ 274 암호해독/ 276 루스벨트는 하와이공격을 사전에 알았는가/ 278

제10장 일본군의 승전과 패전

일본 서전 승리에 도취/ 281 전략물자 수송문제/ 284 미드웨이 해전의 패전/ 286 육군의 대묘지가 된 과달카날/ 288 미·일 국력의 차이/ 291 일본 육·해군의 작전 미스/ 294 카사블랑카 회담/ 295 루스벨트의 무조건 항복요구/ 297 카이로와 테헤란 회담/ 299 얄타 회담/ 301 미국의 전후 독일과 일본 처리안/ 303 소련의 위협을 감지한 미국무성/ 304

제11장 전시하의 조선인

임시정부 승인요구의 좌절/ 309 만주와 연안 중경의 무력투쟁/ 314 인적 물적자원의 동원/ 315 애국반의 활약/ 318 독립투사를 고문하는 조선인 경찰들/ 319 친일 문인들/ 322 항일문학/ 323 반민특위의 활동과 좌절/ 325 박정희와 만주군관학교/ 328 만주군관학교 출신들/ 329 최규하와 대동학원/ 330 장면과 노기남/ 331 여운형의 전후 준비/ 333 중경 임시정부와 김구/ 334

제12장 일본의 패망

본토결전/ 337 일본은 이미 그로키 상태/ 339 B29와 일본공습/ 341 가미카제 특공대/ 342 소련에 매달리는 일본/ 345 포츠담선언/ 346 천황의 결단/ 347 아나미(阿南) 육상의 자결/ 350 자결로 사죄/ 351 전략폭격조사단/ 352 천황을 처벌해야/ 357 천황이 전쟁을 반대했다면 쿠데타가/ 360

제13장 한반도의 분단

식민지 조선의 해방/ 365 분단의 배경/ 368 38도선의 분할/ 370 미국은 일본열도 독식에 포만감/ 373 미숙했던 미군정/ 374 지도층의 준비부족/ 377 북한의 실정/ 379 미국과 소련의 결별/ 381

제1장 식민지가 된 조선

미국에서 듣는 망국소식

1904년 2월 8일, 러일전쟁이 시작되었다. 조선과 만주를 둘러싸고 주도권다툼을 벌여오던 일본과 러시아는 수년간 끌어오던 협상이 결렬되자 드디어 결전으로 돌입했다.

일본군은 5월 1일, 압록강에서 러시아군을 격퇴하고 여순을 향해 진군했다. 이무렵 1898년 만민공동회사건으로 투옥되었던 이승만(李承晩)이 6년간의 영어의 생활에서 풀려났다. 민영환, 한규설 등 혁신파가 정권을 잡은 후 이들의 도움으로 8월 9일 석방되었다. 이승만이 미국을 향해 조국을 떠난 것은 그 해 11월 4일이었다.

민영환과 한규설은 이 난국을 해결하는 길은 미국의 도움이 필요하다고 생각했다. 그러나 전쟁 중 일본공사의 내정간섭을 받고 있는 상황에서 미국을 비롯한 열강의 지원을 요청하는 외교활동을 직접 벌이기는 불가능한 실정이었으므로 이승만을 미국으로 보내 은밀하게 미국 정부의 도움을 청하는 길을 모색한 것으로 보인다.

민영환은 이승만을 만나 그 뜻을 전했다.

'조국의 위난에 처하여 우리의 힘은 너무나 미약하다'면서 '쓰러져 가는 이 나라의 운수를 바로 잡으려면 다른 거대한 힘을 빌릴 수밖에 없다. 이러한 우리의 노력을 게을리해서는 안 된다'고 말했다.[1]

이리하여 이승만은 민영환과 한규설이 딘스모어(Hugh A. Dinsmore) 앞으로 써준 편지와 민영환이 주미공사에게 보내는 편지 등 여러 외교문서를 트렁크 속에 숨겨서 미국으로 떠났다. 딘스모어는 1887년부터 2년 동안 주한 미국공사로 재임했던 인물로 당시에는 아칸소주에서 선출된 하원의원이었다. 한규설은 이승만에게 여비로 50원을 주었고 독립협회 회장과 김가진 등도 이승만에게 여비를 보태주었다.[2]

이렇게 해서 조선을 떠나 도미한 이승만은 1904년 12월 31일 워싱턴에 도착했다.

이승만은 다음 해 1905년 여름 모닝 코트를 빌려 입고 뉴욕에서 전철을 타고 롱 아일랜드의 사가모아 힐로 향했다. 데오도어 루스벨트 대통령의 사저를 방문한 것이다. 그는 루스벨트 대통령에게 일본이 조선을 식민지화하려는 기도에 적극 개입하여 막아주도록 호소했다.

루스벨트 대통령은 당시 러일전쟁의 종결조건을 결정하는 포츠머스 조약의 준비에 쫓기고 있었다. 대통령은 부드럽게 대화는 했으나 지원 약속은 하지 않았다. 미국은 이미 일본이 미국의 필리핀 병합을 지지하는 것과 교환조건으로 조선에서의 일본의 프리 핸드를 인정하고 있었다.[3]

자신의 뜻을 이루지 못한 이승만은 우선 학업에 전념하기 위해 워싱턴대학에 입학하여 1907년 졸업하고 하버드대학에서 석사학위를 받았다.(1908)

이승만은 공부를 더 하려고 한 이유를 다음과 같이 말했다.

"설령 일본이 우리에게 정부와 나라의 일을 다 맡길지라도 조직하고 참으로 들어앉아 일할 만한 사람이 누구란 말이오. 이것은 실로 한심한 것이오. 이것이 실로 나라 망하는 근본이라. 신문에 글 한 장을 지어 보내어 조선 사람이 어찌하여 죽는 줄을 알게 하려 하여도 공부가 있어야 하겠고, 군사를 가지고 접전을 하려 하여도 세상 형편과 공론을 아는 자라야 할지라"고 하면서 그가 공부하려고 하는 것은 후에 월급을 더 많이 받자고 하는 것도 아니고 행세를 낫게 하려고 하는 것이 아니라고 말했다. 그는 오직 "나라를 위하고 동포를 위하여 내 몸이 먼저 한 강병이 되어야 붓으로 싸우든지 지혜로 싸우든지 할 것"이기 때문에 공부를 더 하는 것이라고 했다.[4]

그리고 그는 프린스턴대학에서 '미국

박사학위를 받은 이승만

신민회를 주도한 안창호

상해임시정부 초대 국무총리
이동휘

의 영향을 받은 중립'이라는 학위논문으로 1910년 7월 우드로 윌슨 총장으로부터 박사학위를 받았다.

이승만은 박사학위를 받은 지 한달 여가 지난 8월 29일 '한일합방조약'의 체결 소식을 전해 들었다. 이때 그의 나이는 서른다섯 살이었다.

당시 미국에 망명겸 유학으로 체재하고 있던 사람들은 유길준, 서광범, 박영효, 서재필, 김규식, 윤치호, 백상규, 이대위, 안창호 등이었고 순수 유학을 목적으로 도미한 사람들은 박용만, 이승만, 이강, 신성구, 신흥우, 백일규, 정한경, 양주삼, 이원익 등 약 60명이었다.[5]

한편 일본에서 유학하고 있던 학생들은 을사보호조약이 체결된 다음해인 1906년 1월에 대한흥학회를 조직했다. 주동이 된 것은 최린, 최남선, 허헌, 고희동 등이었으며 그 후 한일합방 이전에 유학 간 김성수, 송진우, 조만식, 이광수, 김홍량, 백남훈, 김낙용, 이용창, 임병일, 함석은 등이 주요 멤버로 참가했다.

합방 후 외국으로 떠난 유학생들

한일합방에서 3.1운동 때까지 망명 출국하여 도미한 사람들을 교포사회에서는 '신도(新渡) 학생'이라 불렀다. 신도학생들은 대부분 일본의 총독정치의 핍박에서 탈출하여 중국 상해나 유럽의 프랑스를 경유하여 도미했다. 이 무렵 미국 정부는 재미 조선인들의 애국적 활동을 동정하여 대한인국민회의 신원보증만으로 그들의 입국을 허용하고 영주권을 주었다. 이 기간에 도미한 유학생들은 약 5백 명으로 추산되는데 조병옥, 임병직, 윤영선, 주영한, 이춘호, 여운홍, 황진남, 장붕, 김여식, 백낙준 등이었다.

그 후, 1920년부터 1940년까지 총독부 여권을 소지하고 도미한 유학생들을 제3기로 보는데 289명이나 되었다. 이들 유학생들은 장덕수, 허정, 김도연, 김양수, 서민호, 최순주, 하경덕, 이철원, 황창하, 신성구, 유태경, 한경직, 장이욱 등과 여성으로는 최필례, 임영신, 김활란, 박은혜 등이 있었다.

이 시기에 영국으로 유학 중인 학생은 윤보선, 이활, 신성모, 장덕수, 장택상 등이었다.[6]

1910년대 일본으로 유학한 유학생의 학비는 월 25원 정도가 필요했다. 수업료가 4원 50전, 교통비 2원 내외, 하숙비 12원, 기타 책값, 용돈 등 최소한 25원이 소요되었다. 이 학비를 벌기 위해 많은 유학생들이 아르바이트를 했다. 구두닦기, 창문닦기, 접시닦기, 정원청소, 우유배달, 신문배달 등 다양했다. 고국의 특산품인 고려인삼이나 김 등을 본국에서 가져와 행상을 하는 유학생들도 있었다.

김성수를 비롯하여 신익희, 백남훈, 최두선, 김양수, 양원모, 현상윤, 이광수, 이병도, 최팔용 등이 와세다(早稻田)대학에서 학업을 했고 연장자로는 안재홍, 김병로, 송진우, 문일평, 조만식 등이 있었다.

1916년 5월경, 재일 유학생은 모두 524명이었고, 그 중 도쿄에 171명이 있었다. 일본 경시청은 이들 유학생을 갑호와 을호로 구분하여 감시하고 있었다. 특히, 요시찰 경계인물인 갑호의 83명을 집중 감시했다. 경찰은 몇 명의 끄나풀을 매수하여 유학생 사이에 이간을 하고 중상모략

등으로 분열을 책동했다.[7]

조선의 청년들은 이렇게 '한일합방'을 전후하여 대거 조국을 떠난 것이다.

이들은 나라의 국운이 기울어가는 것을 가슴 아파했고 내 실력을 연마하여 이 나라를 구해야겠다는 웅지를 품고 유학의 길에 올랐다. 미국, 영국, 일본 등 선진국에서 서양문물을 배워 나라를 위해 몸바치겠다는 의지로 애국심을 불태우면서 오로지 학문에 전념했다.

이승만이 말한 것처럼 내 한몸의 출세를 위해서 또는 더 나은 수입을 위해서라기보다 내가 공부하여 강병이 되어야 일본에 맞서는 한 사람이 될 것이라는 신념으로 이역 땅에서 온갖 고난의 생활을 견디었다.

미국, 영국 등 서구로 유학한 학생들은 자연히 선진국의 민주주의 자유주의 사상을 배웠고 일본으로 유학한 사람들은 일본의 탄압을 피부로 느끼면서 민족주의를 키워나갔으며, 한편으로는 사회주의 사상에 의탁하여 국내외에서 독립운동의 길을 잡아가기도 했다.

세 차례에 걸친 '한일협약'

조선은 1910년 '한일합방조약'으로 일본의 식민지가 되었지만 일본은 그 전에 조선을 식민지화하기 위해 세 차례에 걸친 조선 무력화 정책을 진행했다.

그 첫번째가 1904년 8월 22일 체결된 '제1차 한일협약'이다. 이 협약으로 일본은 조선 정부에 재정고문과 외교고문을 강제로 초빙하도록 규정했다. 이 규정에 의해 당시 일본 정부의 대장성 주계국장(主計局長)인 메가타 다네타로(目賀田種太郎)가 재정고문으로 부임했다. 그는 미국 유학을 한 대장성의 유능한 관료로 청일전쟁시에 전시재정을 다룬 민완의 관리였다.

메가타가 조선에 와서 한 일은 여러 가지가 있지만 그 중 가장 중요한 것이 조선 화폐제도의 정리였다. 이 화폐정리를 통해 조선은 일본의 화폐와 제일은행권이 자유롭게 유통하는 일본의 통화권(通貨圈)에 편입하게 되었다. 그리고 제일은행이 조선 중앙은행의 역할을 하게 했고, 그 후 제일은행은 한국은행이 되고 총독시대에 조선은행이 되었다. 이리하여 일본은 조선의 주권을 완전히 박탈하기 이전에 이미 국가재정과 금융 화폐면에서 지배권을 장악했다.

그리고 또 하나는 외교고문으로 미국인 스티븐스를 임용한 것이다. 일본 정부의 천거로 외교고문이 된 그는 철저한 친일배한적(親日排韓的) 외교관이었다. 일본 정부의 위촉을 받아 조선 정부의 타국과의 외교관계를 감시하기 위해 채용된 것이다.

그는 유급 휴가를 받아 미국으로 갔다가 1908년 3월 오클랜드역에서 교포 장인환, 전명운에게 사살되었다.

이렇게 일본 정부는 재정 외교뿐 아니라 궁내부 군대 경찰에도 고문을 배치하여 '고문정치'를 시작했다.

제2차 한일협약('을사보호조약')이 1905년 11월 체결되었다. 이토 히로부미(伊藤博文)가 특명 전권사절로 조선에 와서 온갖 협박을 자행하여 체결한 이 조약으로 조선의 외교권은 완전히 박탈당하고 일본 외무성이 조선의 외교를 담당하게 되었다. 일본이 가장 두려워했던 것은 조선이 타국과 반일동맹을 맺는 것이었는데 이 협약으로 일본은 조선의 외교활동을 저지하여 조선을 국제적으로 고립시킨 것이다.

이 협약에 따라 일본은 1906년 2월, 서울에 일본 통감부를 설치하고 이토가 초대 통감으로 임명되어 조선 정부와 국왕 위에 군림하여 완전히 실권을 장악했다.

제3차 한일협약이 1907년 7월의 '정미7조약' 이다. 그 해 6월 네덜란드의 수도 헤이그에서 열린 '만국평화회의' 에 고종은 이준, 이상설, 이위종 등 3명을 밀사로 파견했다.

이 사건을 계기로 이토는 고종을 퇴위시키고 제 3차 한일협약을 강제로 체결했다. 이 협약으로 조선 정부의 각부에는 일본인 차관을 앉히고 그 차관은 통감이 지휘하게 만들었다. 이리하여 조선의 대신은 장식물로 전락하고 모든 정치는 차관이 맡아서 하는 기이한 형태의 정부조직이 되었다.

그리고 이 협약에는 조선의 군대를 해산시키는 비밀조항이 있었다. 조선의 군대해산이 알려지자 조선의 전국 각지에서 반일 의병운동이 일어나 일본의 침략을 저지하려는 무장독립투쟁이 전개되었다.[8]

이렇게 일본은 3단계 조약으로 조선을 장악한 후, 1910년 8월 22일 '한일합방조약' 을 체결하여 조선 식민지 작업을 완료했다.

조선 총독부의 발족

한일합방조약이 체결된 이후 1개월의 준비를 마친 일본 정부는 9월 30일 '조선 총독부'를 발족시켰다. 조선총독은 일본 육·해군 대장 중에서 임명되고 일본 천황에 직속되어 조선에서 육·해군을 통솔하고 조선의 정무를 총괄하는 행정, 입법, 사법권을 행사했다.

일본은 이후 35년간 조선을 통치하면서 한 번이라도 조선인을 믿고 행정의 일부라도 맡기는 일이 없었다. 친일파도 예외는 아니었다.

조선총독은 구한 말 조선 정부 관리 3,645명의 문관에게 연금을 주어 모두 퇴직시켰다. 그리고 1911년 3월 총독부의 각부의 장관 이하 974명과 소속 관서에 14,139명 합계 15,113명을 임명하면서 조선인은 거의 채용하지 않았다. 다만 촉탁, 기수, 통역 등 말단 직원에 조선인을 두었을 뿐이었다.

이후 조선 총독부 고위관리에 조선인이 채용된 부서는 불과 도지사 4~5명, 참여관 13명에 지나지 않았고 총독부 중앙청 내에는 고등관, 판임관, 고용원, 급사, 수위, 사환에 이르기까지 거의 전원 일본인이 점유했다.

지방청에도 각도의 부장급, 과장급은 물론 도시의 부윤(府尹=시장)과 부의 과장도 예외없이 일본인을 충당하는 것이 원칙이었고 도청과 부청의 직원도 일본인이 압도적으로 다수를 점했다. 군(郡)에 가서야 비로소 조선인 군수가 일부 있었고 그러한 경우에는 그 밑에 일본인 내무·재무 양주임을 임명하여 군수를 감시했고 그 아래에 약 동수의 판임관과 많은 조선인 고용원, 급사, 사환 등이 있었다. 면(面)에는 면장 이하 회계원, 서기까지 대부분 조선인이었다. 그러나 일본인이 많이 거주하고 있는 면

경복궁 터에 지은 조선총독부.

데라우치 초대 총독.

의 면장은 대부분 일본인이었다.

교육면에서도 조선인 자제를 교육하는 소수의 공립고등보통학교(중학교에 해당하는 학교로 1910년에는 불과 5~6교 정도였다)의 교장은 물론 교원(조선어, 한문 교사 1명 정도는 예외적으로 조선인을 충당했다), 전국 수백 개의 공립보통학교(초등학교에 해당)의 교장도 예외없이 일본인이었다. 공립보통학교의 교원만은 일본인과 조선인을 같이 임명했다.

체신, 세관, 농사시험소, 철도 등 기술관계 관공서에 기사는 물론 기수까지 일본인이 독점했다. 특히 우편국에는 벽지까지도 일부 집배원을 제외하고는 모두 일본인만을 채용했다. 각종 통계사무를 취급하는 총독부의 '취조국' 같은 특수 부서는 조선인은 한 사람도 없었고 조선인은 출입조차 허용되지 않았다.

경찰에는 각도 경무부장과 경찰서장은 예외없이 일본인을 채용하는 것이 원칙이었다. 그러나 기관장을 제외하고 약간의 조선인 간부도 채용했다. 중앙의 경무총감부에 한 명의 칙임사무관(구연수)과 전국의 6~7명의 경시, 7~80명의 경부가 있었다.

비교적 조선인이 많은 부서는 재판소였다. 1911년 조선 총독부 직원록에 의하면 합방 직후의 조선인 판사는 총 60명으로 대부분 지방법원 및 지원 판사였다. 검사는 조선인을 경원하는 직종으로 전국에서 4명이 있었을 뿐이었다. 조선인 판·검사의 직무담당은 형사사건에 있어서는 피고가 조선인의 경우에 한정되고 민사에서는 원고, 피고 어느 한쪽이 일본인인 경우 조선인은 간여할 수 없었다.[9]

식민지 시기의 마지막 10년 동안에 약 246,000명의 일본 공무원과 전문가들이 약 2,100만 명의 조선인들을 통치했다.

이에 반해 프랑스는 1937년에 2,920명의 행정요원과 약 11,000명의 정규군으로 1,700만 명의 베트남인들을 지배했으며, 영국은 대부분 식민지에서 훨씬 적은 수의 행정력과 군사력을 보유했을 뿐이다.[10]

일본인은 본래부터 결벽성과 완벽주의를 추구하는 민족성을 가지고 있다. 그리고 조선인은 자립할 능력이 없는 열등한 민족이라는 선입관을 가지고 있었다. 일본은 선진국이고 후진의 조선을 가르치고 깨우쳐 주어야 한다고 생각했다. 또한 조선인에 권한을 주면 그 권한을 이용하여 일본인에 저항할 것이라는 우려도 했다.

때문에 일본은 영국, 혹은 프랑스의 경우와는 달리 모든 것을 자기들이 맡아서 해야 한다는 강한 집념이 있었다. 조선인에게는 아무리 작은 것이라고 해도 맡길 수 없었다.

데라우치(寺內正毅) 초대 총독

데라우치 총독은 1852년 야마구치(山口)현의 하급 무사 우타다(宇多田正輔)의 3남으로 태어났다. 그는 8세 때 어머니의 가문인 데라우치(寺內勘右衛)의 양자로 들어가 외가의 가계를 이었다. 명치유신(1868)이 일어난 지 3년 후 데라우치는 20세의 나이로 육군 소위가 되었다. 그리고 6년 뒤 사이고(西鄕隆盛)의 반란군을 진압하기 위해 정부군으로 세이난(西南)전쟁에 참가했다. 이 전쟁에서 데라우치는 오른손에 총상을 입고 불구가 되었다. 일단 불구가 되면 자동적으로 퇴역하는 것이 관례였지만 그의 출신이 조슈(長州) 번이란 특혜로 왼손으로 경례를 하면서도 계속 현역으로 근무했다.

데라우치는 31세 때(1882) 프랑스 유학을 한 후 프랑스 무관을 지내고 3년 만에 귀국했다. 그는 귀국하여 순조롭게 승진을 거듭하여 1887년 대좌로 승진하고 육군사관학교 교장이 되었다.

그는 청일전쟁(1894~5) 때는 운수 통신장관으로 후방근무에 종사하고 곧 육군 소장으로 진급한 후 러일전쟁(1904~5년) 기간 중에는 육군 대신으로 전쟁 수행에 전력을 다했다.

데라우치는 1910년 가쓰라(桂太郎) 내각의 육군 대신으로 5월 30일 조선에 제3대 통감으로 부임한 이후 8월 22일 '한일합방조약'을 체결하고 조선 총독부 초대 총독에 임명되었다. 그리고 1916년 10월 일본 정부의 총리 대신으로 임명되어 귀국하기까지 약 6년간 총독에 재임했다.[11]

초대 총독 데라우치는 그의 훈시에서

"―사립학교 중에는 노래나 기타 방법으로 조선의 독립을 고취하고 일본제국에 반항을 장려하는 행위가 있다는데 이러한 행위는 용납할 수 없고 가장 주의깊게 단속해야 한다. 만일 조선의 소년들에게 이러한 사상을 양성한다면 어떠한 결과를 가져올 것인가를 조선인 스스로도 깊이 반성해야 할 것이다. 가령 독립을 주장하고 궁극적으로 일본에 반항한다고 가정하자. 그 결과 조선인은 행복해질 것인가. 일본은 실력으로 이러한 행위를 진압할 것이고, 오히려 조선인이 불이익을 당할 것이다"라고 말해 조선인이 '순종할 것인가', 아니면 '죽음을 선택할 것인가'고 양자 중 하나를 선택하라고 위협했다.[12]

초기 총독부의 무단정치

일본은 조선을 통치하기 시작하면서 조선인의 저항을 매우 강하게 의식하여 처음부터 강력한 대비책을 세웠다. 일본군은 1906년 이래 서울, 평양, 나남 등에 주둔하고 있었는데 1915년에 제19, 제20사단의 2개 사단을 증파하여 조선에 상주시켰다. 제19사단은 나남과 함흥에, 제20사단은 용산과 평양에 배치했다. 또 진해에 해군사령부를 설치했다.

그리고 일본 국내와는 다른 경찰제도를 만들어 운영했다. 본래 헌병과 경찰은 그 기능이 다르다. 헌병은 군대를 대상으로 하는 경찰이고 일반인을 다스리는 것은 보통 경찰이다. 그런데 조선에는 군대경찰인 헌병과 보통경찰을 일체화하여 헌병경찰을 창안해냈다.

즉 헌병사령관은 조선 총독부의 경무총장을 겸임하고 지방 각도에 있는 경무부장은 그 지역 헌병대장이 겸임하게 했다.

초대 경무총감 겸 헌병사령관은 아카시(明石元二郎)로 러일전쟁 당시 러시아에서 레닌 등 혁명세력에 자금을 지원하는 등 스파이공작을 하던 인물이었다. 이 헌병경찰의 임무는 치안유지뿐 아니라 광범하게 조선인의 일상생활을 통제하고 사찰하는 행정사무 전반에 걸친 것이었다.

첩보의 수집, 폭도의 토벌, 범죄의 즉결, 민사소송의 조정, 집달리 업무, 국경관세 업무, 산림감시, 민적사무, 외국행 여권업무, 우편호위, 여행자의 보호, 종두, 도축의 검사, 수출소의 검역, 강우량의 측정, 수위의 측량, 묘지의 단속, 노동자 단속, 일본어의 보급, 도로의 개수, 식림, 농사의 개량 등을 관장했다.[13]

데라우치는 또 조선인의 민족과 국가의식을 억누르기 위해 조선의 충의록, 무용담, 위인전 등 역사책을 불태우고 판매를 금지시켰다. 그는 1910년 11월 일본 헌병경찰 및 조선인 헌병보조원을 동원하여 종로 일대의 서점과 전국 각지의 서점, 향교, 서원, 양반의 세가 등을 급습하여 장지연 저 '대한신지지', 이채병 저 '애국정신', 신채호 저 '을지문덕' 등과 그 외 '미국독립사' 등 무려 51종 20만여 권을 압수하여 불태웠고 판매금지시키는 동시에 이를 소지한 자와 열람한 자들도 처벌했다.[14]

한일합방이 되던 해 조선에는 많은 신문 잡지가 간행되고 있었다. 총독부는 이것을 모두 폐간하고 일본어판인 '경성일보', 조선어판인 '매일신보', 영어판인 '서울 프레스' 등 3개 신문만 남겨놓았다. 이 신문들은 물론 모두 어용신문으로 총독부의 대변지 역할을 할 뿐이었다.

그리고 모든 단체를 해산하여 집회와 결사의 자유를 박탈했다. 조선인은 기본적인 인권이 완전히 봉쇄당한 채 정치적 견해가 있어도 말할 수 없는 벙어리로 10년을 지내게 되었다.

당시 조선인이 집회할 수 있었던 곳으로는 교회와 학교, 그리고 5일만에 열리는 장날 뿐이었다.

데라우치가 총독에 부임한 지 약 3개월 후, 12월 27일 압록강 철교 준공식에 참석하기 위해 신의주를 방문하게 되어 있었다. 이 기회를 이용하여 안중근 의사의 동생 안명근(安明根)이 선천역 부근에서 데라우치를 암살하려고 기도했으나 사전에 발각되어 체포된 일이 생겼다.

일본 경찰은 이 사건을 조선의 독립을 희망하는 민족주의자들의 기선을 제압하는 계기로 삼았다. 사건의 배후에 신민회가 있다고 조작하여 유동렬, 윤치호, 양기탁, 이승훈, 이동휘, 김구 등 6백여 명의 신민회 회원과 기독교인들을 검거했다. 헌병경찰은 이들 중 대표적인 인물 105명을 기소했다. 세칭 '105인 사건'이다. 결국 윤치호, 이승훈 등 6명은 주동자로 몰려 4년 형을 선고받았다.[15]

데라우치 총독의 강압정치를 계승한 것이 제2대 총독 하세가와(長谷川好道)였다. 하세가와는 러일전쟁 당시 조선주차군 사령관으로 이토(伊藤博文)가 을사보호조약을 강요할 때 뒤에서 무력시위로 대신들을 위협하는 역할을 담당했던 인물이다. 그는 조선인민의 저항과 의병 무력투쟁을 진압한 후 일본 육군 참모총장이 되었다가 데라우치의 후임으로 조선의 2대 총독으로 부임했다. 그는 1916년 10월부터 1919년 8월까지 재임하였고 3.1운동 때 책임을 지고 자리를 물러났다.

데라우치와 하세가와의 통치기간을 편의상 제1기 총독정치로 나눈다. 이 기간을 통칭 무단정치(武斷政治) 기간으로 분류하는 것은 이상과 같은 무력에 의한 강압정치 일변도로 통치했기 때문이다.

토지조사사업

데라우치 총독의 제1기 통치의 주요 사업은 토지조사사업, 근대적 금융기구의 정비, 식민지적 재정체계의 수립, 근대적 교통 통신 등 사회간접시설의 확충 등이다.

1912년 8월부터 실시된 토지조사사업은 1918년 11월까지 6개년에 걸쳐 2천 5백만 원의 막대한 예산을 투입하여 완료했다. 농업이 산업의 주류를 이루고 있던 당시로서는 토지제도를 정비하지 않고서는 재정과 경제 양면에서 근대적 행정을 확립할 수 없다. 또 토지를 파악하는 것은 토지에 매달려 생활하는 8할 이상의 농민을 파악하는 것이고 조선 경제의 핵심을 파악하는 방법이다. 따라서 많은 시간과 비용을 들여서라도 조선의 방방곡곡 모두를 측량하여 토지를 철저히 조사해야 했다.

이 토지조사사업에 대해 역사가들은 일본 정부가 조선의 토지를 수탈하기 위해 취해진 정책이라고 일관되게 주장하면서 부정적으로 평가하고 있지만 토지조사사업 자체만으로 보면 그렇게 단정적으로 해석할 일은 아니다. 근대국가에서 재정 경제상의 제도를 확립하거나 개인의 소유권을 확정짓는 면에서 이 사업은 필요하고 불가피한 정책이었다.

사업을 추진하는 과정에서 불합리한 조치가 있었다든가 불순한 의도로 개인의 소유권을 침해하는 행위가 잘못되었다면 문제를 삼을 수도 있다.

이 토지조사사업에는 세 가지 목적이 있었다. 하나는 토지소유권을 확실히 정리하는 것이다. 소유권은 근대적 법개념이다. 토지를 매매하든지 그것을 저당하고 돈을 대출받을 때 소유권은 분명해야 한다. 그런데 토지의 소유권이 누구에게 있는가를 확정짓기 위해 토지와 연고관계를 문서로 만들어 제출하고 그것을 인정받아야 하는 문제가 있다. 두번째 목적은 토지가격의 사정이었다. 토지의 가격을 사정해 두지 않으면 지세와 지세부가세를 부과할 기준이 없기 때문이다. 전국의 지가를 통일적으로 조사하여 실제로 지세수입은 1910년의 6백여만 원에서 1919년에 1천 178만 원으로 약 2배 증가했다.

세번째 목적은 지형 지모의 조사였다. 토지를 측량하여 지형도를 모두 토지대장에 기재해 놓아야 했다. 경계선을 확정짓기 위해서도 토지를 측량하고 지형도를 만들어놓지 않으면 안 되었다.

1918년 토지조사사업이 완료되자 그 결과는 다음과 같이 나타났다.
전농가의 3.3퍼센트(9만 386호)가 전경지 면적의 50.4퍼센트를 소유한 지주였다. 전농가의 37.6퍼센트(1백만 호 정도)가 토지가 없는 소작농이었고, 전농가의 39.3퍼센트(104만 호 정도)가 자작겸 소작농이었다. 전농

가의 19.6퍼센트(50만 호 정도)가 자작농으로 구성되었다.[16]

동양척식회사 설립

당시 가쓰라(桂太郞) 일본 수상은 '일본의 선량한 농민을 조선으로 이주시켜 진보된 일본 농업의 모범을 보이고 조선인들을 지도편달하여 그 지방산업의 발달에 이바지하도록 하라. 그리고 이들에게 저이자로 척식자금을 공급하도록 하라'는 지시를 내렸다. 그리하여 1908년 12월 국책회사로 동양척식회사(東洋拓殖會社)를 설립했다.

동양척식은 한국 정부에 선답 11만 4천 정보를 현물출자시켜 일본인 농가 이주자에게 분양했다. 그리고 합방 이후 토지조사사업을 벌려 일본 이주자를 위한 토지 확보에 나섰다.

최대의 문제점이 된 것은 역둔토(驛屯土)라고 불리는 본래 공공용지 내지 궁실용지였다. 실질적으로는 민간의 소유로 되어 있었는데 민과 관의 소유권 다툼이 있었다. 총독부는 이 토지에 대해 민의 소유권을 부정하고 모두 몰수하여 관의 소유권으로 했다. 이렇게 해서 총독부에 접수된 토지는 약 12만 정보에 달했다. 또 기간 내에 신고하지 않은 토지와 소유권을 증명할 서류가 없어서 접수한 경작지가 약 2만 7천 정보로 총독부가 접수한 경작지는 모두 14만 7천 정보였다. 당시 전국의 경작지 면적은 약 450만 정보로 약 3퍼센트에 해당한다.

이 외에 매매에 의해 취득한 토지가 있다. 1922년 말 일본인 농업자 소유 토지 면적은 일반지주 17만 5천 정보, 동양척식 8만 정보 합계 25만 5천 정보로 전경작지의 6퍼센트였다.[17]

동양척식의 당초 계획은 1909년에 1만 명, 이후 1917년까지 매년 3만 명, 합계 24만 명을 일본으로부터 이주시킬 예정이었다.

이민은 계획보다 1년이 늦은 1910년부터 시작되었다. 그로부터 5년이 지난 1915년 3월 말 현재 이민한 호수는 1910년에 139호, 1911년에 376호, 1912년에 765호, 1913년에 692호, 1914년에 687호에 불과했다. 5년간 합계 2,659호에 지나지 않았다. 5년간 12만 명이라는 계획에 비하면 너무도 저조한 실적이었다.

이와 같이 동척의 권유에 응하여 농업이민을 한 사람은 예상 외로 적었다. 또한 이민을 하고 나서도 땀흘려 일하기보다 지주가 되는 것이 편하다는 사실을 알고 농사일을 하지 않았다.

미즈하라(水原善信)라는 일본인은 1915년 2월 동척이민으로 조선으로 건너와 충청북도 청주에서 2정보의 경작지를 분양받았다. 당초는 스스로 토지를 경작하여 농사일을 했지만 점차 토지를 매수하여 조선인에 소작을 주어 수확하는 것이 유리하다는 것을 알게 되었다. 그리하여 그는 토지를 사들였고 1928년 경에는 매년 거두어들인 소작료가 수백 석에 달했다.

구세군의 사관이던 하야시(林省三)란 사람은 조선에서 농업에 종사하기로 결심하고 건너왔다. 1911년 부산에 상륙한 그는 얼마 동안 부산진에 체재하면서 경작할 토지를 찾고 있었다. 그 부근에 일본인 농민 이주자가 많이 있었지만 대부분 농사일은 하지 않고 있었다. 그 중 한 사람이 하야시에게 충고를 해주었다.

"그렇게 초조하게 토지를 사려고 애쓸 것 없다. 조선인에게 돈을 빌려주는 것이다. 조선 사람이 돈을 빌려가면 1-2년 내에 갚지 못할 것이다.

그러면 전답은 저절로 굴러들어오는 것이다."

조선에 들어온 일본인들은 대체로 이러한 수법으로 토지를 강탈하다시피하여 지주행세를 하고 편안히 지내고 있었다. 그러나 하야시는 그 말을 듣지 않고 스스로 토지를 구입하여 사과의 묘목을 심고 농사일을 하기 시작했다.

이 시기에 조선에 와서 기독교 전도를 하던 일본인 목사 우에타(上田義雄)는 후에 당시 조선에서의 일본인 행패를 글로 남겼다.

"일본인이 행한 폭행은 같은 나라 사람이라도 비분의 눈물을 참을 수 없을 정도였다. 일본인들은 조선인들에게 1개월에 1할, 2할의 고리로 대부해주고 기한이 와도 고의로 외출하여 돈을 받지 않고 있다가 후에 그것을 구실로 토지와 가옥을 약탈하는 일이 비일비재했다."[17]

한일합방이 되던 1910년 말, 약 17만 명이었던 재조선 일본인은 4년 후인 1914년 말에는 29만 명으로 늘어났고 1919년 말에는 34만 명이나 되었다.

양가(楊哥)는 망하고

당시 토지조사사업과 관련하여 현장의 상황을 잘 나타내주는 증언이 있다.

노경접(盧敬接) 씨는 충청북도 영동군 황간면에서 중농의 가정에서 태어났다. 그가 13세 되던 1917년 일본인 10명과 조선인 3명으로 구성된 토지측량대가 여러 가지 기구를 들고 마을에 나타났다. 당시 그의 조부가 이 면의 구장을 맡고 있었다. 측량대의 일부는 노씨 집에 머물면서 마을의 전답과 산림을 측량하기 시작했다.

측량대원 중에 개성에서 왔다고 하는 한 사람이 조부에게 소유하고 있는 토지를 신고해두라고 귀띔을 해주었다. 그 무렵에 마을에는 총독부 관리의 말을 듣고 신고했다가는 높은 세금이 나올 것이라는 소문이 퍼져 있었다. 노씨의 조부는 어떻게 해야 좋을지 판단이 서지 않았다. 그리하여 토지의 일부만을 신고했다. 지주들의 대부분은 신고를 했으나 많은 농민들은 세금이 무서워 신고를 하지 않았다.

당시 측량대는 전답뿐 아니라 산림, 황무지 등도 측량을 했는데 신고하지 않은 전답과 산림은 모두 총독부에 전입되었다. 그러나 농민들은 자신의 토지를 빼앗겼는지도 몰랐다. 얼마 후에 측량대가 그들의 토지에 표시 막대기를 세우기 시작했다. 그 때서야 마을 사람들은 토지를 빼앗겼다는 사실을 알게 되었다.

또 토지측량이 끝나고 마을의 유력자 양가(楊哥)가 마을 공유의 산림을 관리하게 되었고 급료를 받고 있었지만 마을 사람들은 이러한 사실을 전혀 모르고 있었다.

다음 해 봄에 마을 사람들이 산에 들어가 땔감을 주워모으자 양가는 즉각 신고하였다. 마을 사람들은 달려온 경관에게 붙들려 갔고 경찰서로 끌려가서야 산마저 빼앗긴 것을 알게 되었다. 매일 몇 사람들이 붙들려 갔다.

양가는 많은 토지를 소유하고 있었고 양조장도 갖고 있는 부호였다. 마을 사람들은 돼지와 계란을 들고 양가를 찾아가 붙들려간 사람들의 석방을 탄원했다. 그러나 양가는 일본인 관리들과 한통속이 되어 거만을 떨고 칼로 촌민을 위협할 뿐이었다.

양가의 마당에는 매우 오래된 고목나무가 한 그루 서 있었다. 양가의 일꾼이 이 나무의 가지를 쳐낸 지 며칠이 지난 어느날 밤 마을에 호랑이가 나타났다. 마을 사람들은 고목나무의 가지를 잘랐기 때문에 재앙이 온 것이라고 놀라 제사를 지냈다.

그리고 얼마 안있어 양가의 외아들이 강물에 빠져 죽었다. 그리고 양가도 병들어 죽었다. 결국 양가는 망해버리고 그의 소유했던 토지와 재산은 모두 일본인 소유가 되어버렸다.

노씨는 이렇게 일본인 지주가 거들먹거리는 마을에서 살기가 싫어졌다. 그리하여 15세 때 일본으로 돈을 벌러 떠났다.[19]

대만에서도 토지조사사업 실시

일본이 조선을 식민지 통치한 것이 처음은 아니었다. 청일전쟁의 종결을 짓는 시모노세키(下關)조약(1895년)으로 대만을 할양받은 일본은 역사상 처음으로 해외 식민지 경영을 하게 되었다.

1898년 3월 일본 정부는 육군의 실력자 고다마(兒玉源太郎)를 제4대 대만총독으로 임명하고 제2인자로 고토(後藤新平)를 민정국장으로 임명했다. 고토는 이후 만철(滿鐵) 총재로 전출되는 1906년까지 10년 가까이 대만을 경영했다. 일본 정부는 고토의 통찰력과 정치적 능력을 높이 평가했다.

고토는 대만의 독립을 주장하고 항일투쟁하는 사람들을 4년에 걸쳐 3

천 4백 명이나 살육하였고 8천 명을 체포했으며, 1902년에는 다시 대토벌을 단행하여 539명을 사형에 처하고 4천 명 이상을 일세사격으로 학살하여 치안을 확보했다.

고토는 이렇게 치안을 확보하는 한편 강력한 권한을 행사하여 1898년 9월 5일부터 1905년 3월 31일에 걸쳐 토지조사사업을 완료했다. 이 조사 과정을 통해 토지대장에서 누락된 전답을 등록시켜 과세가능 면적을 배로 늘려 재정에 큰 도움이 되게 했다.

고토는 처음 토지의 전면적 수탈을 계획했지만 그의 뜻대로 되지는 않았다. 대만의 민도는 생각보다 높았고 양무운동을 통해 사회적 기반이 성숙되었으며, 특히 지주층 일부는 상당히 유력한 자들이었기 때문이다. 처음 지주들은 자신의 토지가 몰수되는 것을 우려하여 항일운동에 적극 가담했다. 대만 총독부는 항일투쟁의 가열과 그 심각성을 알아차리고 지주들에 사유재산 보유를 허용하기로 하고 그들의 권익을 법적으로 보장했다.

그리고 도량형제도와 화폐의 통일 등 투자의 안전과 경제순환의 확대를 위한 기초적 사업을 정비하고 철도, 도로, 항만 등의 증설과 확장을 정력적으로 추진했다. 이 사업의 재원의 일부는 아편, 소금, 술, 연초의 전매제도를 통해 조달했다.[20]

토지조사사업이 완료되자 1910년부터는 임야조사사업을 실시하여 1914년에 끝냈다. 대만총독부는 종래의 관습을 무시하고 산림의 국유화 정책을 강행했다. 이리하여 선주민과 한민족계 주민의 무력저항을 초래했다.

총독부의 제1단계 조선통치

당시 조선에 대한 일본의 기본 정책은 조선을 후진적인 농업국으로 그대로 유지하여 일본자본주의의 독점적 상품판매시장으로서, 그리고 식량 및 원료공급지로 확보하는 데 있었다.

그 단적인 표현이 '회사령'이었다. 회사령은 일본으로부터 자본이 유입되는 것을 막고 조선에서의 자본주의의 성장을 가급적 저지하기 위해 회사 설립시에는 총독의 허가를 받아야 했고, 일단 허가한 회사도 정지 폐쇄시킬 수 있게 하는 내용이었다.

이 회사령의 공포로 조선인이 경영하던 수륙운수합지회사와 우피주식회사를 각각 해산시키는 능 조선인의 경제행위를 견제하는 정책을 썼다.

그리고 왕실 또는 조선인이 소유했던 광산, 황무지, 임야, 어장 등의 권리는 거의 모두 일본인에게 불하되었다. 기존의 조선인 경영의 금융업도 속속 일본 자본에 합병 혹은 흡수되었다.

1911년 전국의 50만 원 이상의 자산가 1,018명 중 조선인은 불과 32명에 지나지 않고 986명이 일본인이었다. 이들 조선인 자산가는 조선 귀족 민영휘 등 민씨 일족과 윤덕영 등 왕의 외척, 기타 조명구, 백인기, 조태진 등 극히 소수의 대지주였다.[21]

한편 총독부는 통감부시기로부터 시작한 철도, 도로, 항만 등 사회간접시설의 정비를 본격적으로 추진하고 동시에 식민지 산업개발, 관업의 확대, 토지조사사업에 예산을 집중 투입했다.

총독부는 합방 이후 1918년까지 9년간 6,200여만 원의 자금을 투입하여 새 철도를 부설했다.

평남선(평양-진남포)	1910. 10월 개통
호남선(대전-목포)	1914. 1월 개통
경원선(서울-원산)	1914. 8월 개통
함경선(청진-회령)	1917. 1월 개통
평양탄광선	1918. 8월 개통
박천선	1919. 11월 개통

이와 같이 철도부설을 서둘러 건설하여 합방 당시 1천여 킬로미터였던 철도의 길이가 1919년에 약 2,200여 킬로미터로 늘어났다. 철도 부설 자금은 총독부 예산 외에 일본 본국에서 공채를 발행하고 조선 총독부가 상환하기로 했다.

한편 1911년에는 압록강 가교를 부설하여 경의선과 만주철도를 연결했다.

조선의 철도는 합방 이전에 이미 일본 정부에 의해 추진되었으며 경인 철도가 완공되어 철도가 조선에서 첫선을 보인 후(1900년), 1904년 11월에 경부선을 완공하여 다음 해 1월 1일부터 영업을 개시했다.

1904년 2월에 경의선, 마산선을 부설하여 경의선은 1906년 3월에, 마산선은 1905년 5월에 각각 개통했다.[22]

그리고 전신망의 경우 1910년 545킬로미터이던 것이 1921년에는 8,030킬로미터로 연장되었고, 전화망은 1910년에 486킬로미터였던 것이 1921년에 7,056킬로미터로 확장되었다.

도로공사 역시 통감부 시기인 1907년부터 1910년까지 대구와 경주 사이, 전주와 군산 사이 등 800여 킬로미터의 자동차도로가 신설된 이후 1911년부터 1917년까지 총 2,600여 킬로미터의 1급, 2급 도로가 건설되었다. 그리고 1917년부터 6개년 사업으로 제2차 도로건설 사업이 추진되어 주요 간선도로가 일단 완성되었다.[23]

  1911년의 총독부 예산을 일별해보면 세입부문에서 지세를 중심으로 한 조세수입이 22퍼센트, 철도, 전신, 삼업 등 관업수입이 22퍼센트, 공채 차입금이 25퍼센트, 일본 정부가 보조해주는 보충금 수입이 25퍼센트로 총 4,874만 원에 달했다. 이것이 1919년에는 7,756만 원으로 1.6배나 증가했다.

  세출부문에서는 수입을 올리기 위한 철도, 통신, 삼업, 염업 등 관업사업이 32.4퍼센트로 가장 큰 비중을 차지했다. 다음이 도로, 교량, 항만, 세관건설 등 토목비가 총세출 예산의 12.8퍼센트를 차지했다. 그리고 재판비, 감옥비 등 억압기구에 투입된 경무비는 총세출의 12.5퍼센트를 차지했고, 식민지 통치를 위한 행정비가 세출의 12.4퍼센트를 차지했다. 다음으로 식산흥업에 관한 경비인 권업비가 4.8퍼센트였고 교육비는 2.5퍼센트였다.[24]

제2장 제1차 세계대전과 3.1운동

대전의 발발

한일합방 이후 4년이 지난 1914년, 유럽에서 제1차 세계대전이 일어났다. 이 전쟁의 원인은 매우 복잡하다. 전쟁을 일으킨 당사자는 오스트리아와 세르비아이지만 독일과 러시아가 그 배후의 조종자임에는 의심의 여지가 없다.

원인이 무엇이었든지 이 전쟁은 인류 최대의 재앙이었고 그 여파는 너무도 컸다. 역사가들은 이 전쟁이 19세기를 청산하고 20세기를 여는 역사의 대전환이었다고 평한다. 사실 이 전쟁으로 독일의 카이저, 러시아의 로마노프왕조, 오스트리아의 합스부르크왕조가 무너지고 새로운 세계 질서가 탄생했다.

미국이 이 전쟁에 참여하면서 미국의 세력이 세계 질서에 강력하게 등장했고 러시아의 프롤레타리아 정권의 성립은 전세계에 사회주의 열풍을 불러일으켜 수많은 농민, 노동자, 인텔리들을 이 사상에 물들게 하여 희망과 파멸을 동시에 안겨주었다.

그리고 파쇼, 나치스 등 전체주의가 등장하여 평화로운 세계 질서를 위협하고 제2차 세계대전의 불씨가 되었다.

또한 식민지가 된 전세계 약소민족에게 민족자결의 자극을 주어 독립운동을 일으키는 원동력이 되기도 했다.

대전의 직접적인 동기는 1914년 6월 28일 일어난 오스트리아 대공의 암살이었다. 당시 오스트리아의 군주 프란츠 요셉은 84세로 언제 죽을지 모르는 고령이었다. 따라서 제위 계승자인 손자 프란츠 페르디난트를 암살한 것은 합스부르크 제국에 대한 공격으로 간주하게 되었다.

암살자는 보스니아 출신 학생인 가브릴로 프린치프였지만 세르비아 민족주의자였다. 세르비아 민족주의자들이 페르디난트 대공을 미워한 것은 오스트리아가 베를린조약을 무시하고 1908년 10월 보스니아와 헤르츠고비나 두 지역을 병합한 데 있었다. 세르비아도 이 지역을 넘보고 있었다. 세르비아와 이 두 지역에는 많은 슬라브인들이 살고 있었다. 따라서 세르비아는 분노했고 러시아에 지원을 호소했다.

미국의 외교관 조지 케난은 이 전쟁의 책임에 대해 "누구도 이 전쟁을 고의로 개시했다든가 그것을 계획했다든가 할 수는 없다"고 말했다. "이 전쟁은 처음부터 비극적인, 어떻게 할 수 없는 것이었다. 불쌍하게 늙은 유럽이 스스로 관속에 발을 들여놓은 것이라고 할 수밖에 없다. 당시 유럽의 국제사회는 기구적으로 취약한 점을 가지고 있었고 사라예보에서 발사된 총탄 한 발이 마침 이 취약점에 명중한 것이었다. 그리고 그 순간 어떻게 하면 전쟁에 호소하지 않고 처리할 수 있는가를 아는 사람은 아

무도 없는 상황이었다"고 분석했다.[1]

그러나 가장 분명했던 것은 이 전쟁이 크리스마스 이전에는 끝날 것이라는 당사자들의 예상이었다. 이 전쟁이 4년이 넘도록

역사상 가장 많은 인명피해를 낸 제1차 대전 때 참호에서 싸우는 병사들.

계속되고 양측에서 850만 명이 사망하고 사망자의 두 배 이상이 부상당하는 세계적 재앙이 되리라고는 누구도 예측하지 못했다. 즉 사망, 부상, 실종자는 3,700만 명이었고 독일은 600만 명의 인명을 상실했고 프랑스도 거의 같은 손실을 입었다. 이것은 실제로 전체 인구의 거의 절반 이상이었다.

독일과 오스트리아가 영국, 러시아, 프랑스의 협상국과 대전한 이 전쟁은 종전의 유럽에서의 전쟁과는 달리 인명을 살상하는 소모전으로 일관했다.

철조망과 기관총이 이 전쟁에서 처음으로 주요 무기로 등장했고 이러한 장비들은 방어에만 유리한 무기들이었다. 서로간에 기한없이 대치하는 정체상태를 깨기 위한 위력을 가진 유일한 무기인 탱크는 1916년까지

는 도입되지 않았다. 그리고 당시 비행기는 정찰로만 사용되는 정도였고 무기의 구실을 하지 못하고 있었다. 당시 지휘관들은 소총, 총검, 수류탄으로 무장한 병사들로 돌격전을 통해 전선을 돌파할 수 있다는 전술개념에만 사로잡혀 있었다.

양측 병사들은 벌레가 들끓는 진흙 투성이의 참호 속에서 지루하게 날짜를 보내다가 불현듯 날아오는 대포, 기관총, 화염방사기, 독가스가 작렬하는 전쟁터에서 생명을 잃어갔다.

한 예를 들면 1916년 8월 영국군은 베르당의 포위를 풀기 위해 솜므 강을 따라 대규모 공격을 감행했다. 7월에서 10월까지 계속된 전투에서 독일측은 50만 명, 영국측은 40만 명, 프랑스측은 20만 명의 사상자를 냈다. 그 대가로 연합군측은 전선에서 불과 11킬로미터를 전진했을 뿐이었다.[2]

미국의 참전

교착상태에 빠진 전쟁의 균형을 깬 것은 미국의 참전이었다. 미국이 이 전쟁에 참전하게 된 직접적인 원인은 독일의 U-보트, 즉 잠수함작전 때문이었다. 독일은 전쟁이 소모전으로 장기전의 양상을 띠게 되자 영국에 대해 해상봉쇄를 단행했다.

1915년 2월, 독일 정부는 영국의 항구로 향하는 중립국의 선박에 대해 경고없이 어뢰로 공격할 것이라고 선언했다. 이에 대해 윌슨 대통령은 미국인의 인명과 재산에 대해 어떠한 위해가 가해진다면 미국은 독일에게 '엄중한 책임'을 물을 것이라고 경고했다.

그리고 1915년 5월 7일, 영국의 호화여객선 루시타니아호(3만 2천 톤)가 독일의 U-보트에 의해 격침된 사건이 발생했다. 독일 잠수함의 어뢰 공격으로 한순간에 루시타니아호는 격침되고 승객 1,198명이 희생되었다. 이 중 128명이 미국인이었다. 무방비 상태의 여객선을 공격 침몰시킨 것은 미국민의 독일에 대한 분노를 증폭시켜 미국의 참전론을 불러일으켰다.

윌슨 대통령은 중립법을 근거로 참전을 하지 않고 있었고, 더욱이 1916년 재선 때에는 'He kept us out of war(미국을 참전으로 이끌지 않는다)'는 슬로건으로 공화당 후보를 누르고 당선된 사람이다.

당시 미국 정부의 고위관리들은 유럽의 세력균형에 미국의 안보가 달려있다고 생각하고 있었다. 영국이 유럽에서 어느 한 나라의 주도권 장악을 저지할 수 있을 만큼 강한 한 미국은 안전하다는 것이다. 영국 해군이야말로 미국 안보의 방패라는 생각에 젖어 있었다.

루시타니아호의 격침사건은 미국민의 참전여론을 일으키는 데 크게 작용했고 윌슨 대통령은 참전 이유를 '세계의 민주주의를 지키기 위해, 그리고 독재와 군국주의를 타도하기 위해'라는 명분을 내세웠다.

독일은 당초부터 루시타니아호 침몰사건을 '전략물자를 수송하고 있었기 때문에 정당한 전쟁행위'라고 주장했다. 영국측은 물론 이러한 독일의 주장을 부인했다. 미국도 논쟁의 핵심인 이 선박에 적재된 하물목록 공개를 끝까지 거부했다.

후에 하물에 대한 보험청구 재판에서도 24페이지에 달하는 이 목록은 제출되지 않았다. 이 목록은 윌슨 대통령에 제출되었고 봉인된 채 '대통령 이외는 누구도 개봉할 수 없다'는 명령서와 함께 재무성 창고 깊숙이 보관되었다. 이 목록에는 루시타니아호 선창에 137톤의 탄약이 들어 있었다는 내용이 기재되어 있었고, 이것은 독일의 주장이 정당하다는 것을 입증하기에 충분했지만 윌슨 대통령은 이러한 사실을 감추고 독일에 대한 적개심만 고조시켰다.[3]

러시아 혁명

러시아에서 제1차 혁명이 일어난 것은 러일전쟁이 한창 진행 중이던 1905년 1월 22일이었다. 일본군에게 여순이 함락된 후 승려 가폰은 20만 명의 페테르부르크의 노동자 시민을 이끌고 광장으로 몰려갔다. 황제에게 생활고를 호소하고 정치적 자유를 주도록 청원하기 위해서였다. 그런데 군대는 이들 시민을 향해 발포하여 1천 명이 죽고 그 두 배나 되는 사람들이 부상했다. 이 사건을 계기로 여지껏 고통에 견디어오던 노동자, 농민들의 분노가 폭발하여 1년 이상이나 스트라이크를 하게 되었고 농민의 반란이 전국을 휩쓸었다. 6월에는 흑해함대의 해군까지 반란을 일으켰다. 러시아 정부는 이러한 인민의 격렬한 저항 때문에 러일전쟁을 더 이상 끌고 나갈 수가 없어 일본과 강화조약을 맺고 전쟁을 종결시키지 않을 수 없었다.

러일전쟁의 상처가 아물기도 전에 러시아는 제1차 세계대전에 끌려들어갔다. 이 전쟁 기간 중 러시아는 생산이 감소되고 물가는 폭등하고 농민은 47퍼센트나 징집되어 생활이 극도로 어려워지고 있었다. 식량과 연료의 부족은 급기야 도시의 폭동을 야기시켰다.

1917년 3월 8일은 '국제부인의 날'이었

1919년 모스크바 광장에서 연설하는 레닌.

다. 수도 페테르부르크의 부인들은 이날 아침 빵과 평화와 전제정치 반대를 주장하는 데모를 했고 이것은 3월 혁명의 기폭제가 되었다. 노동자 시민이 합류하였고 더욱이 군대마저 가담하여 로마노프 왕조의 목을 졸랐다.

드디어 니콜라이 2세는 퇴위 당하고 정권은 케렌스키가 주도하는 임시정부의 손으로 넘어갔다. 임시정부의 거의 모든 각료들은 중도적인 부르주아 자유주의자들이었다. 그들은 러시아의 전제정치를 타도하고 영국을 모델로 한 입헌 군주정으로 변화시키기를 희망했다.

스위스에 10년이나 망명생활을 하고 있던 니콜라이 레닌이 독일의 도움으로 극비리에 1917년 4월 3일 귀국했다.

귀국한 레닌은 즉시 '4월 테제(강령)'를 발표했다. 그는 이 테제에서 러시아의 현상은 혁명의 제1단계인 부르주아혁명을 경과하여 제2단계의 프롤레타리아혁명의 시기로 접어들었다고 말했다. 그리고 전쟁을 즉시 종결하고 모든 권력을 소비에트(노동자와 병사)가 장악할 것을 주장했다.

임시정부는 볼셰비키가 지도하는 반전운동을 탄압했기 때문에 레닌은 핀란드로 망명하고 그 곳에서 운동을 지도했다.

9월 러시아군의 최고사령관 코르니로프가 케렌스키의 임시정부를 타도하고 정권을 탈취하기 위해 군을 페트로그라드로 진격시켰다. 케렌스키는 할 수 없이 볼셰비키의 힘을 빌려 이 반혁명 쿠데타를 진압하게 되었다. 이 사건을 통해 민중은 볼셰비키를 지지하게 되었다.

페트로그라드의 소비에트 의장인 트로츠키는 노동자를 중심으로 한 적위군(赤衛軍)을 조직했다. 10월 비밀리에 귀국한 레닌은 트로츠키와 함께 무력으로 케렌스키의 임시정부를 타도하고 11월 7일 소비에트 정부의 수립을 선언했다. 이것이 11월 혁명이다. 러시아 역(曆)으로 10월이므로 '10월 혁명'이라고 말한다. 이로써 사상 처음으로 러시아에서 프롤레타리아 정권이 탄생 되었다.

47세의 레닌은 소비에트 중앙집행위원 겸 인민위원회 의장에 선출되었다.[4]

전쟁종결과 평화

독일은 연합국의 봉쇄로 인해 식량부족이 심각해져 기아선상에 놓여 있었다. 1918년 9월, 독일측에 가담했던 불가리아가 항복하고 10월에는 터키가 항복했다. 합스부르크 제국(헝가리, 오스트리아)은 국내 민족주의자들의 반란으로 분열되었다. 패색이 짙어지자 11월 오스트리아가 종전문서에 서명했다. 독일의 카이저가 폐위되었음을 알리는 칙서가 베를린

베르사유 강화회담 개회식(1919년).

에서 인쇄되었고, 다음날 아침 황제는 국경을 넘어 네덜란드로 망명했다.

결국 1919년 6월 28일, 오스트리아 대공의 암살 5주년이 되는 날 독일과 연합국 대표들은 베르사유 궁전에서 조약문서에 서명했다.

베르사유조약에 의해 독일은 알자스와 로렌을 프랑스에, 북부 슐레스비히를 덴마크에, 포센과 서트로이센 대부분의 지역을 폴란드에 양도했다. 차르 분지의 탄전은 프랑스가 15년간 채굴하도록 했다.

독일은 공군을 보유하는 것이 금지되었고, 육군은 10만 명의 장교와 사병만이 허용되었다.

그리고 협상국 정부와 그 시민들에게 가한 손해와 손상에 책임을 지고 배상액으로 330억 달러를 지불키로 했다.(1921년)

오스트리아는 헝가리, 체코슬로바키아, 유고슬라비아, 폴란드의 독립을 인정하고 이들 나라에 오스트리아 영토의 대부분을 양도했다. 오스트리아제국은 영토와 인구의 4분의 3을 잃고 군소국으로 전락했다.

헝가리는 영토가 12만 5천 평방마일에서 3만 5천 평방마일로, 인구는 2,200만 명에서 800만 명으로 축소되었다.

터키의 영토는 분할되어 아르메니아는 기독교 공화국으로 되고, 유럽 지역에 있던 터키 영토의 대부분은 그리스에 할양되고, 팔레스타인과 메소포타미아는 영국의 '위임통치령'이 되고, 시리아는 프랑스 '위임통치령'이 되었다.[5]

터키는 그 광대했던 영토를 거의 모두 잃고 소멸되는 위기에 빠졌으나 아타투르그 케말이 군대를 장악하고 영국, 프랑스, 그리스군을 격파하고 실지를 회복하여 오토만 제국과 비교하면 많이 축소되기는 했지만 터키공화국은 약 30만 평방마일의 영토와 1,300만 명의 인구를 보유하는 국가가 되었다. 그리하여 터키에서는 지금도 아타투르크 케말을 건국의 영웅으로 기억하고 있다.

일본의 활약

세계의 재앙이라는 제1차 세계대전에서 유일하게 '천우(天佑)'의 기회를 맞은 것은 일본이었다. 영국이 독일에 선전포고한 지 3일째 되는 1914년 8월 7일, 영국은 '극동에서 영국 선박에 위협을 주는 독일의 위장 순양함을 격멸하는 데 협력해달라'고 일본에 요청했다. 이러한 사항은 영일동맹 조약에 명문화된 것은 아니었으나 다급한 영국은 일본에 긴급요청을 했다.

당시 일본 정부의 가토(加藤高明) 외상은 영국의 이러한 요청을 기화로 중국에 있는 독일의 권익과 남양제도를 탈취할 수 있다고 생각하고 영국, 프랑스의 협상국측에 가담하여 참전할 생각이었다.

이러한 일본의 의도를 간파한 영국은 다시 전문을 보내 '그렇게까지 참전을 할 필요는 없다'고 전했다.[6]

그러나 일본 정부는 8월 15일, 독일에 '8월 23일을 기한부로 교주만을 무조건 양도하라'는 요구를 하고 최후 통첩을 했으나 독일에서 아무런 회답이 없자 독일에 선전포고를 했다.

일본은 재빨리 5만 명의 군대를 산동반도(山東半島)에 진격시켜 산동철도를 따라 서진하여 10월 6일에는 북경과 남경을 잇는 교통의 요충 제남(濟南)을 점령했다. 산동반도에는 독일군이 5천 명 정도 주둔하고 있었으나 독일군은 저항도 해보지 못하고 패퇴하고 말았다. 승기를 잡은 일본군은 11월 17일에는 청도를 점령했다. 이와 동시에 일본군은 남태평양으로 진출하여 10월 14일까지 적도 이북의 독일령 제도를 모두 점령했다.

굴러들어온 군수붐

당시 세계의 공업제품은 모두 유럽에서 생산되고 있었고 원자재와 식료품은 유럽으로 수송되는 체계였다. 특히 영국은 면제품의 종주국이었다. 그러나 전쟁이 일어나자 영국과 프랑스에서 대량의 군복과 내의가 필요하게 되었고 이 막대한 수요를 일본에서 수출하게 되었다.

일본은 계속되는 발주를 받아 1913년부터 1923년 사이에 방적기는 241만 추에서 412만 추로, 방직기는 2만 4천 대에서 6만 1천 대로 증설했다. 생산량도 면사가 151만 곤(梱)에서 217만 곤으로, 면포는 4억 2천 야드에서 10억 야드로 격증했다. 그 위에 가격도 급등하여 면직물의 생산액은 1억 6천만 엔에서 10억 3천 4백만 엔으로 증가했다. 생산량이 2.4배, 생산액은 6.3배, 단가는 2.6배나 뛰었다.

이 이상으로 급성장한 것이 중공업이었다. 전쟁이 장기화되자 유럽제국과 미국에서 수출금지 조치를 취해 국제가격은 급등했다. 강재 생산량이 1914년 28만 톤에서 1928년에 172만 톤으로 6배 이상 늘어났다. 석탄의 생산액도 같은 기간에 7,100만 톤에서 3.6배인 2억 5천 5백만 톤으로 증가했다. 1913년에 톤당 50엔 하던 선철이 1918년에 403엔으로 상승하고 강판은 89엔에서 976엔으로 값이 급등하여 관영 야하타(八幡)제철소의 수익률은 11.4퍼센트에서 112.6퍼센트로 뛰어올랐다.

일본의 중공업이 본격적으로 성장한 것은 이 세계대전에 의한 군수붐에 의한 것이다.

그리고 가장 이익을 많이 낸 것은 해운업이었다. 이 전쟁에서 연합국은 독일의 해상을 봉쇄했고 독일도 연합국의 상선을 잠수함으로 공격하여 많은 선박이 손실되었다.

세계 제일의 해운국 영국은 전선박의 37퍼센트를 잃었고 프랑스는 39퍼센트, 이탈리아는 51퍼센트를 상실했다. 그 결과 세계는 극도의 선박 부족상태가 되었고 해상운임이 급등했다. 일본에서의 부정기선의 운임이 톤당 1914년 유럽노선 50실링 하던 것이 1918년에는 8백 실링, 미국노선에서 6.5달러 하던 것이 30달러나 되었다.[7]

이리하여 선박 벼락부자가 탄생하게 되었고 요정에서 나오던 선박 재벌이 구두를 찾는 데 1백 엔의 지폐를 태워 불을 밝혔다는 일화도 있었다. 당시 근로자들의 평균 임금은 월 30엔이었으므로 이 졸부들이 얼마나 부를 과시했는가를 알 수 있다.

흥분한 일본 사회

이러한 군수붐은 일본 사회를 흥분시켰다. 기업경영자는 주문이 쇄도하고 이익이 많은 데 흥분하였고 관료들은 산업발전과 대외 확대에 열중했다. 직접 경제에 참여하지 않았던 군인들도 유럽에서 전해오는 대규모 소모전에서의 여러 가지 신무기에 흥분하고 이에 따라 군비확충에 집중했다. 국민들도 임금 상승과 취업 기회가 많아져서 흥분했다. 특히 중공업과 석탄산업이 급격히 발전하여 농촌의 과잉 노동력을 흡수하게 되어 도시로 이동하는 인구가 늘어나게 되었다.

농촌에서 도회지로 나간 사람들 중 공업에 손을 대거나 투기에 참여하여 큰 돈을 번 벼락부자들도 많이 생겼다. 이들은 번 돈으로 고향에서 전답을 사들이고 집을 지었다. 이러한 현상이 오랫동안 빈곤한 상태에 있던 농민들에게도 강한 자극이 되었다.[8]

일본은 이렇게 제1차 대전을 통해 군수붐으로 일약 부자가 되었다. 1914년에는 11억 엔의 대외부채를 지고 고민하던 일본이 1920년에는 27억 7천만 엔의 채권국이 되었다. 그러나 이것은 일본이 전쟁이라는 특수 상황 속에서 불난 집의 도둑처럼 번 것으로 일본 자체가 생산력을 발전시켜 국제 경쟁력을 갖추었던 것은 아니었다. 결국 일시적인 현상에 지나지 않았음은 전쟁이 끝나고 유럽제국이 국제시장에 다시 복귀하게 되자 취약한 일본의 산업은 고전을 면치 못하게 되고, 따라서 심각한 불황에 직면하게 된 것을 보면 알 수 있다.

오만해진 일본

당시 중국에는 원세개(袁世凱)가 청조(淸朝)를 넘어뜨리고 대총통 자리를 차지하고 있었다. 원세개는 1884년 갑신정변 때 청군을 이끌고 궁내로 신입하여 일본군과 김옥균 일파를 몰아내고 고종을 압박하여 10년 동안 조선 정부를 농락하다가 청일전쟁이 일어나자 청국으로 도망한 자이다.

청일전쟁의 패배로 책임을 지고 이홍장(李鴻章)이 물러나자 원세개는 서태후에 접근하여 서양식의 근대군대의 장관 겸 경찰부장에 임명되었다. 1898년 광서제는 강유위 등 혁신파와 모의하여 서태후를 유폐시킨 후 청국의 개혁을 단행하려고 쿠데타 계획을 세웠으나 원세개의 배신으로 좌절되고(무술정변) 원세개는 서태후의 신임을 얻었다.

그 후 1911년 손문이 '신해혁명'을 일으켜 중화민국이 탄생했고 수도를 남경에 정한 새정부는 손문을 임시 대총통으로 추대했다. 청나라 정부는 이 혁명을 진압하기 위해 원세개를 총리대신으로 임명했으나 원세개는 이미 국민의 마음이 청조를 떠난 것을 탐지하고 혁명파와 협상하여 손문 대신에 자신이 대총통이 되는 것을 조건으로 청조 마지막 황제인

선통제(宣統帝)를 퇴위시키고 청조를 멸망케 했다.

원세개는 다시 혁명세력을 배신하고 1913년에 일어난 제2혁명에 국민당 세력을 탄압하고 정식으로 초대 대총통이 되었다.

원세개는 제1차 세계대전이 일어나자 중립을 선언했다. 그러나 일본군은 독일의 조차지인 산동반도의 교주만과 청도를 점령하고 유럽의 세력이 전쟁으로 아시아에 관심을 가질 수 없는 기회를 이용하여 중국에 세력을 확장하려고 했다.[9]

그 구체적인 안이 일본이 1915년 원세개 정부에 제시한 '대중국 21개조 요구'였다. 이 요구에서 일본은 산동성의 독일 권익을 승계할 것과 여순 대련의 조차기한과 남만주 철도의 이권의 연장, 중국 연안 및 도서를 제3국에 할양하지 않는다는 것을 중국이 받아들이도록 강요했다.

이와 더불어 제5항에는 중국 정부의 정치, 재정, 군사의 고문으로 일본인을 취임시킬 것과 경찰을 중국과 일본이 공동으로 조직하자는 말도 안되는 내용이 있었다. 이 조항은 마치 중국을 일본의 식민지로 한다는 것과 같은 말이다.

일본은 미국과 영국의 강한 반대에 부딪쳐 이 제5항을 철회했지만 나머지는 모두 최후통첩으로 강요하여 원세개 정부는 이를 인정하게 되었다. 중국에서는 일본의 이 요구를 중국 정부가 인정한 5월 9일을 '국치의 날'로 정하고 일본 침략에 반대하는 운동을 전개하기 시작했다.

'민족자결의 원칙'

우드로 윌슨 대통령.

1919년 6월 28일, 프랑스 파리의 베르사유 궁전에서 제1차 세계대전의 종결을 짓는 베르사유조약이 조인되었다. 이 조약으로 독일의 영토가 6분의 1이나 인접국에 분할 양도되고 독일이 다시는 군국주의로 외국 침략을 못하도록 하는 조건이 강요되었다.

그리고 이 조약에서 일본은 독일이 영유하던 남양제도를 위임통치라는 형식으로 사실상 획득했고, 독일이 조차하던 산동성의 권익을 승계했지만 1917년에 연합국에 가담하여 참전했던 중국은 이러한 조치에 불만을 품고 조약에 조인을 거부했다.

그리고 이어서 체결된 여러 조약으로 유럽은 재편되었다. 오스트리아 제국의 지배하에 있던 헝가리, 체코슬로바키아가 독립했다. 발칸에서는 유고슬라비아 왕국이 성립되었다. 그리고 러시아 제국령으로부터 핀란드, 폴란드, 에스토니아, 라트비아, 리트아니아가 독립했다.

이들 신흥제국의 독립은 '민족자결의 원칙'에 의해 탄생된 것이다. 그 목적은 독일과 오스트리아의 축소, 그리고 러시아 혁명이 서방으로 파급되는 것을 방지하려는 의도도 포함되어 있었다.

윌슨 대통령이 '민족자결의 원칙'을 주장한 것은 이들 유럽 제국의 분할 독립과정에서 가급적 민족의 자결을 원칙으로 해야 한다는 내용이었다.

그러나 아시아, 아프리카의 많은 식민지에서 윌슨 대통령의 민족자결의 원칙이 자신들에게도 적용된다고 이해하고 독립운동을 벌이기 시작했다.

사실 전쟁 기간 중 영국은 이집트로부터 1백만 명 이상의 노무부대를, 인도에서 80만 명의 군인과 40만 명의 노무자를 제공받았다. 프랑스는 베트남에서 15만 명 이상의 노무부대를 징용했고 중국도 10만 명 이상의 쿠리부대를 유럽 전선에 보냈다.

또한 식민지로부터 식료품 원료 자재의 제공이 강요되었고 중세를 부과하고 많은 국채를 사도록 했다. 가난한 인도로부터 3억 5천 파운드의 자금이 징수되어 영국으로 보내졌다.

전쟁 중 이집트인 3만 명이 죽고 인도인은 10만 명 이상의 사상자를 냈다.

이번 전쟁에서 영국은 인도에 자치를 약속하고 협력을 요청했었다. 그러나 전쟁이 끝나자 영국은 이 약속을 이행하지 않고 오히려 민족운동을 탄압하는 '로라트법'을 제정했다. 이것은 영국의 판사 로라트를 의장으로 하는 특별위원회에 의해 만들어진 법령인데 영장없이 수사 체포하여 재판하지 않고도 구금할 수 있고 변호사 없이 재판을 하는 기본적 인권을 무시한 탄압법이었다.[10]

국민회의파의 지도자 마하트마 간디는 이러한 영국의 약속위반에 대해 분격하여 '빵을 요구했는데 돌을 주었다'고 말하면서 반영운동을 선언했다. 간디는 이 운동을 비폭력으로 할 것을 주장했지만 노동자, 농민은 격렬해지고 영국은 강력히 탄압하여 진압했다.

조선에서 일어난 3.1운동

　미국의 윌슨 대통령이 제창한 전후처리의 14개 조항에서 제기된 '민족자결의 원칙'이 불러온 파장은 매우 컸다.

　사실 윌슨 대통령이 구상했던 민족자결의 원칙은 앞에서 말한대로 연합국에 대항했던 독일, 오스트리아, 터키에 속해 있던 식민지에 적용하여 민족자결에 의해 새로운 독립국을 세운다는 내용이었다.

　그러나 윌슨의 이러한 주장은 세계 모든 피압박 민족에게 하나의 복음처럼 받아들여지고 각각 자기들에게 유리한 방향으로 이 원칙을 해석하여 독립을 요구하는 운동으로 발전했다. 그리하여 조선에서 3.1운동이, 중국에서 5.4운동이, 이집트에서 반영운동이 그리고 인도에서의 반영운동이 꼬리를 물고 일어났다.

　그 중에서도 윌슨의 민족자결 원칙에 가장 민감하게 반응을 보인 것은 재미교포들이었다. 재미교포들은 즉가 재미한인대표자 회의를 소집하여 윌슨의 원칙에 찬성하고 그 본질적 이념에 따라 우리 민족의 자결권을 주장하고 그 방법으로 파리 강화회의에 대표를 보내 조선의 독립을 호소하기로 했다. 그리하여 이승만, 정한경, 민찬호를 대표로 선정하고 파리로 파견하려 했으나 미국 정부가 여권을 내주지 않아 이 계획은 좌절되었다. 이러한 소식이 도쿄에서 발행되는 '저팬 어드버타이저'와 '아사히 신문'에 보도되어 재일본 유학생들을 자극했다.

　이렇게 고조된 독립운동의 분위기에 불을 붙인 것은 일본에서 거행된 유학생들의 2.8독립선언이다. 1919년 2월 8일, 조선인 유학생 600명은

서울 광화문 비각 앞에서 3.1만세운동에 참여하고 있는 시민들.

도쿄 간다(神田)에 있는 조선 YMCA회관에 모여 최팔용(와세다대)을 비롯한 11명이 서명한 독립선언서를 발표했다. 백관수가 독립선언서를 낭독하고 김도연이 결의문을 낭독하자 장내는 독립만세 소리와 환호성으로 가득했다. 그러자 경시청에서 급파된 경찰대가 대회장을 포위하고 장내로 진입하여 대표자 10명이 체포되었다.

이에 앞서 1919년 1월 국내에서는 고종이 갑자기 사망했다. 고종은 당시 68세로 건강한 편이었는데 갑자기 중병으로 사망했다는 발표가 있자 국민은 고종의 사망에 의문을 품게 되었다. 그러자 일본이 고종을 독살했다는 소문이 나돌고 기폭이니 망국의 설움과 일제의 탄압으로 적개심을 더욱 고조시켰다.

고종의 아들 영친왕 이은(李垠)은 일본에서 육군사관학교를 졸업하고 황족 '나시모도 노미야(梨本宮)'의 딸 마사코(方子)와 결혼하기로 되어 있었다. 결혼식 4일 전, 고종은 측근들과 술자리를 하고 차를 마신 후 잠자리에 들었다. 그러나 그날 밤 고종이 돌연 죽은 것이다.[11]

고종의 돌연한 죽음에 대한 당시의 상황을 '李方子妃'(渡邊みとり著, 中公新書)에 자세히 쓰여 있어 소개하면 다음과 같다.

"고종이 돌연 변사한 소식을 들은 이은(李垠)은 급거 경성(서울)으로 출발했다. 약혼자 마사코(方子)는 정신을 가다듬고 도쿄역으로 달려가 약혼자를 송별했다. 마사코는 눈물만 흘릴 뿐 아무 말도 하지 못했다. 나흘 후면 결혼식을 올리게 되어 있어 즐겁던 것이 돌연 슬픔으로 변했다. 이은 전하의 슬픔은 곧 19세의 마사코의 슬픔이기도 했다.

후에 이 고종의 죽음이 독살이라는 사실을 알게 된 마사코는 놀라움과 분노, 그리고 말할 수 없는 슬픔이 마사코를 괴롭혔다.

전날 밤 이태왕(李太王=고종)은 즐거운 기분으로 대화를 나누고 잠들기 전에 감주(甘酒)를 마셨는데 곧 복통을 일으키고 숨을 거두었다는 것이다. 예상했던 대로 궁중 전의 안상호(安商鎬)가 총독부관리의 협박으로 독을 탄 것이 명백해졌다. 마사코는 일본인이었기 때문에 느끼는 죄송스러움, 약혼자에 대한 죄악감, 이 와중에 결혼이 과연 실현될 수 있을까?

독살의 위험은 마사코에도 미치지 않을까? 슬픔과 공포가 마사코를 엄습했다.('지나간 세월' 이방자 저)

이 사건으로 이은 전하의 결혼은 1년간 연기하게 되었다."

독립선언서는 최남선이 기초하여 천도교에서 경영하는 보성사에서 인쇄했다. 사장 이종일과 김홍규(공장감독)가 인쇄된 2만 1천 장을 여러 사람에게 나누어주어 전국 각지로 배포했다.

손병희, 권동진 등 천도교측 15명과 이승훈 등 기독교측 16명 그리고 한용운 등 불교계 2명으로 구성된 33인 중 29명이 3월 1일 오후 2시 서울 인사동 태화관에 모였다. 길선주 등 4명은 지방에 있어서 참가하지 못했다.

민족대표 29인은 독립선언식을 거행하고 나서 축배를 들었다. 그리고 최린은 태화관 주인 안순환에게 총독부에 전화를 걸어 이 사실을 통고하게 했다. 일본 경찰 80명이 달려와 태화관을 포위했다. 이들은 간단하게 식사를 하고 대한독립만세를 제창한 뒤 의연하게 경찰에 연행되어 갔다. 대표들은 비폭력 저항을 주장하고 군중과 경찰의 충돌로 폭력적인 사태로 발전하는 것을 바라지 않았다.[12]

이 시각 파고다 공원에서는 '민족대표' 대신에 김원벽(연희 전문), 강기덕(보성 전문), 한위건(경성 의전) 등 학생이 중심이 되어 독립선언문을 낭독하고 3대로 나누어 태극기를 손에 들고 '대한민국 만세'를 외치면서 밤 11시경까지 시위행진을 계속했다.

그 날 평북 선천, 평양, 원산, 진남포에서도 동시에 집회와 시위가 벌어졌다. 시위운동은 3월 10일까지 천도교와 기독교 조직이 강한 중부와

3.1운동에 참가했다가 피검되어 호송되고 있는 젊은이들.

북부지방에 집중되었고 체포되는 지도자를 탈환하기 위한 시위군중과 군경간의 충돌로 유혈사태가 빈발하게 되었다. 그 후 이 운동은 남부지방으로 파급되었고 다시 도시에서 농촌으로 확산되어 갔다.[13]

일제의 무력진압

시위운동이 전국으로 파급되자 3월 11일 일본 정부의 하라(原敬) 수상은 하세가와 총독에게 다음과 같은 지령을 내렸다.

"이번 사건을 내외에는 극히 경미한 문제로 보이게 해야 한다. 그러나 실제로는 엄중한 조치를 취해 다시는 재발이 나지 않도록 일을 처리하라."

즉 시위는 엄중히 다스리되 해외에는 별일 아니라는 인상을 주도록 유의하라는 내용이었다.

당시 조선에는 육군 2개 사단이 주둔하고 있었으나 일본 정부는 다시 증원부대를 보냈다. 헌병 3~4백 명과 육군 6개 대대를 증파했다.

조선군 사령관 우쓰노미야(宇都宮太郎)는 4월 1일 각 군대와 헌병경찰에게 다음과 같은 지령을 내렸다.

"이 기회에 군대의 행동을 너무 신중하게 하는 것은 오히려 그들 폭민들의 기세를 높일 우려가 있다. ― 군대는 단연코 필요한 강압수단을 사용하여 그들로 하여금 두려워서 복종하고 꼼작하지 못하게 하라. 일반 민중에게 그렇게 본보기를 보여주어 신속하게 진압평정에 공을 세우라."

즉 너무 신중하고 유연하게 대하면 오히려 조선인이 기세를 올릴 것이므로 모든 강압적 수단을 동원하여 이 사태를 철저히 진압해야 한다. 이 지령이 있은 직후 제암리사건이 발생했다.

3.1운동의 첫 희생자가 발생한 것은 선천에서였다. 3월 1일 질서있게 시위하는 군중에게 일본 군경이 발포하여 강신혁이 그 자리에서 숨지고 부상자 12명이 발생했다.

정주에서 3월 31일 약 4천 명이 만세시위를 벌였다. 이때 일본 군경의 총격과 총검돌격으로 군중 28명이 죽고 99명이 부상했다. 4월 1일에는 천안군 아우내 장터에서 약 3천여 명이 독립만세를 외치자 철도경비대가 일제히 사격하여 20명이 현장에서 숨지고 많은 부상자를 내었다.

3.1운동은 10월까지 계속되었는데 일본 경찰에 구속된 사람이 1만 8천 명이나 되었다. 그 중 기소된 사람이 9,289명이었다. 그 중 상당수가 극악한 고문을 당했고 옥사한 사람이 많았다. 일본 군경은 학교, 교회당 그

리고 민가를 방화하고 파괴했다.[14]

이 기간에 일본 군경은 시위대 진압 과정에서 조선의 무고한 민중 7천 5백 명을 살해하고 4만 5천 명을 부상케하는 참상을 저질렀다.

제암리사건

제암리사건과 유사한 사건은 전국 도처에서 일어났다. 이 제암리사건이 문제가 된 것은 마침 미국과 영국의 영사가 현지를 시찰하여 우연히 실상을 알게 되었고, 외국으로부터 문제가 되기 시작했기 때문이다.

조선군 사령관의 강압진압의 지령이 있은 후 경기도 경무부는 4월 2일 수원과 안성에 군경으로 편성된 특별검거반을 현지에 파견했다. 이 검거반의 보고에 의하면 4월 6일에서 17일 사이에 소실 가옥수 328호, 사망자 45명, 부상자 17명, 검거자 8백 명으로 되어 있다. 제암리사건은 이 특별검거반에 의해 일어난 폭행사건이었다.

4월 15일, 아리타(有田俊夫) 중위가 이끄는 11명의 군경이 제암리라는 작은 마을을 포위하고 '천도교 및 기독교인 20여 명'을 이 마을 교회에 집합시켰다. 그리고 이 마을에서 운동을 일으킨 주모자를 가려내려고 했다. 이때 어느 한 사람이 도망하려는 것을 일본군이 군중이 보는 앞에서 칼로 쳐죽였다. 민중은 격분하여 몽둥이와 의자를 들고 일본군에 저항하려 했다. 그러자 일본 군경은 교회를 포위하고 집중사격을 하여 전멸하고 교회를 비롯하여 마을 전체를 불태워버렸다. 물적증거를 남기지 않기 위해서였다.

이 사건의 다음날 4월 16일 미국 영사 카티스, 선교사 H.H 언더우드, '저팬 어드버타이저' 지 기자 한 사람이 연기가 나고 있는 현장의 사진을 찍고 서울로 돌아왔다. 이어서 4월 24일 영국 영사 로이드를 비롯하여 선교사 7명, '저팬 어드버타이저' 지 기자 등이 현지조사를 하여 4월 27일과 29일 자 신문에 보도하여 세계가 알게 된 것이다.[15]

이 제암리사건이 국제적으로 문제가 되자 당시 총독부 헌병사령관 고지마(兒島惣次郞)는 다음과 같이 보고서를 작성 제출했다.

" ― 3월 하순 이 지방에서 관공서의 파괴 소실된 것이 적지 않았다. 특히 화수(花樹) 초강(抄江) 두 곳에서는 순사를 학살하고 그 시체를 능욕했다. 그리고 그 곳에서 일본인의 피해가 빈번하게 일어나고 민심의 공황 분노가 극에 달했다. 발안장(發安場)에서는 3월 31일 장날에 약 1천 명의 폭민이 태극기를 들고 노상 연설을 들은 후 일본인 가옥에 투석 폭행했고, 드디어는 백주에 소학교를 방화하는 등 폭행을 했다. 다음 4월 1일 발안장 주변의 산위에서는 80여 곳에 횃불을 휘두르면서 일본인의 퇴거를 촉구했다. 그 때문에 일본인 부녀자 43명은 몇 번이나 위험한 고비를 겪으면서 30리 떨어진 삼계리로 피난했다.

이와 같은 소란 속에서 아리타 중위는 이 지방 소요의 근원은 제암리에 있는 천도교도와 기독교도에 있다는 말을 듣고 그들을 검거할 목적으로 현지로 갔다. ― 제암리에 도착하자 순사보에 명하여 천도교도 및 기독교도 20여 명을 교회당에 집합시켰다.

그리고 전번에 일어난 소요 및 장래의 각오 등에 대해 2~3개 질문을 하는 사이에 한 사람이 도망을 하려고 하여 이를 저지하는 중 다른 한 명과 함께 대들어 이들을 즉각 칼로 쳐죽였다.

이 상황을 보고 있던 조선인 전부가 반항하는 태도로 나오고 그 일부는 몽둥이와 의자를 들고 덤벼들어 즉각 밖으로 나와 군인들에게 사격을 명하여 거의 전원을 사살하게 되었다. 이 혼란 중에 서쪽 이웃집에서 불이 일어나 폭풍 때문에 교회당에 불이 붙었고 결국 20여 호가 소실되었다."

이 보고를 토대로 하세가와(長谷川好道) 총독은 하라(原敬) 수상에게 다음과 같은 보고를 했다.

"이상 검거반원 및 군대의 행위는 유감이지만 지나친 행위이다. 또한 방화는 명백히 범죄에 해당하지만 이날의 경우 정당한 행위라고 공인하게 되면 군대와 경찰의 위신상 불리하고 외국인에 대한 배려도 해야 함으로 방화는 모두 검거의 혼란 중 일어난 실화로 인정하고 낭사자에 대해서는 그 수단방법에 문제가 있었던 죄를 물어 그 지휘관을 행정처분에 처하는 것이 타당하다."[16]

3.1운동에 대한 외국의 반향

미국에서는 많은 언론들이 3.1운동에 관해 보도하고 일본의 잔학성을 규탄했다. 미국 의회에서도 1919년 6월부터 약 3개월에 걸쳐 한국 문제가 의제로 제기되어 논란이 이어졌다. 7월 15일, 공화당 상원의원 포인덱스터(Poindexter) 의원 등은 국제연맹의 실패와 횡포의 한 예로서 한국 문제를 들고 나왔다. 이들은 자유와 민족자결의 원칙을 중시하는 미국이 오히려 일본 정부의 포학을 지지하는 것을 규탄하고 한국의 독립을 지지하는 입장을 표명했다.

그러나 미국 정부는 외교상의 문제로 한국문제에 냉담했기 때문에 별다른 성과를 거두지는 못했다.

1920년 초에 영국의 하원의원 헤이데이(Hayday)와 그룬디(Grundy)는 일본의 잔학성을 규탄하고 영국 정부가 한국인을 위해 할 수 있는 것은 무엇인가고 물었다.

프랑스의 '앙당트' 도 일본의 조선에 대한 정책을 강력하게 비난했다.

소련은 3.1운동이 볼셰비키혁명과 관계가 있는 것처럼 보도하기도 했다.

이와 같은 각국의 반응과는 달리 일본의 언론들은 조선의 만세운동의 진상보도를 외면하고 일본 정부의 침략정책을 지지하여 일본 국민의 이목을 막으려했다. 그러한 가운데서도 고베에서 발행되는 '저팬 크로니클' 지는 일본 정부의 식민지 지배의 실패를 지적했고 도쿄의 '저팬 어드버타이저' 지는 수원 제암리의 학살사건을 상세히 보도하면서 일본인의 반성을 촉구했다.

3.1운동의 의의

3.1운동은 여러 가지의 의미로 획기적인 독립운동이었다. 가장 큰 의미로서는 조선인민은 일본이 하라는 대로 복종만 하는 노예민족이 아니고 어떠한 폭압정치에도 굴하지 않고 민족독립을 위해 신명을 바쳐 투쟁을 불사한다는 용기를 해외에 널리 보여주었다. 따라서 이 운동은 세계의 이목을 집중시켜 조선에 대한 인식을 새롭게 해주는 계기가 되었다.

또한 조선인민은 이 운동을 통해 각자의 민족독립 투쟁에 대한 의식을

중국 상해 프랑스 조계에 마련한 대한민국 임시정부 청사.

갖게 되는 계기가 되었고 힘을 결집시키면 자신들의 목표를 달성할 수도 있다는 자신도 얻게 되었다. 그리고 한 걸음 더 나아가 민족자결의 의사표시만으로는 타국이 지원해주지 않고 민족독립이란 일상적인 투쟁을 기듭하여 자력으로 쟁취하지 않으면 안 되는 것이라는 교훈을 깨닫게 되었다.

그리고 독립선언서, 일본 정부에 보낸 통고문, 파리 강화회의에 보낸 독립청원서에서 조선의 자주독립의 사상을 명시하고 이 운동을 계기로 자유평등 사상, 민주주의, 인도주의 등 신사상을 내외에 다짐하게 되었다.

이러한 기조 속에서 중국 상해에 대한민국 임시정부의 수립을 보게 되었다. 3.1운동이 일어나자 국내의 독립운동가들과 해외망명자들 사이에서는 이 운동을 단순한 시위운동이나 선언으로 끝낼 것이 아니라 독립을 쟁취할 때까지 과도적인 조치로 임시정부를 세워야 한다는 움직임이 일기 시작했다.

임시정부를 수립하기 위해 국내에서 현순(玄楯), 손정도(孫貞道) 등이 상해로 파견되었고 현지의 여운형(呂運亨) 등 신한청년당과 협력하여 일본, 미국, 러시아, 만주 등에서 대표자들을 소집하게 되었다.

이리하여 4월 10일에 임시의정원 회의를 열어 이승만을 국무총리로 하는 임시정부를 수립하고 동시에 '대한민국 임시헌장'을 선포했다.[17]

임시정부는 입법기관으로 의정원과 집행기관으로 국무원을 두고 임시헌장에서 '대한민국은 민주공화국으로 한다'고 규정하여 군주제로부터 영원히 결별하는 선언을 했다.

일본의 양식있는 지식인들

일본의 언론들은 3.1운동에 대해 선교사가 선동한 '폭동'이라든가, 독립의 능력도 없는 자들의 '망동'이라든가 하는 논조로 이 운동을 폄하하고 무시하는 태도를 보였다.

이러한 가운데서도 일부 식자 중에는 이 운동에서 조선인의 심정을 이해하고 용기있는 발언을 하여 눈길을 끌기도 했다. 예를 들면 일본의 민속학자 야나기(柳宗悅)는 '요미우리 신문'(1919. 5. 20~24) 및 '저팬 어드버타이저'지(8. 13자)에 '조선인을 생각한다'는 기고를 하여 '반항하는 그들보다 더 한층 어리석은 것은 그들을 압박하는 우리들(일본인)이다'고 말했다.

영문학자 사이토(齊藤勇)는 '복음신문'(1919. 5. 25)에 장편시 '어느 살육 사건'을 기고하여 수원 제암리에서 있었던 일본 군경의 학살에 항의하고 조선 민중의 심정을 이해했다.[18]

또한 도쿄대학 요시노(吉野作造) 교수도 '중앙공론'(1919. 7월 호)에서 일본의 무단정치와 3.1운동에서의 탄압을 엄중히 비판했다. 그는 '이번 폭동문제에 관해 국민의 어느 한 사람도 '자기반성'이 없다. ― 조선인이 우리들에게 반항한다고 한다면 병합한 사실 그 자체, 동화정책 그 자체에 있어 다시 한번 깊이 고려해볼 것은 없는 것인가. 어떻든지 조선 전토에 걸쳐 배일사상이 확산되어 가는 것은 의심의 여지없는 사실이다. 조선에서의 소수의 관료의 강변 말고는 이제 어느 누구도 이것을 의심하지 않는다.' (중앙공론 1919. 4월 호)[19]

일본의 이러한 양식있는 목소리는 극히 미미하여 조선인의 독립운동을 규탄하는 일본 매스컴의 압도적인 위세에 눌려 묻혀졌고 여론의 줄기를 바꿀 수는 없었다.

제3장 총독의 유화정책과 참정권 논란

조선에 대한 정책변화 절감

당시 일본 정부는 평민 재상으로 불리우는 하라(原敬)가 정권을 맡고 있었다. 3.1운동은 어떻든지 일본 정계에 커다란 충격을 주었다. 하라 수상은 조선에서 일어난 소요를 조기에 수습하고 안정적인 지배를 회복하려면 그에 상응하는 능력있는 인물이 총독으로 가야 한다고 생각했다. 조선에서 일어난 불온한 정세는 강압 일변도로 일관한 데라우치와 하세가와 총독의 '무단정치'에 그 원인이 있다고 분석하고, 이 위기를 현명하게 대처하려면 비교적 온화한 인물이 총독이 되어 유화정책을 펴야한다고 판단했다.

그리하여 발탁된 인물이 사이토(齊藤實) 해군대장이었고 사이토는 또한 하라 수상과 동향인 이와데(岩手)현 출신이었다.

사이토는 1858년에 출생하여 22세 되던 해, 해군병학교를 졸업하고 소위로 임관했다. 당시 해군병학교는 영국과 미국의 교수들이 학업을 가르치고 있었고 교재의 대부분이 영어로 되어 있었다. 그는 1882년 미국 공사관 무관으로 6년간 워싱턴에서 근무했다. 그 후 귀국하여 1906년 49세 때에 사이온지 내각에서 해군대신을 역임했다. 1914년까지 해군대신을 지낸 그는 해군 수뢰사건으로 아마모도 내각이 총사직했기 때문에 불명예스러운 퇴임을 하게 되었다.

이러한 배경을 가진 사이토가 1919년 8월 12일, 제3대 조선총독으로 임명되었다.

사이토 총독의 유화정책

사이토는 9월 제3대 조선총독으로 부임하여 일본 정부 요로에 '조선의 정세'라는 보고서를 보냈다. 이 보고서에서 그는

사이토 3대 조선 총독.

"진히 조선의 땅에 발을 디디면서 사방의 정세를 관찰하니 일반 조선인의 인심은 의외로 험악하고 과거의 관제개혁을 통해서도 아무런 완화된 징표가 보이지 않고 귀천빈부, 남녀노소의 구별없이 모두 독립을 몽상하고 ― 때문에 친일의 귀족 및 조선인 그리고 지방에 거주하는 일본인 등이 걱정과 두려움이 가득하고 보신에 초조하게 지내고 있다. 정세가 이와 같이 급박하므로 ―"라고 그의 현지 정세분석을 했다.

조선인의 당시 인심은 악화일로를 치닫고 있었고, 일본인과 친일 조선인들은 위협을 느끼고 있을 정도로 분위기는 좋지 않다는 분석이다.

사이토 총독은 우선 조선의 총독부관제를 개정하여 조선의 총독은 육군대장으로 임명한다는 규정을 고쳐 예비역 대장은 물론 민간인도 임명 가능케 하고 헌병경찰제를 개정하여 일반경찰과 군사경찰 업무를 각각 분담하는 정책을 채택했다.

그리고 그는 일본은 강대하고 조선에 대한 국제적 지원이 없으므로 '조선의 독립은 불가능하다'는 것을 조선인에 심어주고 일본은 장차 여러 유화적인 선정을 할 것이므로 조선인은 '행복'해질 것이라는 환상을 심어줄 것을 강조했다. 그리고 독립운동과 같은 행위는 양민에 해를 끼칠 뿐이므로 철저히 탄압하지만 일본에 선의적인 협조를 하면 총독부는 양민을 보호할 것이라고 그의 방침을 천명했다.

사이토 총독의 유화책 중 조선인에게 가장 획기적이었던 것이 3개의 조선어 신문을 허가해준 것이었다. 예종석의 태정친목회에 '조선일보'를, 민원식의 국민협회에 '시사신문'을, 박영효에게 '동아일보'를 허용했는데 김성수는 이 동아일보의 발행권을 양도받아 민족지로 육성해 나갔다.

김성수는 동아일보를 인수 받은 후 초기에는 주필에 장덕수를, 편집국장에 이상협을 영입 운영하다가 3.1운동으로 구속되었던 송진우가 석방되자 이후 송진우가 동아일보의 운영을 맡게 했다. 김성수는 송진우와 함께 동아일보를 운영하면서 이를 중심으로 '민족주의 운동'을 전개해 나갔다.[1]

사이토 총독은 이와 더불어 출판, 집회, 결사의 자유도 허용했다. 비록 조건부이긴 했지만 3.1운동의 피의 대가로 쟁취한 데 의미가 있었다. 조건이란 신문, 잡지 등에 대한 사전검열이었다. 발행하기 전에 총독부의 검열을 받아야 했다. 집회의 경우에는 반드시 경찰이 임석해야 했다. 이렇게 엄격한 조건이었지만 1910년대에는 상상할 수 없었던 일이 어느 정도 허용된 것이다.

이리하여 신문 외에 '개벽', '조선지광' 등 잡지도 발행되었다. 총독부는 이들 신문과 잡지에 실린 글을 삭제한다든지 아니면 더욱 가혹하게 정간조치를 취하는 등 규제를 했지만 조선인으로서는 다소 문화적인 숨통을 틀 수 있는 공간을 확보했다.

실제로 이들 언론과 출판을 통해 사회주의 사상을 비롯하여 신사조가 전파되고 조선의 문학운동도 이 시기에 활발하게 전개되었다. 조선의 근대문학은 이조 말기에 싹이 생겼지만 무단 정치기에는 언론 출판의 자유가 없었기 때문에 자랄 수가 없었다.

따라서 1920년대에 들어서 로맨티시즘, 자연주의, 허무주의에서 카프(KAPF=조선 프롤레타리아 예술동맹)를 중심으로 한 사회주의 리얼리즘 등이 일제히 꽃을 피워 연극, 영화, 음악 등 각 장르의 예술활동도 활발하게 전개되었다. 비록 총독부가 한정된 테두리 안에서의 활동을 허용한 것이었지만 조선인이 자신의 의사를 발표하고 같은 의사를 가진 사람들이 모여 집회하고 결사를 한다는 것은 매우 중요한 의미를 갖는 것이었다.[2]

그리고 1919년부터 20년 사이에 국내에서 생겨난 비밀결사의 수도 100여 개가 넘었다.

사이토 총독이 조선에서 왜 이러한 유화정책인 '문화정치'를 했는가 하는 데는 두 가지 배경이 있었다. 그 하나는 조선 자체의 사정, 즉 3.1운동에 의해 조선에 대한 식민지정책을 강경일변도로 계속해 나갈 수 없게 되었다는 점이다. 종래의 무단정치로만은 조선인의 저항만을 강하게 할 뿐 순조롭게 식민지를 통치하려면 정책을 전환해야 한다는 판단에서 취해진 조치였다. 또 하나는 당시 일본 국내에서 전개된 '다이쇼(大正) 데모크라시' 시대였다. 다이쇼는 당시 천황으로 1912년 메이지 천황이 죽은 뒤 즉위하여 1926년까지 재임하던 시기의 기간을 말한다. 비록 짧은 기간이었지만 이 기간에 일본 정치는 의회정치의 절정기를 맞고 있었다.

다이쇼(大正) 데모크라시

메이지 유신(明治維新)으로 일본이 근대국가로 성립된 1868년 이래 메이지 천황은 45년의 재위기간에 청일전쟁, 러일전쟁을 치르고 1910년 한일합방을 끝낸 후 2년 만인 1912년 사망했다.

메이지 천황이 재위하던 중 1890년에 '대일본제국헌법'에 의해 첫 중의원선거를 실시했다. 당시 헌법에 의하면 국세 15엔(円) 이상을 납부하는 25세 이상의 남자만이 선거권과 참정권이 주어지고 있었다. 직접 국세 15엔을 납부하는 계층은 농민으로 말하면 동일본에서는 2정보 이상의 지주, 서일본에서는 1정보 이상의 지주를 말한다. 따라서 선거권을 행사할 수 있는 사람은 전인구의 1.2퍼센트에 지나지 않았다. 이것이 후에 10엔으로 완화되었다.

하라 수상이 1918년 내각을 조직한 후 10엔에서 3엔으로 선거자격을 완화하여 선거권을 확대했고 따라서 전인구의 2퍼센트였던 선거인을 5.5

퍼센트로 상승시켰다. 그리고 육군, 해군, 외무를 제외한 모든 대신은 정당인으로 하고 총리대신도 중의원 의석을 갖게 하는 등 본격적인 정당내각의 모습을 만들었다.

이리하여 1925년(다이쇼 14년) 가토(加藤高明) 내각 때에 납세액의 조건을 없애고 25세 이상의 남자에게 선거권을 주는 보통선거법이 성립되었다. 이것은 요시노(吉野作造) 도쿄대 교수의 '민본주의(民本主義)'가 이미 국민 대다수의 여론이 되었고 정부도 이 여론을 무시할 수 없게 되었기 때문이다.

요시노 자쿠조. 일본의 민본주의 주창자.

요시노 교수는 오늘날의 민주주의를 '민본주의'로 번역했다. 민본주의가 여론이 된 것은 요시노 교수가 1916년 1월 호의 '중앙공론'에 기고한 논문에서 유래했고 당시 일세를 풍미하는 유행어가 되었다.

그는 메이지헌법 하에서도 '인민에 의한', '인민을 위한' 정치가 가능하다고 주장하고 원로, 군부, 관료, 정치가 등 특권세력에 의한 전제정치를 타파해야 한다고 주장했다.

그는 인민에 의한, 인민을 위한 정치, 즉 민주주의란 말을 피하고 민본주의라고 한 것은 당시 군주국에서 주권은 인민이 아니고 군주에 있다고 하는 전제에서 만들어 냈다고 했다. 그러나 그는 보통선거 언론의 자유 그리고 정당내각제에 입각한 의회중심의 정치를 실현하는 것이 급선무라고 주장하여 다이쇼 데모크라시의 사상적 기조를 이루었다.

이와 같은 정치정세의 변화는 사회 전반에 영향을 미쳐 새로운 시대의 변화가 눈에 띄게 나타났다.

1914년 도쿄 긴자(銀座)에는 일본 최초의 에스컬레이터가 설치된 미쓰고시(三越) 백화점이 개점되었다. 카페의 여급이 도쿄 긴자에 등장한 것이 1911년이었다. 채플린의 영화가 수입되어 인기를 끌게 된 것이 1916년이었고 그 다음해에는 아사쿠사(淺草) 오페라도 시작되었다.

1920년에는 양장의 버스 걸이 등장했고 1924년에는 미국의 재즈 음악이 유행하였고, 다음 해에는 라디오 방송이 시작되었다.[3]

조선 독립청원의 좌절

제1차 대전이 종결되고 1919년 1월 파리에서 강화회담이 시작되자 그 해 2월 상해에 있던 신한청년당은 김규식(金奎植)을 파리로 파견하여 강화회담에 조선의 독립을 청원하기로 했다. 그 후 4월에 임시정부가 수립되자 임시정부는 그를 외무총장 및 전권대사로 임명하여 활동하게 했다.

김규식은 강원도 홍천 출생으로 한말 외무관리로 일본과 러시아에 파견된 일이 있는 김지성(金智性)의 아들이다. 러시아에서 귀국한 김지성은 동래부사 밑에서 일을 하게 되었는데 이때 올린 외교문제에 관한 그의 상소문이 화근이 되어 귀양을 가게 되었다. 졸지에 집안이 몰락하고 더욱이 모친마저 별세하여 5세의 김규식은 고아가 되어 끼니조차 제대로 못하는 형편이 되었다.

이러한 곤경에서 그를 구해준 사람이 언더우드 목사였다. 김규식의 뛰어난 영어 실력은 언더우드 학당에서 기초를 닦은 것이다.

그는 언더우드 목사의 도움으로 도미하여 1903년 졸업 때까지 6년간

로아녹대학에서 수업하고 이어 프린스턴대학에서 석사학위를 받고 귀국하여 경성청년회 총무, 경신학교 교감, 연희전문학교 교수를 지내면서 항일운동을 했다.⑷

1910년 조선이 일본에 합방되자 그는 조국의 독립운동을 하기 위해 1913년 중국으로 망명하여 국제무대에서 활약을 하기 시작했다. 1918년에는 모스크바에서 열린 원동 약소민족 대회에 한국 대표로 참석했고 1919년 임시정부가 수립되자 외무총장 겸 파리강화 회의에 전권대표로 임명되었다. 이때 그의 나이 37세였다.

전승국인 연합국측은 일본의 의견을 들어 조선의 청원을 들어주기는 커녕 상대도 하지 않고 무시했다. 조선의 대표가 가장 기대했던 윌슨 대통령으로부터도 냉대를 받고 실망하지 않을 수 없었다. 사실 파리 강화 회의는 전승국의 유럽 약소국 독립과 분할에 전념하였고 조선의 문제를 거론할 입장이 아니었다.

이에 좌절하지 않고 임시정부는 미국에 기대를 걸고 일본의 압정과 조선의 독립 필요성을 국제무대에 호소하기 위해 청원운동을 계속 전개했다.

임시정부는 다시 워싱턴 주재 외교위원장에 서재필을, 위원에 정한경을 임명하고 미국인 아돌프를 고문으로 위촉했다. 그리고 이들은 미국 상원에 청원운동을 적극적으로 펼쳤다. 미국 상원은 이들의 청원을 받아들여 1919년 9월 5일과 1920년 3월 24일 두 차례에 걸쳐 '조선독립 지지안'을 상정했지만 모두 부결되고 말았다. 결국 전시효과로 끝나고 만 셈이다.

또한 임시정부는 1920년 8월 미국 의원단 일행이 조선, 중국, 만주를 시찰여행할 때에 상해에서 동의원단에 조선독립에 관한 진정서를 전달했다.

그리고 서재필은 1921년 1월 2일 미국 오하이오주 메리온시의 신임 대통령 하딩의 사저를 방문하여 '한·중 양국이 합력하여 일본과 투쟁하는 데 미국이 원조해달라'고 요청했으나 묵살당하고 말았다.[5]

이렇게 조선의 독립운동가들의 끈질긴 노력에도 불구하고 미국 정부는 전혀 협조하는 기색을 보이지 않았다. 조선의 독립문제는 '일본의 내정문제'라고 단정하고 일본의 조선지배 방식에 대해 지지하는 태도로 일관했다.

3.1운동 직후 미국 국무성은 성명을 통해 '조선 문제에 대해 미국은 영국이 그의 식민지 문제에 대한 것과 같은 태도를 취한다. 조선 문제는 순수한 일본의 내정문제이므로 미국의 식민지 필리핀에서 폭동이 일어난 경우와 같은 것으로 본다. 폭동 진압을 위해 일본 정부가 취한 태도에 관해 여러 가지 비판적인 보도가 전해지고 있으나 이것은 매우 의심스럽다. 국무성이 입수한 정보에 의하면 일본이 특별히 잔인하고 엄중한 조치를 취했다고 생각지는 않는다'('크리스찬 사이언스 모니터' 1919년 4월 21일자)고 미국 정부의 입장을 밝혔다.

선교사의 배후조종

미국 정부의 태도와는 반대로 미국의 일반 여론은 반일적인 기운이 팽배했다. 특히 미국의 허스트계 신문 잡지는 일본의 '침략주의적 팽창정책'을 비난하고 조선인 학살을 보도하면서 캘리포니아주 일본인 이민 반대운동을 벌였다.

해외의 반일여론은 재외 조선인 독립운동가들과 국내에 있는 선교사를 통해 알려진 일본 군경의 가혹한 탄압의 실상이 전해져 점점 조장되었다. 총독부 당국은 조선인의 반일투쟁이 격렬하게 지속적으로 전개되는 데는 그 배후에 선교사의 사주와 선동이 있다고 판단하고 있었다. 사실 당시 조선의 민족주의자 일부는 선교사를 '방탄적' 또는 '은신처'로 이용하는 경향이 없었던 것은 아니다.

하세가와 총독시 총독부는 외국으로 발송되는 통신 우편에 대한 검열을 강화하는 조치를 취하는 한편 외국인의 외출을 규제하고 법석보호를 받을 수 없다는 것을 암시하여 일종의 심리적 압박을 가하기도 했다.

총독부는 돌연 1919년 4월 평양에서 사립학교를 경영하는 선교사 '모리'와 '모페트'를 구류했다. 검거 이유는 반일투쟁에 참가한 학생을 은닉했다는 것이다. 모페트는 증거불충분으로 즉시 석방되었으나 모리는 확고한 증거가 있다는 이유로 불구속 기소되었다. 다른 지방에서도 선교사의 집을 가택수색하는 일이 발생했는데 그 표면상의 이유는 독립투쟁 참가자의 은닉 용의였다.

이와 같은 총독부의 선교사 압박에 대해 평양 선교단은 선교사가 조선인의 반일투쟁을 사주 선동한 일이 없는데도 불구하고 이러한 조치를 취하는 것은 유감이라는 성명을 냈다.

선교사에 대한 직접 압박은 아니지만 총독부가 상해에 있는 임시정부에 대한 탄압을 가능하게 하기 위한 목적으로 무실한 사건을 조작하여 이용한 사건도 있었다. 즉 서울 주재 프랑스 총영사관 통역 이종엽(李鍾

燁)을 3.1운동 참가 용의로 기소했다. 그리고 총독부는 그의 사면을 교환 조건으로 상해의 프랑스 조계내에서 일본 관헌이 조선의 독립운동가를 자유로 체포할 수 있도록 양해를 구했다. 주일 프랑스 대사는 이러한 일본 정부의 요구를 받아들였다. 그 후 프랑스 조계내에서의 일본 관헌의 상해 임시정부에 대한 압박은 급속도로 진전되었다.

사이토 총독의 선교사 유화정책

1919년 9월, 사이토(齊藤實) 총독이 부임하자 전총독 하세가와가 취한 종래의 선교사 대책을 근본으로부터 수정하는 방침을 세웠다.

총독부에 '종교과'를 신설하여 종교행정과 조사업무를 담당하게 하고 선교사와의 연락을 취하도록 했다. 이어 교회당, 설교소, 강의소의 설립을 허가제로부터 신고제로 전환하도록 규칙을 개정했다.

또한 사립학교 교칙도 개정하여 미션계 사립학교에서 성서의 강의를 제도화하여 선교사들의 호감을 샀다. 그리고 종교단체가 소유하는 부동산을 인정하는 조치도 취했다. 이러한 일련의 조치는 선교사들로 하여금 친일로 돌아서게 하는 중요한 계기가 되었다.

사이토 총독은 이렇게 반일적 선교사들에게 회유책을 쓰는 한편 위압을 가하는 양면전술을 사용했다.

그의 위압정책의 첫 시도가 사립 배재학당의 아펜젤러 교장 해임사건이었다. 1920년 3월 3.1운동의 1주년을 맞아 동교 학생들이 만세를 고창한 일이 있는데 총독부 당국은 이것을 절호의 기회로 삼아 반일투쟁의 재발 방지와 선교사 억압의 목적으로 이용했다. 총독부는 미국과의 관계가 악화되는 것을 우려하여 아펜젤러 교장이 반일운동의 재발방지에 협력한다는 조건으로 곧 교장 해임의 결정을 취소했다. 이로써 학교는 교회와 같이 조선인 독립운동가들의 '은신처' 혹은 '방탄용'의 수단이 되지 못하게 했다.

두번째는 앞서 말한 모리 선교사 사건이다. 이 사건도 결국 외교관계의 악화를 우려하여 1920년 전시적 효과를 걷은 후 정치적으로 타결했다.

세번째는 1920년 가을에 일어난 '쇼오사건'이다. 당시 임시정부를 비롯한 재외 독립운동 단체로 보내는 군자금의 모집은 일대 민족적 사업으로 거액의 자금이 해외로 유출되었는데 그 규모는 예상외로 컸다. 국내의 모금운동단체 중에서 황애시덕과 김마리아 등의 '애국부인회'도 그 중 하나인데 해외로 가는 자금을 송금하는 중계점이 안동(현재의 중국 단동) 소재의 영국인 쇼오가 경영하는 상사였다. 이것이 발각되어 쇼오는 경찰에 검거되어 기소되었다. 영국 정부는 즉시 항의를 했고 영국과의 외교관계 악화를 우려한 하라 수상이 사이토 총독에게 서한을 보내 석방했다.[6]

이러한 과정을 거쳐 총독부는 선교사들과 협력관계를 갖게 되는 계기를 만들었고 선교사들에 의지하여 독립운동을 전개하던 일부 민족주의자들의 사기는 매우 저하되고 말았다.

총독부, 미국에 사절 파견

미국에서의 반일여론이 확산되자 사이토 총독은 이러한 분위기를 진정시키기 위해 직접 사절단을 파견했다. 제1차 파견단을 1919년 말에서 1920년 봄에, 제2차 파견단을 1921년 가을에 미국으로 보냈다.

제2차 사절단 파견은 미국 워싱턴에서 회의가 열리기 전에 내외의 민족주의자들의 활동을 봉쇄하기 위해서였다. 지바 경기도 경찰부장, 종무과장, 기독교청년회 간사 그리고 통감부 외사국장 등이 파견되었다.

미국 정부는 워싱턴 회의를 원만하게 성사시키기 위해 일본의 환심을 살 필요가 있었다. 워싱턴 회의의 미국측 대표 휴즈는 총독부 파견단을 우대하고 기자회견을 열어 '미국 국익을 위해 일본의 감정을 손상시키는 것과 같은 기사는 일체 삼가해달라'고 언론인에게 요청했다.

따라서 재미 조선인과 일부 미국인에 의해 제출된 '조선독립 청원서'는 묵살되고 말았다. 1919년 파리강화 회의 때에 이어 두번째로 청원운동이 좌절되자 상해 임시정부는 미국의 태도를 비난하고 금후에는 소련과 제휴하여 독립운동을 추진하겠다는 통첩문을 발송할 정도로 심각한 상황에 놓여졌다.

이렇게 하여 워싱턴회의는 조선 민족주의자들의 청원운동에 종지부를 찍는 계기가 되었고 이후 민족주의 우파는 급속히 타협적 방향으로, 민족주의 좌파는 더욱 급진적인 투쟁을 벌이는 사회주의 운동으로 발전하게 되었다.

상해에서 이광수가 변절 귀국하고 출옥한 최남선, 최린 등이 급속히 총독부와 타협하기 시작한 것은 전자의 경우이고 이동휘, 여운형 등이 '고려공산당' 창립에 본격적으로 착수하고 국내에서 공산주의자의 활동이 급속히 활발해진 것은 후자의 예이다.[7]

그러한 의미로 워싱턴 회의는 조선의 민족운동의 성격변화에 하나의 커다란 전환기가 되었다.

무장 독립군

당초부터 조선의 독립을 달성하기 위해서는 청원운동과 같은 외교활동만으로는 일본제국을 굴복시킬 수 없고 오직 무력투쟁으로 독립을 쟁취해야 한다고 생각하는 민족주의자들이 있었다. 이들은 주로 만주 일대에 자리잡고 수십 개에 달하는 군소 무장단체를 결성하여 일본 군경과의 전투, 만주에 있는 일본의 기관과 관리에 대해 습격을 강행하고 있었다. 이들은 조선 국내에 깊숙이 침투하여 관공서의 파괴, 총독부 고관과 친일파를 암살하는 등 활약을 종행무진으로 하고 있었다. 이들에 대한 기록은 조선 총독부 경무국의 '(비)고등경찰관계연표'에 많이 실려 있다.

1919년 8월, 홍범도가 지휘하는 2백여 명의 독립군이 국경을 넘어와 혜산진, 갑산 등에 있는 일본군 수비대를 습격소탕하고 일시적으로 이 지역의 통치기능을 마비시킨 것을 비롯하여 1920년 6월에는 일본군 토벌대를 간도 왕청현 봉오동에 유인하여 포위 전멸했다(봉오동 전투).

같은 해 10월 하순에는 간도 화룡현 청산리 부근에서 일본군을 세 방향에서 포위하여 심대한 타격을 가했다(청산리 전투).

봉오동 전투에서 일본군 157명을 사살한 전투장면과 홍범도 장군.

1921년 7월에는 독립군 부대가 장백현으로부터 국내에 잠입하여 삼수, 장진, 풍산 지역과 신흥, 함흥, 홍원, 북청 일대, 그리고 황해도 지방까지 진출하여 경찰서 등을 습격파괴하고 일본인 경찰관과 친일분자들을 처단하여 식민지 지배자와 친일파를 공포의 도가니로 몰아넣기도 했다.

특히 북부 국경지대의 평안북도와 함경북도 그리고 남만주일대 간도 지방에서 독립군의 활약은 맹렬했고 1920년부터 1925년까지 6년간 당국이 발표한 것만 해도 이 지역에서의 독립군의 전투회수는 3,929회나 되었다.

이렇게 독립군의 활약이 맹렬하게 전개되자 총독부와 일본군은 대량의 밀정을 침투시켜 많은 독립운동가를 검거했다. 또한 일본측은 '조선인민회', '보민회', '조선인회' 등 친일단체를 비롯하여 1920년대 후반기에는 투항한 전참의부 간부 김봉선, 이영재, 송운봉 등으로 하여금 '선민부'라는 첩보조직까지 만들었다. 또한 마적단으로 위장한 일본인을 침투시켜 대대적인 독립운동가 색출작전을 전개했다. 이러한 밀정의 파견은 상상보다 훨씬 많은 대규모였다. 그것은 독립군에 의해 암살된 친일분자 중 최다수가 밀정이었고 3.1운동 이후 1926년까지 상해에서 '의열단' 등에 의해 체포 처형된 조선인 밀정만도 20명이나 되었다.

또한 총독부는 직업적 친일분자 중 일부를 국외항일단체에 잠입시켜 첩보를 수집하고 국내로 잠입하는 독립운동가를 체포하는 데 이용했다. 상해에 본거를 둔 '의열단'에 밀정 김재진을 침투시켜 그의 제보로 1923년 3월 12일 서울의 관공서와 요인 암살을 위해 잠입한 김시현, 황옥이 서울역에서, 그리고 동단원 홍종우, 백영무, 조영천 등 12명이 안동 신의주 육도구에서 체포된 것은 그 하나의 예이다.[8]

식민지의 참정권

근대국가에서 참정권이란 국민이 '국정에 참여하는 적극적 권리로서 국민이 국가 지배기구에 참가하든가 혹은 참가하는 것을 결정하는 권리 즉 선거권, 피선거권, 국민투표권, 국민심사권 및 공무원과 배심원이 될 수 있는 권리'를 말한다.

이것은 국민이 그 나라의 구체적 정치의사의 최종적 결정자라는 의미로 국제법상으로나 국내법상에 있어서도 동일 국적에는 동일 권리 의무라는 기본원칙에서 나온 것이다.

그럼에도 불구하고 근대 제국주의 시대에 있어서 여러 열강의 식민지 지배의 실제에서는 반드시 이러한 원칙이 적용되지 못했다.

영국의 경우 백인 이주 식민지에서는 본국과 동일한 참정권을 주고 있었지만 아일랜드와 인도에서의 참정권 문제는 장기간 투쟁을 통해서 달성되었고 그 정도와 범위 그리고 시기를 달리하고 있다. 아일랜드는 제1차 대전 이후 독립투쟁에 의해 자치국으로 되었으나 그 이전에도 영국 본국에 의원을 보내고 있었다. 그러나 인도에서는 제1차 대전 이후 반영운동에 의해 1920년대 말에 이르러 간신히 자치적 식민지 의회를 갖게 되었다.

프랑스의 경우는 식민지 알제리에서 본국 의회에 참가한 것은 오래 되었고 프랑스령 인도차이나에서 조차 1920년대에 이르러 식민지 의회의 개설을 보았다.

네덜란드의 식민지 인도네시아에서도 제1차 대전 이후에는 식민지 의회가 설치되는 등 제1차 대전 이후 전세계의 거의 모든 식민지가 어떤 형태로든지 참정권을 인정하는 것이 세계적인 추세였다.

조선인 차별의 법적근거

그럼에도 불구하고 일본의 조선 지배에서는 동일 국적을 갖고 있으면서도 35년간 식민지 전 기간을 통해 민의를 대표하는 의결권이 있는 입법회의는 물론 일본 의회에 대표 파견도 없었을 뿐 아니라 그러한 약속

조차 한 일이 없었다.

더욱이 일본과 조선은 1910년, 두 나라의 합의에 의한 합방이었으므로 엄격하게 말하면 식민지나 속령이 아니었다. 메이지(明治) 헌법에도 조선인을 민족적으로 차별해야 한다는 규정이 없었고 일본 천황의 조서(詔書)와 '통치방침'에는 '차별이 없는 동일한 제국의 신민(一視同仁)'이 명문화되었으므로 더욱 그렇다.

그런데 합방 당시 일본 군부는 '합방 후 한반도 통치와 제국헌법과의 관계'라는 비밀문서를 작성하여 일본 국민이 된 조선인이기는 하지만 다른 속령과 같이 제국헌법의 적용에서 제외하여 조선총독의 '명령'으로 통치해야 한다고 규정했다.

그 논리로서는 '조선반도의 민정, 풍속 및 관습 등은 일본과 다르고 그 문화의 정도가 일본 국내와 차이가 있으므로 이 반도의 통치는 제국헌법에 적용할 수 없으므로 대권으로 직접 통치한다'고 했다.

공법학자 야마다(山田三良)는 합방 직전 데라우치 총독에게 보내는 답신서에서 합방의 법률적 효과를 높이기 위한 방법으로 한 때 일본 지배층이 생각했던 조선 민중의 국민투표는 불필요하다는 것과 합방 후 조선인의 법적지위는 외견상 일본 국적을 취득하지만 국내법에서는 차별대우가 가능하다는 것, 그리고 외국에 대해서만 조선인을 일본인으로 하면 된다는 안을 제시했다.[9]

이러한 법이론에 의해 합방 이후 국내에서는 조선인에 차별정책을 취하고 국외에서는 반일행동을 하는 조선인을 체포 압송하는 데만 일본인으로 이용하게 되었다. 이렇게 조선인의 법적 지위는 의무에서는 '일본인'으로 하고 권리에서는 '일본인이 아닌' 일종의 특이한 존재가 되었다.

미국에서의 식민지 논쟁

1898년 미국과 스페인이 전쟁을 하여 미국이 승리하고 필리핀, 괌, 푸에르토리코를 식민지로 획득할 때에 미국 정계에서는 식민지 획득에 관한 논쟁이 일어났다.

메사추세츠주 출신의 호어(G. F. Hoar) 의원은 맥킨리 대통령의 대필리핀 정책이 자유, 평등, 정의를 표방하는 미국의 이상에 모순되고 독립선언의 원칙에도 위반되는 것이라고 주장했다. 메인주의 헤일, 남다코다주의 페티 그루 상원의원, 리드 하원의장이 호어의원에 합세했다.

이들은 '언제인가 합중국의 한 주로서 편입된다는 일반적인 기대도 갖지 못한 채 상당히 많은 인구가 미국의 국기 아래에 놓이게 되는 첫 케이스가 되는 것'이라고 지적하고 '도대체 어떠한 권리에 의해 타국민에게 제국적 권리를 행사하고 그들의 감정에 관계없이 그들을 시민으로서가 아니고 피지배자로서 우리의 조직 안에 포용하는가'고 문제를 제기했다.

이들은 아시아에서의 식민지 점유가 극동에서 벌어지고 있는 끊임없는 힘의 정치 속으로 미국을 몰아넣을 것이며, 막강한 군대의 창설을 불가피하게 할 이같은 상황은 국민에게 과중한 납세 부담과 함께 군국주의의 등장을 부추기고 이러한 해외에서의 착취와 전제는 국내에도 영향을 미쳐 결국 미국 내에서도 같은 종류의 억압과 전제를 가져올 것이라고 경고했다.[10]

팽창론자들은 반대로 여러 가지 의견을 내놓았다. 미국은 문명국이고 그리스도교국으로서 이들 무지로 헤매는 주민들을 갱생시킬 의무가 있다고 주장했다. 이들 영토는 미국 대륙 방위상 필요하다고도 주장다.

상업을 중시하는 사람들은 장래 동양무역의 이익을 확보하기 위해 이들 영토, 즉 하와이와 필리핀을 식민지로 획득해야만 한다고 주장했다.(11)

이러한 논쟁에도 불구하고 미국 정부는 1902년 필리핀과의 전쟁에서 필리핀인 20만 명의 희생을 내고 식민지로 만들었다.

맥킨리 대통령은 필리핀 병합의 논거를 다음과 같이 들었다.

'필리핀을 필리핀인에 맡기면 곧 스페인 통치시대보다 훨씬 심한 무정부상태와 폭정이 시작될 것이다.— 따라서 미국은 그들에게 교육을 하여 민도를 높이고 문명개화로 이끌어 그리스도교로 개종케 하는 것이다.'(12)

그리고 미국은 필리핀을 30년 후 자치를 허용하고 20년 후 독립시킨다는 약속을 했고 실현했다.

조선에서의 참정권 논의

식민지 시대에 피지배민족의 정치 참여는 대체로 두 가지 형태로 나뉘어져 있었다. 그 하나는 프랑스와 알제리의 관계에서 보는 것처럼 본국 의회에 식민지 대표가 참여하는 형식과 다른 하나는 영국과 인도의 경우처럼 식민지 총독 아래 식민지 의회를 두는 것이다. 광의로는 두 형식 모두 참정권이라 할 수 있지만 협의로는 일반적으로 전자를 참정권, 후자를 자치라고 한다.

일반적으로는 자치를 의회에 의원을 보내는 협의의 참정권보다 더 자주성이 높은 것으로 해석하는 경향이 있다. 하지만 총독에 의해 재정상 군사상의 권한이 제한되는 것이 통례이므로 피지배 민중의 독립운동을 거세시키는 분할통치의 교묘한 방법으로 이용되는 경우가 많다.

그러나 일본은 형식적이나마 조선에 자치를 허용하지 않았다. 일본 지배층은 조선에 자치를 허용할 경우 이것이 곧 독립운동의 강화발전에 연결되는 것으로 판단했기 때문이다.

조선인의 정치적 무권리 상태는 일본 지배의 35년간을 통해 불변이었지만 일시적이나마 조선인에 대한 참정권 문제가 논의의 대상이 된 일이 있었다. 3.1운동 이후 1920년대에 들어서 조선인의 격렬한 반일저항을 유화시키고 조선 민족주의자들의 분열을 조장하여 통치하기 용이하게 하기 위해 일시적으로 고려했던 것은 틀림없다. 물론 이러한 배경에는 일본 국내에 하라(原敬) 수상 시절의 다이쇼 데모크라시라는 정당정치시기였다는 점과 사이토 총독의 '문화정치'와 때를 같이 하여 일어났다.

참정권 문제에 최초로 관심을 보인 것은 조선인측에서는 일부의 친일파였고 일본측에서는 극히 소수의 일부 지식인들이었다. 조선인측에서는 1919년 8월 심천풍, 이기찬 등 친일관료 출신이 하라 수상에게 조선의회 설치를 요구했으나 거절당했고 같은 해 말 민원식이 참정권 부여를 다시 주장했다.

이에 앞서 일본의 정치인으로서는 야당 헌정회의 가토(加藤高明) 총재가 1919년 4월 헌정회 동북지방대회에서 3.1운동의 대응책으로서 '10년 후' 조선에 대해 '어느 정도의 자치'를 주어야 한다고 주장했다. 언론계에서는 유일하게 '동양경제신보'가 조선의 자치를 주장했다. 이 신문은 조선 민족의 반일 독립투쟁의 근원은 일본이 조선을 지배하고 있기 때문이라고 지적하고 '조속히 자치를 준다고 약속하는 수밖에 없다'고 일본 정부의 성의있는 자치제도 부여를 촉구했다.[13]

여운형과 자치문제 협상

일본 정부가 3.1운동 이후 사태수습책의 일환으로 총독부 고관의 양해 아래 1919년 11월 상해 임시정부의 요인인 여운형을 일본에 초청하여 독립운동의 중지를 교환조건으로 하여 조선에 자치를 주겠다고 설득한 일이 있다.

일본의 척식장관(拓殖長官) 고가(古賀廉造)는 1919년 8월 경부터 사람을 내세워 상해에 있는 여운형에 접촉을 했다. 고가는 장문의 전보를 보내 '조선정치에 대한 의견교환을 하겠으니 만나자'고 하면서 신변의 안전과 기타 자유를 보장하겠다고 제의했다. 상해에 주재하는 일본 영사의 부탁을 받은 프랑스 영사 윌덴도 '신변보장에 책임을 지겠으니 도쿄로 가라'고 권했다.

여운형은 안창호, 조동호, 이광수 등 동지들의 의견을 들은 후 도쿄행을 결심했다. 여운형의 도쿄행 사실이 알려지자 상해 독립운동가들은 찬반 양론으로 나뉘어졌다. 이동휘를 중심으로 한 임시정부 원로들은 반대를 했고 안창호, 이광수, 윤형진 등 청장년층은 찬성을 했다. 안창호는 여비 3백 원까지 마련해 주었다.

여운형은 당시 34세의 지사로 그 풍모가 당당하고 언변이 좋았으며 학식도 해박할 뿐 아니라 영어회화도 능통했다. 그리고 8세 연하인 장덕수가 동행하여 통역을 맡았다.

여운형은 1919년 11월 20일 도쿄로 가서 고가(古賀) 척식대신을 만났다. 어느 기록에는 매일 7시간 이상 7, 8회 만났다고 되어 있으나 고가는 의회 답변에서 네 차례 만났다고 증언했다. 고가는 비교적 금도를 갖춘

온후한 사람이었다. 고가가 먼저 말을 했다.

"나는 조선 우국지사들을 진심으로 동정한다. 나 개인은 합병을 반대했다. 그러나 이미 합병이 된 이상 개인 의사는 소멸되었다. — 조선은 자치를 하는 것이 오히려 좋을 것이다. 만일 당신들이 자치제를 찬성한다면 거기에 필요한 자금은 얼마든지 지원할 수 있다. 그리고 현재 투옥 중인 정치범은 모두 석방될 것이다. 이에 대한 의향은 어떠한가?"고 물었다.

여운형은 "우리는 자주독립 이외에는 자치고 무엇이고 용납할 수 없다. 우리가 수행할 사업은 우리 나라의 자주 독립을 위한 투쟁뿐 그 이외에는 아무것도 없다"고 답변했다.

그리고 그는 육군대신 다나카(田中義一)도 만났다.

다나카는 "우리 일본은 천하무적의 막강한 육군이 있고 대해를 휩쓴 8.8함대가 있다. 이러한 막강한 군대와 일전을 해볼 용의가 있는가. 만일 조선인들이 끝까지 반항한다면 2천만 명 정도의 조선인들이야 일시에 없애 버릴 수도 있다. 그런즉 조선은 자치를 하여 일본과 상호제휴하는 것이 가장 현명한 길이다"라고 말했다.

여운형은 "그대도 글을 읽은 사람이면 삼군지수(三軍之帥)는 가탈(可奪)이지만 필부지지(匹夫之志)는 불가탈(不可奪)이라는 말의 진의를 알 것이다. 2천만 명을 다 죽일 수는 있어도 2천만 명의 혼까지 죽일 수는 없을 것이다. 우리 한민족이 지닌 철석같은 조국애와 영원불변의 독립정신까지 벨 수야 있겠는가?"고 응수했다.

노다(野田) 체신대신도 만났다. 노다는 "솔직히 말해서 일본이 조선을 합병한 것은 살아야 하는 막바지에서의 수단이었다. 조선을 내주면 우리 일본은 살아갈 길이 없다. 우리의 생사문제인 조선을 그렇게 쉽사리 내 줄 것 같은가? 조선의 자주독립이란 하나의 망상이다. 당신들이 독립을 하려거든 실력으로 찾아가라. 그냥은 안 될 것이다"라고 말했다.

이 말을 듣고 여운형은 "우리가 도쿄에 와서 볼만한 것을 아무것도 발견하지 못해 허행(虛行)이 아니었나 하고 실망했는데 오늘 이 자리에서 인물 하나를 만났다. 당신은 참으로 솔직하고 양심적인 사람이다. 당신 같은 인물을 만나게 되어 오히려 기분이 유쾌하다"고 응수했다.

일본측과의 대담에서 아무런 소득을 보지 못하고 상호 평행선을 달리는 의견교환민으로 끝낸 여운형은 그대로 빈손으로 떠날 수 없었다.
11월 27일, 도쿄 제국호텔에서 기자회견을 한 것이다. 회견장에는 신문, '통신기자, 교회관계자, 교수, 학생 등 5백여 명이 모여들었다. 조선인 유학생과 서양인들도 눈에 띄었지만 대부분은 일본인들이었다.

카이저 수염과 당당한 위엄으로 장내를 위압한 여운형은 사자후를 토해 냈다.

"― 주린 자는 먹을 것을 찾고 목마른 자는 마실 것을 찾는 것은 생존을 위한 인간의 자연의 원리이다. 이것을 막을 자가 있겠는가?

일본인에 생존권이 있다면 어찌 우리 한민족에게도 생존권이 없을 것인가? 일본인에게 생존권이 있다는 것은 우리 한국인이 긍정하는 바이며, 우리 한국인이 민족적 자각으로 자유와 평등을 요구하는 것은 신이 허락하는 바이다.

일본 정부는 이것을 방해할 무슨 권리가 있는가? 이미 세계는 약소민족의 해방, 부인의 해방, 노동자의 해방 등 세계 개조를 부르짖고 있다.

이것은 일본을 포함한 세계적인 운동이다. 한국의 독립운동은 세계의 대세요, 신의 뜻이요, 한민족의 각성이다."[14]

참정권의 재론

일본 정부는 1924년에 '현재 조선에 참정권을 부여할 의사가 없다'고 명확히 선언하여 그동안 진행되던 참정권 논란에 종지부를 찍었다. 따라서 친일단체에 의해 추진되던 '참정권 청원운동'은 급속히 냉각되고 중지되고 말았다. 이렇게 해서 1920년대 전반기의 제1단계 참정권 논란은 일본 정부가 정책상 띄워본 애드벌룬에 지나지 않았고, 이에 동조했던 것도 일부 친일파 세력뿐으로 민족주의자들은 계속 부정적인 태도로 일관하였다. 그것은 민중의 독립 회복의 열망이 너무 강했고 일본 정부의 말을 불신하고 있었기 때문이었다.

이 참정권 문제가 1925년 말에서 1926년에 걸쳐 형태를 바꾸어 다시 등장했다. 이번 참정권 문제 논의는 종래의 친일파에 의한 일본의회 참여와는 내용을 달리하는 것으로 그 제창자가 친일단체가 아니고 조선 총독부와 밀접한 관계에 있는 한 일본인에 의해서였다.

최초로 조선의 자치에 관해 발언을 한 것은 총독부 어용신문의 '경성일보(京城日報)' 사장 소에지마(副島道正)였다. 그는 1925년 11월 26일부터 3회에 걸쳐 '경성일보' 사설란에 '조선통치의 근본의'라는 논설을 발표했다. 소에지마는 일본 점령자에 의한 일관된 동화주의 정책을 비판하고 그것이 너무도 조선인의 현실의 사상과 생활을 무시한 것이라고 말했다. 그는 '조선인이 만든 문화권은 정치적 동화주의에 의해 소멸될 수 없는 조선인의 근본적인 것'이라고 지적하고 '조선에 모국의 참정권을 주지 않고 언제까지 현재의 상태로 갈 수 없으므로 조선의 자치는 필연의 목표가 되지 않을 수 없다'라고 말했다. 그는 '내가 제창하는 '자치'는 홈 룰을 의미하는 것이다. 즉 제국의 영토로서 조선 고유의 문화적 특성에 입각한 문명적 정치형식을 주는 것'이라고 결론지었다.[15]

소에지마의 '자치론'은 종래 터부시하던 문제였으므로 일보 전진된 논의이기는 하다. 하지만 그의 발언이 어떠한 정치적 의도로 나온 것인가 하는 문제와 어떠한 정책상의 효과를 목표로 한 것인가 하는 점에 의문이 간다. 소에지마는 영국에서 유학한 서구적 교양을 갖춘 인물이며 경성일보의 사장이란 입장과 특히 사이토 총독과 사전협의를 거쳐 나왔을 것이란 점이 그 의미를 더 크게 부각시키는 면이 있었다. 더욱이 조선의 민족운동이 새로운 성격을 가지고 전개되던 시기에 나왔다는 점에서 눈길을 끄는 문제제기로 볼 수도 있다.

민족주의 우파의 동조

총독부 주변의 기관에서 자치론이 대두되자 민족주의 우파는 차츰 변절하여 민족개량주의로 기울게 되었다. 그들은 종래와 같은 주저와 조심스러움을 버리고 적극적으로 자치론에 영합하는 태도를 보이기 시작했다.

동아일보에 의거하는 일부 민족주의자는 자치론에 찬동하고 총독부

당국의 회유책에 동조하는 경향을 보였다. 1924년 동아일보에 발표된 이광수의 '민족적 경륜'의 논거와 송진우, 김성수, 최린 등에 의한 자치운동단체인 '연정회(硏政會)' 결성의 기도 등이 그 일환이었다. 그리고 1927년 경부터는 공산주의 운동의 대열 안에 있던 일부 섹트분자들도 공산주의 운동을 자치운동으로 전환해야 한다는 움직임을 보였다.

이광수는 총독부의 알선으로 수당만으로 3백 원의 고액 임금을 받는 동아일보의 논설위원이 되고, 최남선도 총독부의 원조로 월간잡지 '동명(東明)'을 발간하고(1922), 최린은 천도교 분열에 간여하고 후에 '자치론'을 내걸었다.

이렇게 당시 민족개량주의자들은 '민족성 개조', '실력양성', '자치' 등 세 가지의 논거를 근거로 독립운동의 방향의 전환을 기했다. 이광수가 1922년 천도교 경영의 월간잡지 '개벽' 5월 호에 발표한 '민족개조론'에 이들의 방향이 집중적으로 표현되고 있다.

" — 조선 민족의 쇠퇴의 근본 원인은 타락한 민족성에 있다. — 쇠퇴한 민족이 그대로는 흥융하는 민족이 될 수는 없다. — 이러한 부패한 성격을 방치한다면 어떠한 노력을 하더라도 모두 실패할 것은 필지이므로 민족성의 개조, 이것이 우리들이 살아남을 유일의 길이다. — "[16]

일부 민족주의자는 이렇게 일본 통치자와 정면충돌을 피하고 무저항주의적 비혁명적 개량주의 노선을 택하고 교육과 산업 그리고 문화의 육성을 선행시키는 소위 '실력 양성론'으로 기울고 있었다. 이들의 생각은 교육 문화의 향상을 기하는 길이 민족 독립 달성에 보다 유효한 수단이고 무조건 무력 항일투쟁만을 일삼는 것은 독립의 길을 더욱 어렵게 할 뿐이라는 타협적인 방향을 선택하게 된 것이다. 그렇다고 이들이 완전히 반일 독립의 사상을 포기한 것이 아니고 다만 수단 방법에 있어서 보다 현명한 길을 가야 한다는 것이었다.

일본에서 일어난 쌀소동

조선에서 무단정치를 강행하던 데라우치(寺內正毅) 총독이 1916년 6년간의 재임 후 일본 정부의 총리대신으로 임명된 지 2년 만인 1918년 일본에서는 '쌀 소동'이 일어났다.

제1차 세계대전이 일어나 일본은 공전의 호경기를 누렸지만 그 부작용인 인플레 현상으로 물가가 급상승하고 쌀값이 폭등하게 되있다. 전쟁이 일어나던 해인 1914년 12월에 석당 11.85엔이었던 쌀값이 1917년에 16.50엔으로 다시 1918년 1월에 23.80엔으로 그리고 8월에는 50엔을 돌파하게 되었다. 쌀값 폭등의 이유로

1918년 일본의 쌀 소동을 진압하는 일본 군대.

는 농촌 인구의 많은 수가 공장으로 이동했고 미곡 상인의 매점매석 그리고 당시 시베리아 출병으로 육군에서의 군량미 대량 구입 등이 거론되고 있었다.

1918년 7월 23일, 도야마(富山)현의 어촌의 부인들이 주동이 되어 시작된 '쌀 소동'은 이후 3개월에 걸쳐 전국으로 확대되어 연인원 1,350만 명을 시위 폭동으로 몰아넣었다. 경찰로는 진압할 수 없어 군대가 동원되어 전국에서 2만 5천 명 이상이 검거되고 그 중 7천 명 이상이 기소되고 2명이 사형을 당하는 처분이 내려졌다. 이 소동으로 데라우치 내각은 붕괴되고 하라(原敬) 내각이 들어서게 되었다.[17]

데라우치는 총리직을 물러난 후, 1919년 3.1운동이 일어나던 해 11월 3일 병세가 악화되어 그의 삶을 마감했다.

쌀값의 폭등은 지주에게만 막대한 이익을 가져다 주었고 이들은 생활난에 처한 농민의 전답을 손에 넣어 경작지를 더욱 불려나갔다. 이리하여 전국 경지의 거의 반은 지주의 소유가 되었고 소작인들은 점점 어려워져 갔다. 지주는 세금을 많이 내기 때문에 선거권과 피선거권을 가지고 의회에 대표들을 보내 나라의 정치를 자신들에 유리하게 전개할 수 있었다.

한편 지주들은 소작농을 마치 종처럼 취급했다. 지주들은 소작료를 내지 않든가 말을 잘 듣지 않으면 소작하도록 빌려준 경지를 마음대로 빼앗았다. 이리하여 소작쟁의가 이후 끊임없이 일어나게 되었다.[18]

이러한 현상은 식민지 조선에도 영향을 미쳤다. 즉 조선에서 식량을 증산하여 일본으로 유입시키겠다는 발상이다.

총독부의 조선 산미증식계획

일본 국내의 식량문제 해결이 사활문제로 제기되자 총독부는 1920년 조선에서 산미증식(産米增殖) 계획을 세워 이를 집행하기 시작했다. 일본이 조선에서 쌀의 증산계획을 세운 것은 쌀의 생산증가를 위한 비용이 일본 농업에 비해 훨씬 저렴했기 때문이다.

산미증식계획은 농지개량과 농사개선의 두 가지 방법으로 진행되었다. 그러나 이 계획은 예정대로 진행되지 못했다. 목표량 12만 3천 정보에서 완성은 9만 정보에 그쳤다. 그러자 일본은 1926년 다시 제2차 계획을 세워 12년간 35만 정보의 토지개량과 820만 섬의 증산 목표를 세웠다. 그 비용은 일본 정부가 저리로 조달하기로 했다. 그러나 이 계획도 1933년 예정 목표의 40퍼센트 달성에 불과했고 수확의 증산은 177만 섬이었다. 계획이 예정대로 진척을 보지 못했음에도 불구하고 조선 쌀의 대일수출은 1921년 3백 555만 섬이던 것이 1933년에는 7백 98만 섬이나 되었다. 조선의 농민은 자신이 생산한 쌀을 일본에 수출하고 그 대신 보리와 밀을 먹으며 또한 값이 싼 만주의 조와 콩을 수입하여 먹었다.

조선의 쌀이 대량으로 수입되자 일본 국내의 쌀값이 폭락하게 되었고 일본의 지주와 농민들은 조선의 쌀 배격운동이 일어났다. 조선 총독부는 할 수 없이 1934년 산미증식계획을 중단하고 말았다.

조선의 공업화 정책

제1차 대전의 영향으로 일본은 갑자기 수출이 증대하고 모든 산업이

경공업 공장지대에서 저임금으로 동원되어 혹사당하고 있는 부녀자.

발전하여 많은 이익을 내고 있었다. 일본의 기업의 자본이 급증하자 그것을 어디엔가 투자하지 않으면 안 되게 되었다.

이러한 기업의 환경이 변화되는 배경으로 조선의 공업육성책으로의 정책전환이 필요하게 되었다. 총독부는 1920년 4월에 10년 만에 조선 회사령을 철폐하고 일본 자본의 조선 진출을 유도했다.

이에 따라 조선에서의 1920년대 공장수와 자본금, 그리고 종업원 수는 꾸준히 증가하여 1930년에는 1920년에 비해 공장수 종업원 수가 약 2배, 생산액은 1.6배 증가했고 자본금은 1928년 3.4배나 증가했다.

이 시기에 공업생산의 대부분은 식료품공업과 방직공업이 주류를 이루었다. 즉 정미업, 제분업, 양조업 등 식료품공업의 비중이 매우 높았다.

이리하여 1911년에 조선의 공장수가 252개에서 1919년에 1,900개, 1930년에 4,261개로 늘어났고 같은 연도의 종업원 수가 각각 14,575명, 48,705명, 101,942명으로 증가했다.

그러나 공업의 민족별 자본구성을 비교해 보면 1919년에 조선인 소유의 공장수가 956개로 일본인 소유의 공장에 비해 27개 많으나 자본금에서는 일본인이 15배, 종업원은 3.7배, 생산액은 6.3배가 많았다. 이러한 현상은 1920년대에도 개선되지 못하고 1928년 공장수에서 조선인소유가 326개 많았으나 자본금에 있어서는 19.7배나 일본인측이 많았다.

식민통치 제2기의 총독부 재정

사이토 총독의 문화정치가 시작된 총독부의 예산은 1920년도에 1억 2천 4백만여 원으로 1919년도(7,756만 원)보다 약 4,700만여 원이 늘어났다. 1921년에는 1억 6천 2백만여 원, 1922년에는 1억 5천 8백만여 원으로 3년 사이에 2배나 팽창했다.

예산 팽창의 최대 요인은 조선인의 독립운동을 억압하기 위한 사법경찰비의 증가, 행정비의 증가 그리고 관업비, 권업비 및 교육비의 증가였다.

그러나 총독부 재정은 1923년부터 긴축으로 전환되었다. 일본 경제의 만성적 불황으로 일본 정부의 재정 긴축정책에 따라 조선 총독부도 행정비의 절감, 계속 사업의 연기 등으로 경비를 감축해 나갔다.

그 후 1925~29년에 총독부 재정규모가 다시 확대되어 1924년도의 1억 4천만 원에서 1929년에 2억 4천 6백만 원으로 팽창했다. 그 원인은 1925년에 조선철도 경영이 만철(滿鐵)위탁에서 해제되어 조선 총독부 경영으로 환원되는 데 따른 막대한 철도경영비가 총독부 예산에 편입 계상되었고 또한 1926년부터 제2차 산미증식계획의 추진 및 관업비의 증가를 들 수 있다.

　그러나 1929년에 시작된 세계공황에 의한 불황으로 세수감축이 일본 정부의 긴축재정을 초래하여 총독부도 재정이 축소되어 1930년과 31년도 예산은 감축되었다. 그러면서도 제2기(1920~1930)의 전기간을 통해 재정규모는 명목상 1.9배나 증가했다.

　세입에서 최대의 비중을 차지하는 것은 관업 및 관유재산 수입이었으며 이것은 1920년도의 세입총액의 23.8퍼센트였던 것이 1931년에 62.4퍼센트에 달했다. 제2위를 차지하는 조세수입은 1920년의 25.8퍼센트에서 차츰 감소하여 1931년에 17.9퍼센트로 떨어졌다.
　공채 차입금이 세입총액에서 차지하는 비율은 1920년의 24.6퍼센트에서 점감하여 1930년에 12.2퍼센트로 감소했고 일본 정부의 보조금인 일반회계보충금은 세입총액의 6~10퍼센트 수준이었다.

　한편 식민통치 제2기의 총독부 세출예산은 1920년의 1억 1천 4백여만 원에서 1930년에는 2억 3천 9백여만 원으로 명목상 2배 이상 늘어났다.
　세출예산을 경비별로 분류해 보면 관업비가 1925년 이후 총세출액의 약 절반으로 가장 큰 비중을 차지하고 있으며 다음이 8~20퍼센트를 차지하는 사법경찰비이고 셋째가 10퍼센트 안팎을 차지하는 행정비이고 넷째가 국채비인데 이는 1919년에 7퍼센트 수준에 머물렀던 것이 1931년에는 10퍼센트를 초과했다.
　관업비의 지출은 1911년 세출총액의 20퍼센트 수준이었으나 점증하여 1919년에 31퍼센트, 1930년에는 세출의 절반인 50퍼센트에 달했다. 관업비가 증가한 것은 소득수준이 낮은 조선에서 팽창하는 식민지 경영비를 조세수입만으로는 충당할 수 없기 때문에 재원확보를 목적으로 각종 관업을 확충했기 때문이다.

이 시기의 관업은 철도, 우편, 전신, 전화, 삼업, 염업, 담배의 전매사업과 도량형 영림창 사업 등이었다.[19]

제4장 20년대 세계정세와 공산당

러시아에 소비에트 정부 수립

1917년 11월, 정권을 장악한 볼셰비키가 수립한 소비에트 정부는 즉각 레닌이 기초한 '평화와 토지에 관한 포고'를 발표했다.

'평화에 관한 포고'는 장기간에 걸쳐 대전에 고통을 받고 있던 각국 국민에게 영향을 미쳐 각국에서 반전 평화의 운동이 활발하게 전개되었다.

또 하나의 '토지에 관한 포고'에서 지주가 소유한 토지를 즉각 무상 몰수한다고 성명을 내고 지주 황실 교회의 소유 4천 5백억 평이란 광대한 토지를 국가가 몰수하여 지방의 각현 군의 농지위원회를 통해 농민에 분배했다.

소비에트 정부는 제정시대의 외교문서와 이와 관련된 비밀조약의 내용을 폭로하고 제정 러시아가 아시아 제국으로부터 획득한 많은 이권을

러시아 혁명을 이끈 레닌과 스탈린.

폐기한다고 선언하고 아시아 제민족의 민족독립운동을 지지한다고 표명했다.

이것은 식민지 종속국에게는 유럽 열강의 한 나라가 처음으로 아시아 아프리카 제민족의 지원자가 되었다는 것을 의미한 것으로 아시아 민족운동에 거대한 영향을 주게 되었다.

이리하여 러시아 혁명에 대해 중국의 손문은 '인류에 위대한 희망이 탄생했고 그 희망은 러시아 혁명이다.'고 말했고, 인도의 네루는 '인류 사회를 크게 전진시켜 꺼질 수 없는 선명한 불을 점화했다'고 말했으며

이집트의 낫셀은 '러시아 혁명은 수억 명의 사람들을 봉건제도와 착취에서 해방시켰다'고 연설했다.⁽¹⁾

당시 러시아에는 조선인이 많이 살고 있었다. 연해주, 하바로프스크, 치타, 이르쿠츠크 등 시베리아 지방에는 가난에 쫓겨 이민한 조선인들이 많이 살고 있었으며 일본 관헌에 쫓겨 망명한 사람들도 있었다. 당시 연해주 일대만 해도 조선인이 18만 명이 넘었다.

이때문에 조선인의 공산주의 운동이 러시아 영토에서 일기 시작한 것은 오히려 자연스러운 일이었다. 구 한말 무관출신의 이동휘(李東輝)가 시베리아로 망명하여 처음으로 고려공산당을 조직한 것이 1918년이었다.

이동휘는 1873년 함경남도 단천에서 태어나 장성한 후 단천 목사(牧使) 밑에서 아전으로 있었으나 목사의 부정과 부패를 보다못해 청동 화로를 뒤집어 씌우고 그 길로 도망쳐 서울로 와서 무과시험에 합격했다.

수원 참령으로 있을 때 군대가 해산되고 이동휘는 기독교에 입문하여 캐나다 선교사 그리어슨 밑에서 전도사가 되었다. 그 후 그는 간도로 가서 독립운동을 하다가 3.1운동이 일어나던 해(1919) 상해로 가서 임시정부 초대 군무총장에 임명되었다. 이동휘는 도량이 넓고 활동력이 뛰어난 독립운동가였다.⁽²⁾

박헌영이 상해로 간 것은 1920년이었다. 박헌영은 이동휘의 상해파 고려공산당에 대립하여 안병찬, 김만겸이 만든 이르쿠츠크파 공산당에 가입했다.

공산당에 심취하는 유학생들

일본 유학생 중 무산계급 출신의 독학생 고학생 가운데는 사회주의 사상에 심취하는 사람이 많았다. 문벌좋고 부유한 환경에서 자라난 학생 중에서도 인권과 사회정의 실현의 길은 혁명에 의한 사회개혁과 현상타파밖에 없다는 다분히 로맨틱한 생각에 사로잡혀 과격노선으로 치닫는 사람들이 생겨났다.

유학생 중에서 김판권(일본대 재학생)이 1920년 12월 일본 사회주의 동맹 창립대회에 참가함으로써 좌익운동의 싹이 텄다. 그 후 권의국이 일본인 사회주의자 다카쓰(高津正道)의 '효민회'에 가입하여 조선 유학생들에게 사회주의 사상을 고취하기 시작했으며, 1921년 10월에는 원종린이 신인연맹을 조직하여 사상단체의 효시를 이루었다.

이 무렵 일본에는 조선인 유학생이 1천 5백 명이 넘었고 그 중에는 고학생으로 신문배달, 행상, 점원, 직공, 자유노동 등에 종사하며 야간부 학교에 다니는 학생이 압도적 다수로 그들은 출신성분의 동질성과 현실에 대한 공통의 불만, 상부상조 의식의 고조 등으로 사회주의 계급의식에 쉽게 물들어 갔다. 이리하여 1921년 겨울에 원종린을 비롯하여 김약수, 김사국, 박열, 정태성, 임택용 등이 조선유학생동우회를 조직하여 그들의 활동무대를 국내에까지 확대하게 되었다.[3]

조선 공산당 창립

1922년 1월21일 페테르부르크에서 코민테른 대회가 열렸다. 레닌은 이 회의에서 축하연설을 했다. 트로츠키, 부하린, 카메네프 등 소련 공산당 지도층이 모두 참석했다.

이 회의를 주재한 지노비에프 중앙위원은 기조연설에서 '서방 제국주의와 자본주의에 대항하는 민족주의 폭동에 대해 코민테른은 사심없이 적극 지원하겠다'고 선언했다. 그리고 제2인터내셔널의 기회주의와 서구 중심주의를 공격하고 동방혁명의 아시아 제일주의를 강조했다. 그것은 레닌의 혁명 이후 서구에서도 혁명이 성공할 것으로 기대했으나 모두 실패로 돌아가자 혁명을 동방으로 돌리자는 의도였다.

당의 이론가 사하로프는 '조선의 민족주의자들은 제국주의를 타도하기 위해 범민족 전선을 형성해야 한다. 조선의 해방을 타협과 무저항주의로 달성하려는 모든 기도를 결정적인 방법으로 공격해야 한다'고 조선의 혁명노선을 지도했다.

이 회의에는 박헌영, 김단야 등이 참석했고 여운형은 '박경'

남로당 출신의 박헌영 부수상.

이라는 가명으로 참석했다.

소련의 지도방침에 따라 1925년 4월 17일 서울 을지로에 있는 아서원에서 20여 명의 공산주의자들이 모여 조선 공산당 창립총회를 열었다. 그리고 책임비서에는 김재봉을 선출했다.

김재봉은 경북 안동에서 출생하여 한문을 수학한 사람이다. 집안이 워낙 보수적이고 엄해서 김재봉은 18세 때 삭발하고 신학문을 배우기 위해 서울로 탈출했다. 그는 서울공업전문학교(방직과)를 졸업 한 후 안동에서 방직공장을 차려 돈을 벌었다. 그는 번 돈으로 독립운동가들에게 정치자금을 지원하다가 자신도 사상운동에 참가했고 모스크바에서 열린 극동인민대표자 회의에 처음으로 참석, 공산주의 교육을 받고 코민테른으로부터 국내 공산주의 조직의 밀명을 받고 서울로 돌아왔다.

다음날 4월 18일에는 박헌영의 집에서 고려공산청년회가 결성되었다.

그러나 조선 공산당과 고려공산청년회가 결성된 지 7개월 만인 1925년 11월 22일 국경도시 신의주에서 우연한 한 사건이 발단이 되어 박헌영을 비롯한 101명이 체포 기소되고 조직은 완전히 붕괴되었다.

박헌영은 감옥에서 미치광이 행세로 병보석이 된 후에도 계속 정신이상자로 위장하다가 1929년 국내에서 용케도 탈출하여 소련으로 갔다. 모스크바에서 박헌영은 공산대학에 들어가 2년간 공부했다. 그리고 1932년 교무주임 로베스로의 지령을 받고 상해로 갔다.[4]

이승만과 임시정부

3.1운동의 열기가 고조되던 1919년 4월 10일, 상해 임시정부가 수립되고 4월 11일에는 국무위원을 선출했다. 국무총리 이승만, 내무총장 안창호, 외무총장 김규식, 재무총장 최재형, 교통총장 신석우, 군무총장 이동휘, 법무총장 이시영 등이다. 김구(金九)와 안승원은 임시정부가 수립된 이틀 뒤에 상해에 도착했다.

후에 임시정부는 대통령에 이승만, 국무총리에 이동휘를 선출했다.

1920년 12월 8일, 이승만은 미국을 떠나 상해로 갔다. 임시정부는 대통령 이승만을 맞아 활기를 띠었다. 1921년 1월 15일, 환영식장에는 수많은 사람들이 모여들었다. 이승만이 국무총리 이동휘를 대동하고 입장하자 박수와 환호성이 일제히 터져나왔다.

이러한 열렬한 환영과 기대 속에서 이승만은 분주한 나날을 보냈다.

그러나 당시 임시정부 요인들 사이에는 각파의 정견과 투쟁방법을 둘러싸고 심각한 내분의 불씨를 안고 있었다. 이승만은 이들의 의견을 조정하고 내분을 미연에 방지하려고 수삼차에 걸쳐 국무회의를 열고 의논을 했으나 뿌리깊은 그들의 반목과 의견대립은 풀리지 않았다.

가장 심각하게 대립한 주요 정책은 독립운동의 투쟁방법이었다. 악랄한 일본에 대항하여 독립을 쟁취하려면 어디까지나 무력투쟁으로 일관해야 한다는 강경파가 있었다. 이 강경파 중에도 소련 공산당의 힘을 빌려 독립투쟁을 하자는 측과 중국의 배일정당과 제휴하여 공동전선을 펴자는 측이 나뉘어져 있었다. 그리고 파괴활동과 유격전 그리고 일본인을 암살하자는 극단적인 행동파도 있었다.

그러나 이승만은 이들 모든 강경론을 결연히 반대했다. 파괴적인 행동이나 유격투쟁은 일본을 자극하여 일본으로 하여금 사랑하는 동포를 더욱 압박하게 할 것이라는 이유에서다.

그리고 공산주의와 합작하는 것은 노예생활을 자초하는 길이고 공산당의 원조로 독립을 성취하겠다는 것은 조국을 공산국가의 노예로 만들자는 주장과 같다고 배격했다.

그는 오직 국제외교를 통해 각국의 동정을 얻어 독립을 쟁취하는 길만이 최선의 길이라고 그의 평소 신념을 누누이 강조했다.

그러나 의정원은 그의 주장에 회의를 느끼고 받아들이지 않았다. 결국 불만을 품은 이동휘는 사직하고 뒤따라 안창호, 김규식 등 총장들도 사임했다.

사실 이승만은 상해로 오기 전 임시정부를 국제적으로 인정받아야 한다는 생각으로 윌슨 대통령에게 임시정부 승인을 요청하는 진정을 했다. 그러나 그의 진정은 일고의 여지도 없이 각하되고 말았다.

윌슨 대통령은 조선의 임시정부 승인은 일본 정부에 불안감을 주게 되고 이로 인해 일본의 세력과 협조하여 동양의 안정을 도모하려는 계획에 방해가 되어서는 안 된다는 내용을 국무성에 시달하고 있었다.

1921년 5월 20일, 이승만은 아무런 성과없이 상해를 떠나 미국으로 돌아왔다. 그리고 워싱턴에서 열리는 군축회의에 조선 대표단이 참석할 수 있도록 주선해줄 것을 허그스 국무장관에 요청했다. 그러나 그로부터 아무런 회답도 받지 못했다. 이승만은 이 회의에 옵서버로서라도 참석할 수 있도록 요구하는 문서를 사무국에 직접 제출해 보았지만 모두가 허사였다. 1921년 11월 11일 개막되어 이듬해 2월 6일까지 회의는 계속되었지만 조선 문제는 의제에 채택되지도 못했고 대부분의 대표들은 조선의 대표의 호소보다 일본 대표의 주장에만 주의깊게 경청했다.

결국 이승만은 하와이에 체재하고 있던 1925년 3월 임시정부 의정원으로부터 대통령 탄핵안이 통과되어 대통령직을 상실했다. 의정원은 이어 박은식을 임시 대통령으로 선출했다.[5]

좌익과 우익이 충돌하는 일본 정세

제1차 대전이 끝난 다음 해인 1920년부터 일본 경제는 전후 공황에 빠졌다. 공장에서는 인원정리가 시작되고 쌀과 누에 값이 하락하여 농촌은 심각한 불황에 직면했다. 따라서 소작쟁의가 격렬하게 전개되어 지주제가 흔들리게 되었다. 1922년에 일본 농민조합이 결성되었다.

보통선거를 실시하자는 운동이 좌절되자 노동운동과 사회주의운동이 급속히 진전되기 시작했다. 오스기(大杉榮) 등의 아나키 샌디칼리즘의 사상이 노동조합에 침투하여 제너럴 스트라이크 등의 노동조합의 직접행동에 의해 일거에 새로운 시대를 만들어가자는 사상이 퍼지기 시작했다. 그리고 1922년 7월에 비합법적인 일본공산당이 결성되었다.

이렇게 데모크라시가 풍미한 가운데 노동운동은 격심해지고 그 속에서 반동적으로 초국가주의운동이 싹트고 있었다.

1919년 8월 유존사(猶存社)가 결성되었다. 지도자는 오카와(大川周明)와 기타(北一輝)였다.

유존사는 혁명 일본의 건설을 목표로 내세웠다. 여기에서 혁명이라고 하는 것은 천황의 권위로서 국가를 개조한다는 것이다. 이제까지 천황의 권위는 번벌(藩閥), 군부, 관료, 재벌 그리고 정당을 포함하여 지배자들이 독점하여 마음대로 지배해왔다. 이들 지배자들을 천황의 권위를 이용하여 모두 축출해야 한다는 것이 유존사 등 초국가주의자들의 생각이었다.

이러한 사상을 가진 자에 의해 1921년 9월 야스다 재벌의 창시자 야스다(安田善次郎)가 암살당했다. 그로부터 2개월이 지난 11월에는 평민수상 하라(原敬)도 같은 생각을 가진 청년에 의해 도쿄역에서 암살당했다. 그리고 다음해 1922년 2월에는 명치유신의 원훈 야마가타(山縣有朋)가 병사했다.

하라와 야마가타의 죽음으로 일본 지도층에는 의회, 군부, 관료, 추밀원의 세력을 통합하여 지도할 사람이 없어졌다. 일본 정계는 구심력을 잃고 각기 분산된 세력으로 나누어지게 되었다. 그리하여 일본 정계는 좌익과 우익의 대립이 격화되고 사회는 크게 분열되어 갔다.

좌우의 대립으로 극도로 사회혼란이 심화되어 가자 1925년 가토(加藤高明) 내각은 이러한 사회불안을 해소하고 국민의 의견을 정치에 반영하여 정국의 안정을 기하기 위해 보통선거를 실시하기로 했다. 이해 3월에 만 25세 이상의 남자는 원칙적으로 선거권을 갖게 하는 보통선거법이 성립되었다.

이러한 시대적 추세에 불안을 느낀 추밀원은 보통선거권을 인정하는 조건으로 사회주의운동을 엄격히 규제하는 법률로 안전장치를 만들 것을 요구했다. 정부는 이러한 추밀원의 요구에 따랐다. 정부와 정당들도 보통선거에 의해 사회주의 정당이 의회로 진출하는 것을 두려워했기 때문이다.

정부는 치안유지법을 의회에 제출했다. 일본의 국체를 변경하거나 혹은 사유재산제도를 부정하는 단체를 만들거나 혹은 그러한 목적의 운동을 하는 것을 금지하는 내용의 법안이었다.

물론 규제의 대상은 공산주의운동이었다. 그 외에도 사회주의운동은 물론 자유주의운동과 사상, 노동자, 농민의 생활개선운동까지 규제하게 되었다.[6]

관동 대지진

1923년 9월 1일 관동 대지진이 발생했다. 매그니튜드 7.9의 대지진이 도쿄 중심부를 직격했다. 지진에 따른 화재로 인해 사망자, 행방불명자가 14만여 명, 소실가옥 44만여 호, 가옥파괴 12만여 호, 이재민 340만 명이라는 사상 미증유의 대재해였다.

이 지진이 일어나자 일본인들은 이 혼란을 틈타서 조선인과 사회주의자에 대한 학살을 자행했다. 일본인들은 '조선인이 폭동을 일으키려고 하고 있다. 그 배후에는 사회주의자가 있다'고 데마를 흘리고 내각 독단으로 2일 도쿄 시내와 인근 5군(郡)에 계엄령을 공포하고 3일에는 인근 3개현에 확대했다.

일본 정부는 의도적으로 만들어낸 혼란 속에서 스스로 자경단을 만들어 조선인을 보는 대로 죽창과 일본도로 쳐죽였다. 군대와 경찰은 조선인을 보호한다는 명목으로 유치장에 감금해놓고 모두 살해했다. 7일까지 계속된 학살로 6천 명이 넘는 조선인이 무참하게 죽음을 당했다.

관동 대지진 때의 참상과 무너진 건물들.

그리고 재난당한 사람들을 구제하던 일본공산청년동맹 위원장 가와이 (川合義虎) 등 10명도 경찰서에 구금되었다가 군대에 의해 학살되었다. 9월 16일에는 무정부주의자 오스기(大杉榮)가 처와 일곱 살 난 조카와 함

께 헌병대 본부에서 살해당했다.[7]

쇼화(昭和)시대의 개막

1926년 12월 25일, 다이쇼(大正) 천황이 사망했다. '다이쇼 데모크라시'를 상징하는 다이쇼 시대는 15년의 막을 내리고 세자가 즉위하여 새로운 시대인 쇼화(昭和)의 시대가 열렸다.

이 쇼화의 원호는 중국 고전인 서경에 있는 문장 중, '백성소명(百姓昭明) 만방협화(万邦協和)'에서 따온 것이라고 한다. 국민 모두에게 햇볕이 잘 비추고 나라들이 서로 도와 평화롭게 한다는 의미이다. 번영과 평화의 기원이 이 문자에 들어 있으나 쇼화의 시대는 그 반대로 전개되고 말았다.

쇼화 시대의 첫 출발은 와카쓰키(若槻) 내각으로 시작되었으나 금융공황으로 물러나고 1927년 다나카(田中義一) 내각이 들어섰다. 이 내각의 당면과제는 금융공황의 처리와 보통선거의 실시, 그리고 중국에 대한 대응이었다.

다나카 정부는 첫 보통선거를 실시하는 내각이 되었다. 정부는 무산정당의 의회진출을 두려워하여 철저히 선거 간섭을 했다. 그러나 선거결과는 노농당의 야마모토(山本宣治)를 비롯하여 8명의 무산정당의 의원이 당선되었다. 다나카 내각은 이에 위협을 느끼고 철저한 탄압으로 대처했다.

1928년 3월 15일, 정부는 치안유지법을 내세워 공산당원을 비롯하여 전국에서 1천 6백 명에 달하는 사회주의자를 검거하고 또 노농당과 신인

검거되는 일본 공산당 관계자들.

회에 해산을 명했다. 탄압은 학원에도 파급되어 가와가미(河上肇) 등 학자들도 대학에서 추방되었다.

그리고 7월에는 특별고등경찰을 확충하여 헌병에 사상계를 설치했다. 특고와 헌병은 흉포한 사상탄압을 지속하여 국민을 공포로 몰아갔다.

다음해 3월 5일 밤 치안유지법 개정에 반대하던 야마모토(山本宣治)가 우익에 의해 살해당했다.

다나카 내각의 군비확충을 중심으로 한 적극재정과 사회주의자에 대한 탄압은 그대로 적극외교라는 이름의 중국 침략정책과 깊이 연관되어 이후 일본 정계의 방향을 결정하게 되었다.[8]

전후 유럽의 양상

제1차 세계대전은 유럽의 사회구조와 대중심리에 큰 변화를 가져왔다. 종래 전쟁과 달리 이 전쟁은 수천만 명의 병사와 거액의 전비를 필요로 하는 '대중의 전쟁'이었다. 그리하여 이 전쟁은 엘리트의 무력함을 폭로함과 동시에 대중에게 스스로의 힘을 자각시키고 모든 분야에서 인민의 요구가 폭발적으로 제기되었다.

전승국인 영국과 프랑스에서 이 전쟁승리에 공헌한 근로대중의 발언권이 확대되어 누진과세와 사회복지정책의 요구가 강해졌다. 파리에서는 1920년 '피의 메이데이' 사건이 발생했고, 영국에서도 노동자의 스트라이크가 속발했다.

전후 영국은 노동당이 세력을 확장하여 1924년에 노동당 내각 맥도날드 정권이 탄생했고, 이후 10년 동안이나 정권을 담당했다. 프랑스와 스페인에서도 좌익세력이 신장되어 1936년 인민전선 내각이 탄생했다. 이탈리아는 전승을 했지만 국민생활이 개선되지 못해 대중의 불만이 커졌다. 이를 이용한 파시스트는 1922년 10월에 검은 셔츠대의 '로마 진군'에 의해 정권을 장악하고 무솔리니가 수상이 되었다. 무솔리니는 '강한 정부에 의한 개혁'을 주장하여 신시대의 기수로 세계의 이목을 집중시켰다.

패전국 독일의 혼란은 더욱 심해지고 대전 말기에 제정을 타도한 좌익 폭동은 군대와 사적 의용군에 의해 진압되었지만 민주적인 '바이마르 공화국'이 성립된 이후에도 좌우의 충돌이 되풀이되었다. 1920년대의 독일은 '철갑단'에서 '공산당'에 이르기까지 폭력집단을 가진 세력이 몇 개나 되었다. 이러한 혼란의 와중에서 국가사회주의를 내건 나치스가 서서히 사람들을 모으고 있었다.[9]

이러한 새로운 시대의 전개 중에 가장 중대한 것은 러시아에서 수립된 사회주의 공산국가의 탄생이다. 사회주의 운동은 19세기 후반부터 존재했지만 파괴적인 공상 정도로 밖에 생각하지 않았다. 그러나 강대한 국가 러시아가 급진적인 사회주의 볼셰비키정권화되어 세계를 진동시켰다.

사회주의의 매력

사회주의의 사상이 당시 수억 명의 인간을 매혹시킨 이유는 무엇인가?

당시 어려운 환경에서 생활고에 시달리는 많은 사람들은 어떻게든 이 비참한 현실에서 벗어나고 싶었다. 이 가난의 현실은 더 이상 참을 수 없는 고통이며 앞날에 희망이 있었으면 좋겠다고 생각했다.

이러한 때에 사회구조를 변화시켜 부(富)의 분산화를 통해 '최대 다수'의 '최대 행복'을 약속하는 사회주의 사상에 매력을 느끼지 않을 수 없었다.

일반의 지지자들은 사회주의의 어려운 이론을 이해하고 그것에 찬동한 것은 아니다. 사회주의자를 자칭하는 자나 지지하는 자 중에서 마르크스의 '자본론'을 읽어본 사람이 몇이나 되겠는가? 대체로 마르크스에 관한 간단한 해설서와 간략한 논문을 통해 간접적으로 알게 되었을 뿐이다.[10]

'사회주의 사회는 태어나서 무덤까지 생활이 보장되고 누구나 걱정없이 평등하고 평화롭게 살아 갈 수 있다'는 꿈이 너무 아름답게 보였다.

현재는 너무 비참하니까 하는 '현재의 비참함'이 출발점이다. 그리고 공동으로 꿈을 보게 된 것이다.

전체주의와 사회주의

　제1차 대전 이후 세계는 영국, 미국, 프랑스로 대표되는 민주주의 자유주의 자본주의체제와 이들 나라보다 후진인 독일, 이탈리아, 러시아, 일본 등이 전체주의 사회주의체제로 양분되는 현상을 뚜렷이 했다.
　후진국에서는 민주주의는 너무 완만하고 시간이 걸리며 국력을 집중시키기에는 적합지 않은 제도라고 보고 있었다. 후진국이 급속하게 경제를 성장시켜 선진국과 겨루기 위해서는 중앙집권적인 강력한 통제로 나라의 경제를 계획성있게 추진해야 한다는 생각을 갖게 되었다.
　따라서 통제경제를 통해서 국가의 부를 급속히 성장시켜야 한다는 면에서 사회주의와 전체주의는 동질성을 보이게 된다.

　전체주의와 사회주의를 깊이 있게 분석 한 학자가 하이에크였다. 하이에크(Friedrich von Hayek)는 1944년 발행된 '노예로의 길'에서 히틀러가 사회주의자들을 박해했다는 점을 들어 사회주의와 나치즘은 다른 것이라고 보는 견해는 잘못이라고 강하게 지적했다.
　하이에크는 이 책에서 서구문명을 가능하게 한 토대로서 개인주의의 중요성을 강조한다. 개인주의는 개개인을 인간으로서 존중하고 개인의 견해를 지상의 것으로 인정하며 개개인의 타고난 재능과 소질을 개발하는 것이 사회발전에 가장 이상적이라고 보는 신념이다.
　자유주의는 개인을 과거의 모든 인습적인 속박과 명령으로부터 해방시킴으로써 개인의 자유롭고 자발적인 노력을 통해 복잡한 경제활동에 하나의 질서를 구축하게 되었는데 그것이 바로 자유시장경제이다.
　그런데 여기서 문제가 생겼다. 자유사회의 발전은 항상 '장기적'으로 실현된다는 점이다. 지지부진한 것으로 보이는 자유주의 정책과 경제성장에 대해 사람들은 초조감을 갖더니 급기야 자유주의를 시급히 제거해야 할 하나의 장애물로 간주하게 되었다.

그들은 자유사회에서만 나오는 자연발생적인 힘을 제거하려고 했으며 비인격적이고 눈에 보이지 않는 시장기구 대신에 하나의 목표를 향해 의식적으로 지시하고 명령하는 경제계획을 주장하고 나선 것이다.

그런데 경제계획은 가능하지도 않을 뿐 아니라 필연적으로 민주주의를 말살한다. 천문학적으로 많은 상품의 수요와 공급에 관한 조건을 중앙계획기관이 파악해서 조정한다는 것은 애초에 불가능한 것이다.

그럼에도 불구하고 중앙집권적 계획이 대규모로 실시되면 그 자체만으로도 독재가 필연적이고 이에 따른 사유재산권 침해는 개인의 자유를 보장하는 최후의 보루를 허물어 우리를 '노예로의 길'로 인도한다.

번영을 향한 유일한 방법을 포기하고 사회를 철저히 개조해야 더 큰 발전을 가져 올 수 있다고 보는 사상은 20세기 초반 독일에서 사회주의란 이름으로 최고조에 이르렀으며 마침내 그것은 나치의 국가사회주의로 귀결된다.

하이에크는 '공산주의 러시아'와 '국가사회주의 독일'의 내부체제가 가지고 있는 놀라울 정도로 비슷하다는 사실이 널리 인정되고 있음에도 불구하고 사회주의와 나치즘이 근본적으로 같은 것이라는 점을 사람들이 인정하지 않으려는 것을 한탄했다.[11]

국가의 통제력으로 경제운영을 하여 국가발전을 기할 수 있다는 사상적 오류의 발생은 데카르트, 루소, 마르크스 등으로 이어지는 일단의 합리주의자들이 인간의 이성을 과신한 나머지 사회를 인간의 의도적인 노력으로 개조할 수 있다고 믿는 데서 연유한 것으로 보인다.

나치즘의 등장

패전국 독일은 영토의 6분의 1을 전승국 연합국에 빼앗겼고 생산력은 전전에 비해 2분의 1로 하락했으며 막대한 배상금 지불이 시작되자 국민생활은 급속히 악화되었다. 독일은 연합국에게 배상금 지불의 유예를 요청했으나 프랑스, 벨기에 등은 이를 거부하고 오히려 독일의 철, 석탄의 8할을 생산하는 공업의 중심지 루르지방을 점령했다.

이때문에 독일의 공업생산은 격감되었고 화폐의 가치가 전전보다 1조분의 1로 폭락하여 미증유의 인플레이션을 겪게 되었다.

이러한 과정에서 무명의 히틀러가 등장하여 국가사회주의의 기치를 내걸고 독일 국민을 결집시키는 활동을 시작했다.

히틀러는 1889년 오스트리아의 한 세무공무원의 아들로 태어났다. 그의 어린시절은 불행했고 환경에도 잘 적응하지 못했다. 그는 학교생활에도 실패했고 1909년 빈에서 미술학교로 진학하려고 했으나 시험에 낙방했다. 이후 4년간 허드렛 일로 비참한 생활을 꾸려나가다가 제1차 대전이 일어나자 독일군에 입대했다.

전쟁이 끝나자 1919년 민족주의와 반유태주의 그리고 사회주의를 내건 독일노동자당에 입당했다. 입당 후 두각을 나타낸 히틀러는 1920년 당명을 '국가사회주의 독일노동자당(통칭 나치스)'으로 개칭하고 당강령

독일 히틀러의 나치당 회합과 행렬.

을 새로 만들어 발표했다. 이 강령에서 불로소득의 폐지, 기업의 국유화, 토지투기의 방지 등 사회주의적 정책을 내걸고 베르사유조약의 반대, 유태인 배척 등을 주장했다.

1923년 히틀러는 뮌헨에서 사병을 동원하여 정부전복을 시도하는 반란을 일으키려 했다가 체포되어 감옥에 수감되었다. 그는 감옥에 수감되어 있는 중에 '나의 투쟁'을 집필했다. 이 두서없는 글에서 히틀러는 유태인과 공산주의자에 대한 증오심, 독일의 적국에 대한 배신감, 강력한 지도력만이 독일로 하여금 유럽 여러 나라의 협력체제 안에서 정당한 자리를 회복할 수 있을 것이라는 신념을 주장했다.

히틀러의 메시지는 전쟁에 환멸을 느끼고 경제적 위협에 직면한 농촌 사람들과 여성들의 마음을 사로잡았다.[12]

중국의 국민당과 공산당

중국에서 손문(孫文)은 혁명운동을 계속 추진했다. 손문은 1919년 10월에 대중정당으로서 중국 국민당을 결성했다.

러시아 사회주의정권은 중국에 대해 여러 가지 지원을 하여 중국의 지식인과 노동자를 선동했다. 그리하여 1921년 7월 1일, 각지 각계의 대표 13명이 상해에 모여 중국 공산당의 창립대회를 열었다.

손문은 러시아의 혁명과 국내에서 있었던 5.4운동에 자극을 받아 이 새로운 정세에 대응하여 중국 국민당의 기반을 크게 확대시킬 계획을 세웠다.

1924년 1월 광주에서 중국 국민당 제1회 전국대회가 열렸다. 이 대회에는 중국 공산당도 참여하여 국공합작이 이루어지고 '연아용공(連俄容共=러시아와 우의를 맺고 공산주의를 인정한다)', '노농부조(勞農扶助)'의 정책을 내걸었다.

당시 중국은 신해혁명(1911)으로 청조는 붕괴되었지만 각지에 군벌이 할거하여 통일정부를 세우지 못하고 있었다. 손문은 이들 군벌을 타도하기 위해서는 정규군이 필요하다고 생각하고 광주에 군관학교를 설립했다. 그 학교의 교장에는 장개석을 임명하고 정치부 주임에는 프랑스에서 돌아온 주은래(周恩來)를 임명하여 운영을 맡게 했다.

1925년 손문이 죽자 장개석이 승계하여 북경의 군벌을 타도하기 위해 국민혁명군을 결성했다. 장개석은 국민혁명군의 사령관에 취임하고 1926년 7월 북벌을 위해 진격했다. 국민혁명군은 국민당과 공산당이 협력하여 파죽지세로 북진했다. 각지의 민중은 북벌군을 환영했고 공산당의 지도에 의해 토지개혁도 추진되었다.

1927년 1월 국민정부는 수도를 무한(武漢)으로 이전했다. 3월에는 북벌군이 남경을 점령했다.[13]

이 무렵 주은래 등은 상해에서 대 스트라이크를 일으켜 무장봉기에 성공하고 공산당 임시정부를 수립했다. 이렇게 공산당의 세력이 증대하자 중국 진출을 기도한 열강들이 큰 위협을 느끼게 되었다. 국내의 유산계급도 공산당 세력의 확대에 두려움을 느끼게 되었다.

이러한 정세 속에서 위협을 느낀 장개석은 1927년 4월 12일 돌연 공산당 탄압을 시작했다. 공산당의 당원을 체포하여 처형하는 중에 주은래는 간신히 위험에서 탈출했다. 그리하여 국민당과 공산당의 합작은 완전히 결렬되고 이후 상호 투쟁의 상태로 들어갔다.

조선 공산당의 좌절

조선 공산당과 고려공산청년동맹이 결성된 지 7개월 만인 1925년 11월 22일 국경도시 신의주에서 우연한 한 사건이 발생했다. 일본 경찰은 처음에는 불온청년들의 단순한 폭행사건으로 취급했다. 일본 경찰은 조사를 진행하면서 그 밑바닥에 조선 공산당이란 엄청난 비밀결사가 숨어 있다는 사실을 적발해냈다.

신의주에서 시작된 조사는 서울로 옮겨지고 전국에서 일망타진된 공산당 조직원들은 재판에 회부되어 1928년 2월 13일 언도공판을 받았다. 101명의 피고 중 박순병, 박길양, 백광흠은 언도전에 사망했고 박헌영과 조이환은 병보석으로 사건이 분리되었으며 주종건은 보석 출감 후 해외로 도주하여 95명의 피고에 대한 언도가 있었다. 이 중 85명이 6년 내지 8개월의 유죄언도를 받았다.

이렇게 하여 일본 경찰의 귀신같은 밀정의 활동과 철저한 탄압으로 1925년 11월 제1차 검거 이래 1928년 8월 제5차에 걸친 단속으로 지하운동을 계속하던 조선의 공산주의 운동은 재건이 거의 불가능할 정도로 궤멸상태가 되고 말았다.

이후 조선 공산당 당원들은 궤멸된 조직을 다시 재건하려고 활동을 하려했으나 1928년 12월 코민테른은 조선공산주의자들에게 조선의 공산당을 해체하라는 지시를 내렸다. 이것이 '조선농민 및 노동자의 임무에 관한 테제'로 일명 '12월 테제'라고 부르는 것이었다. 이 테제에서 코민테른은 조선에서 공산주의 운동이 부진한 이유는 공업발달이 뒤져 노동자 조직이 약하고 당원끼리의 고질적인 파쟁 때문이라고 분석하고 노동자와 빈농을 대상으로 조직운동을 해야 한다고 새로운 방향을 제시했다.

당시 각국 공산당은 코민테른의 승인을 받아야 정통의 지위를 갖게 되어 이 지시를 따를 수밖에 없었다. 코민테른의 지시는 1919년 창립되어 1943년 해산될 때까지 계속되었다.

레닌과 소련 공산당

1917년 11월 볼셰비키 정권을 세운 레닌은 1918년 3월 독일과 휴전협정을 맺어 전쟁을 종결시키고 평화를 되찾았다.

레닌은 사심없는 성격으로 자기 자신을 위해서는 어떠한 특권도 요구하지 않았다. 그는 자기의 모든 것을 바쳐 자신이 희구해 온 혁명을 위해 헌신하는 사람이었다. 그는 크레믈린 궁전의 두 개짜리 방에서 거의 수도승처럼 살면서 보통 노동자보다 나을 것 없는 옷을 입고 사치나 개인적인 영광에 대해서는 전혀 무관심했다.

그러나 레닌이 추진한 소련의 공산주의는 처음부터 마르크스의 가르침에서 몇 가지 커다란 차이를 보였다. 이러한 차이는 마르크스가 고도로 발전한 자본주의 사회에서 혁명이 일어날 것이라고 예측한 반면에 실

1920년 코민테른. 각국 대표와 회담하는 레닌.

제로는 유럽에서 가장 후진적인 산업국가에서 혁명이 성공했다는 사실에서 필연적으로 온 결과였다.

마르크스가 '프롤레타리아의 독재'에 관해 말했을 때 그는 부르주아 잔존자들에 대한 전체 노동 계급의 독재를 의미했다. 다시 말하면 전체 노동계급 안에서는 민주적 형태가 지배해야 한다는 것이었다. 그러나 레닌은 선택된 소수 엘리트의 독재의 필요성을 주장하고 이들이 부르주아뿐 아니라 프롤레타리아 집단 자체에 대해서도 우위를 점해야 한다고 주장했다. 러시아의 경우 이 엘리트가 공산당이었다.[14]

레닌은 볼셰비키(러시아 공산당) 이외의 정당은 존재를 인정하지 않고 일당독재체제를 실현시켰다. 그 직후 사회혁명당의 여성 투사에 의해 저격당해 중상을 입었다. 1924년 1월 그 상처가 원인이 되어 53세의 나이로 사망했다.

대중 소비사회로 들어간 미국

1920년대 중반 미국의 중산계급 가정에는 자동차, 라디오, 축음기, 세탁기, 청소기, 재봉틀, 전화가 있는 것이 보통이었다. 거리에는 여러 가지 상품이 넘쳐흘렀고 사람들은 유행하는 기성복, 손목시계, 레이온의 양말, 통조림식품, 내열식기를 쇼핑했다. 가족경영의 소매점 대신에 전국적인 체인을 가진 슈퍼마켓, 할인점과 백화점이 각지에서 개점했다. 사람들은 레스토랑, 미용원을 이용하기 시작했고 도시에서는 각 가정이 주 1회는 영화를 보러갔다. 대도시에는 고층빌딩이 늘어서기 시작했고,

1931년에는 뉴욕의 엠파이어 스테이트 빌딩이 그 위용을 자랑했다.

　이 대중소비사회를 대표한 것은 무엇보다도 자동차였다. 자동차는 1920년대 이후 미국의 산업확대를 촉진했다. 자동차산업의 확대는 철강, 유리, 고무, 석유 등의 산업을 육성시키고 도로망의 건설에 박차를 가했다. 이 도로 주변에는 주유소, 레스토랑, 모텔 등의 서비스산업이 번창하게 되었고 교외에 주택산업이 발전하는 등 각산업에 파급되어 미국의 경제성장을 가져왔다.

　현대의 대량 생산을 가져온 콘베어 벨트작업은 헨리 포드가 최초로 도입하여 자동차의 대량 생산체제를 구축했다. 자동차 가격은 포드 T모델이 대량 생산되어 1910년에 950달러였던 자동차는 1925년에는 285달러까지 내릴 수 있었으며 당시 연평균 1,200달러의 노동자나 2,000달러의 화이트 컬러들이 살 수 있는 가격이 되었다.

　과거에는 소수의 부자들만 가지고 있던 자동차는 1929년에는 보유대수가 9백만 대로 증가하여 미국 국민의 4.9명 당 한 사람이 소유하게 되었고 이로써 미국민의 생활과 사회에 큰 변혁을 가져왔다. 자동차 소유는 중산계급의 심볼이 되었고 노동자들은 부자들과 더불어 같은 도로에서 같은 풍경을 즐기면서 드라이브를 하는 미국의 꿈을 실현하게 되었다.

　이렇게 미국은 번영을 구가하면서 거리에는 신제품과 사치품이 넘쳐흘렀지만 국민의 3분의 2 이상은 최저생활을 겨우 지탱하고 있었다. 또한 그 반 정도는 생존하기에 급급한 극빈상태였다. 당시 연간 생활비는 연 1,800달러였는데 노동자의 연평균 수입이 1920년대에 올랐다고는 하지만 1,500달러 이하였다.

그리고 농민의 빈궁한 것은 더욱 심했다. 1920년대의 노동자들은 약간 수입이 늘었지만 농민의 거의 모두는 수입이 감소되었다. 기계화에 의해 경지면적은 늘었지만 제1차 대전 이후 유럽에서의 미국 농산물 수요가 급감하여 농산물가격이 하락했기 때문이다. 국민소득에서의 농업수입의 비중은 1920년에는 15퍼센트였지만 1929년에는 9퍼센트로 하락했다.

많은 산업의 노동자, 마이너리티, 농민의 빈곤은 드디어 경제의 파탄을 초래하는 요인이 되었다.

미국의 보수화

세계의 민주주의를 위해 전쟁에 참가한 미국은 대전 이후 국제정세에 환멸을 느끼고 국내에서 미국적인 것으로의 보수로 다시 회귀하게 되었다. 외래의 급진사상인 공산주의, 그리고 미국의 전통에서 벗어난 라이프 스타일을 비난하고 외국인의 이주를 제한하고 이민자들의 미국화에 힘을 기울였다.

1919년부터 20년에 걸쳐서 윌슨 정부의 사법장관 미첼 파머가 '적색분자 소탕작전'을 전개하여 6천 명에 달하는 사회주의자를 검거했다. 불온한 사회주의자에 대한 탄압은 전국적으로 확산되고 뉴욕주에서는 주의회에 선출된 5명을 사회주의자라는 이유만으로 취임을 거부했다.

반공사상과 배외감정은 사코와 반세티 사건으로 절정에 달했다. 이탈리아 출신의 이 두 사람은 무정부주의자로 매사추세츠주의 제화공장의 회계담당과 그 호위책임자를 죽인 죄로 체포되어 사형에 처해졌다. 증거가 불충분했지만 두 사람이 무정부주의자인 외국인이었기 때문이다. 세계의 급진주의자와 리버럴파의 동정과 대규모의 처형반대운동에도 불구하고 두 사람은 결국 1927년 전기의자에서 생을 마감했다.[15]

제5장 일본의 군국주의화

다나카 내각과 동방회의

다나카(田中義一) 내각이 출범한 것은 1927년 4월이다. 다나카는 육군대장으로 야마가타(山縣有朋) 가쓰라(桂太郎)를 잇는 조슈(長州) 군벌의 직계인물이다.

다나카는 취임한 후 전임 와카쓰키(若槻) 내각의 연약외교를 비판하고 만주와 중국 대륙에서 일본의 권익을 명확히 확보해야 한다는 강한 의지를 표명했다. 그는 스스로 외무대신을 겸임하여 남다른 의욕을 보였다.

다나카의 이러한 강경일변도의 정책은 당시 전쟁을 선호하는 육군과 중국에 이권을 갖고 있는 재계, 그리고 일본의 국제적 지위를 높이자는 우익의 강력한 지원을 받고 있었다.

다나카 내각은 이러한 강력한 외교정책의 실체를 보여주기 위해 우선 1927년 5월 중국 산동성에 군대를 파견했다. 이 지역은 제1차 대전에서 일본이 독일의 권익을 승계한 지역이었고 때마침 장개석의 국민당군이 북상하는 것을 견제한다는 목적으로 진행되었다. 그러나 이때는 국민당군이 산동까지 진출하지 못했기 때문에 충돌은 일어나지 않았다.

다음 해 4월 일본은 제2차 산동출병을 실행했다. 이때 일본군과 중국군이 제남에서 충돌하는 '제남사건(濟南事件)'이 일어났다. 그러자 일본은 제3차 출병을 강행했다. 3차에 걸친 산동출병은 중국인의 항일운동을 중국 전토에 확산시키는 계기가 되었다.

다나카는 또한 6월 27일 도쿄에 관계기관을 모두 소집하여 '동방회의(東方會議)'를 열었다. 외무성과 육·해군의 관계자가 모두 모여 일본의 대중국정책의 기본을 결정하는 대회의였다. 이 회의에는 전후 수상이 된 요시다(吉田茂)도 봉천 총영사로서 참석했다.

이 회의에서 8항목에 달하는 '대지정책강령(對支政策綱領)'이 결정되었다. 이 강령의 전반은 '중국 전토에서의 일본의 권익과 중국에 재류하는 일본인의 생명과 재산이 침해될 우려가 있으면 즉각 군사행동을 불사하고 어떠한 경우에도 이지역에서 철수하는 일은 없다'고 명언했다.

강령 후반에는 더욱 거칠게 '만몽(만주와 몽고)은 일본의 식민지로서 일본 자신이 방위와 치안을 맡는다. 그것을 집행하기 위해 괴뢰정권을 세울 수 있다'고 단언했다.⑴

이때 이미 일본은 만주국 건설을 구상하고 있었던 것이 틀림없다.

관동군의 장작림 폭살사건

만주에 주둔하고 있던 관동군은 1928년 6월 4일 일본 정부의 사전 승인도 받지 않고 만주 군벌 장작림(張作霖)을 폭살했다. 관동군은 이 사건을 은폐하려고 중국인 마약중독자를 강제연행하여 죽이고 위조한 국민당의 비밀문서를 이 시체에 넣어 '국민당의 편의대(특수부대)가 저지른 일'이라고 발표했다.

그러나 2백 개나 되는 폭약을 설치하여 철교와 함께 열차를 폭발한 큰 작업을 편의대 한두 명이 한 일이라는 말을 믿을 사람은 없었다. 이 사건은 '만주 모중대사건'이라고 보도되어 1년간이나 내외에 물의를 일으켰다. 국회에서도 문제가 되고 신문에도 연일 보도되었다.

다나카 총리 자신도 사건발생 당시는 그 내용에 대해 잘 알지 못했다. 책임자를 처벌하겠다고 천황에 보고했다.

그리고 육군에서 헌병을 파견하여 현지조사를 한 결과 가와모토(河本大作) 대좌가 저지른 일임이 모두 밝혀졌다.

관동군이 일으킨 장작림 폭사 현장.

그러나 육군에서는 가와모토 대좌를 처벌하면 책임은 관동군사령관 및 육군수뇌부에도 미친다는 이유로 처벌을 반대했다. 이러한 육군 내의 의견을 들어 시라가와(白川) 육군대신과 스즈키(杉木) 참모총장도 처벌할 수 없다는 쪽으로 기울었다.

결국 다나카 총리는 '여러 가지 조사를 해보니 육군 안에는 범인이 없고 오직 경비상의 실책이 있음을 인정하여 행정처분으로 처리하겠다'고 천황에 말했다.

이 말을 듣고 천황은 격노했다. 천황은 이미 사건의 전모를 들어 알고 있었다. 천황의 격노에 다나카는 크게 놀라 '이제 천황의 신임을 잃었구나—' 하고 눈물을 흘리고 1929년 7월 사임했다. 그 후 그는 모든 기력을 잃고 치매가 급속히 진행되어 3개월도 못되어 죽었다.[2]

일본 경제의 취약성

제1차 세계대전을 통해 일본은 막대한 부를 축적했다. 1914년에는 11억 엔의 대외부채를 지고 고민하던 일본이 1920년에는 27억 7천만 엔의 채권국이 되었다.

그러나 대전이 종결되자 일단 군수붐이 끝나고 유럽 제국이 국제시장에 복귀하게 되자 취약한 일본의 산업은 고전을 면치 못하게 되고 따라서 심각한 불황에 직면했다. 결국 일본의 수출붐은 전쟁이라는 특수 상황에서 일어난 일시적 현상에 지나지 않았던 것이 증명된 셈이다. 그럼에도 불구하고 대전 붐으로 벼락부자가 된 일본의 기업인들은 허영에 들떠 사치로 빠지고 대담하게 투자를 확대해갔다.

이때문에 1920년에는 빨리도 '반동불황'이 시작되었다. 이 해의 일본의 수출은 12억 5천만 엔으로 3년전 피크 때보다 40퍼센트나 감소했고 다시 큰 폭의 무역적자로 회귀했다. 그 중에서도 아시아 시장에 다시 등장한 유럽제품과 경쟁으로 타격은 더욱 심했다.

당시 일본의 실업자는 50만 명이라고 했지만 실제로는 350만 명은 되었다. 당시 노사관계는 상호 불신에 가득 차 있었다. 기업의 노동자 특히 여공에 대한 관리가 가혹하기 이를데 없었다. 호소이(細井和喜藏)가 여공에 대한 회사의 냉혹한 대우를 폭로한 '여공애사(女工哀史)'를 출판한 것이 1925년의 일이다.

프롤레타리아 문학의 명작이라는 도쿠나가(德永直)의 '태양이 없는 거리(1929년 발표)'에서 테마가 된 공동인쇄 노동쟁의가 일어난 것이 1926년이었다. 여기서 그려진 여공과 직공의 비참한 상태가 모든 기업에서 그랬다고는 할 수 없더라도 당시의 현실을 상당히 밝힌 것은 틀림없다.[3]

이러한 일본에 1923년 9월 1일 '관동 대지진'이 일어났다. 근대 일본의 사상 최악의 천재 '관동 대지진'이 일본 경제에 미친 영향은 아직도 계량적으로 연구가 끝나지 않고 있다. 이 재해로 생긴 생산의 정체와 그 구제 및 부흥에 투입된 비용은 제1차 대전에서 축적한 외화를 모두 쏟아 넣게 되었다. 그리하여 일본 재정은 더욱 곤란해졌다.

일본인의 데모크라시에 대한 실망

제1차 대전의 붐은 일본의 산업을 크게 발전시키기는 했지만 그 이익의 대부분은 일부 사업가와 투기가에 흡수되어 버렸다. 그리고 일본인 전체로 보아서는 어느 정도 혜택을 받고 전승의 만족감도 느끼기는 했다. 그러나 전후 오랜 불황으로 발전의 기대는 좌절되고 대중의 생활은 매우 곤궁해졌다. 그 과정에서 빈부의 격자를 극단으로 확대하는 자유경제에 대한 의문과 반감이 생겨났다.

당시 많은 일본인은 거만의 부를 얻어 호유의 날을 보내는 사업가가 고매한 이상도 뛰어난 능력도 없으면서 오직 행운과 인맥만으로 행복을 독차지 하는 것을 알게 되었다. 그리고 그들에게 부와 권력을 안겨주는 근대적 자유경제의 구조에 대한 실망도 따르게 되었다.

즉 '우수한 사람이 부와 권력을 얻게 되고 그것은 사회전체의 발전과 진보에 연관된다'는 자유주의 시장경제의 원리에 대해 일본인들은 의문을 갖게 되었다.[4]

이때 일본 국민이 느낀 실망이 잘못된 것만은 아니었다. 자유경제도 의회민주주의도 실로 결점이 많은 시스템이다. 자유경제 하에서는 비열한 인간이 거만의 부를 얻는 경우가 많다. 의회민주주의가 데마고그와 오직과 금권정치의 장이 되기 쉬운 것은 고대 그리스 시대로부터 항상 있어온 것이었다. 사상 처음으로 자유경제와 의회민주주의를 실행해본 일본인이 그 실태의 부정적인 면을 알게 되고 실망한 것은 오히려 당연하다고 할 수 있다.

그러나 그 결과 일본인이 택한 방향은 분명히 잘못된 길이었다. 자유경제보다 훨씬 위험한 독재체제로 가는 전체주의를 택하고 권력지향의 관료와 군인에게 과대한 기대를 걸게 된 것이다.

군인들이 찾는 활로

1926년 쇼와(昭和)기로 접어들면서 '쇼화공황'의 시대로 들어갔다. 이 시기에 밥을 먹지 못하고 있었던 농가는 조선뿐이 아니었다. 일본의 동북부 지방의 참상도 심했다. 1931년 냉해로 북해도 아오모리(靑森)를 중심으로 45만 명이 아사 선상에 이르렀다. 농촌에서는 관리와 학교 선생의 급료를 지불하지 못했고 딸을 파는 일이 속출했다.

당시 일본의 사회현상에 대해 한 신문은 1930년 9월 3일 다음과 같은 기사를 실었다.

"도시에서는 완전히 버려진 실업자들이 금년 여름 이래 부쩍 늘어났다. 그날의 먹을 것이 없어 고향에 돌아가려고 해도 여비가 없어 도카이도(東海道)를 걸어야 했다. 그 중에는 처자를 데리고 거지처럼 인가를 찾아 먹을 것을 구걸하는 여행자도 있다. 연도의 경찰서에서는 이들의 구호에 애를 쓰고 있다. 이와 같은 자들이 많은 날은 하루에 50명이 넘는 때도 있었다."

이처럼 이 무렵에는 도시의 불경기로 회사와 공장에서 해고되어 수입이 끊겨 생활에 곤궁한 사람들이 늘어났다. 옛날에는 대학만 나오면 출세가 보장되었는데 이 불경기 중에서는 그것은 한낱 꿈에 지나지 않았다.[5]

도시와 농촌 모두가 고통을 느꼈다. 그리고 농촌에서는 군에 입대한 사람들이 많았다.

군에 입대한 청년장교들은 '현재 농촌은 피폐해지고 있다. 우리는 군에 들어가서도 고향에 두고 온 가족과 전답의 일을 걱정하고 있고 농촌에서는 군에 일손을 빼앗겨 고통을 받고 있다. 이러한 상태로는 마음 놓고 훈련할 수도 없고, 유사시 전쟁이 일어나도 열심히 싸울 수도 없다' 는 생각에 접어들게 되었다.

그들 대부분은 농촌 출신의 군인들이었기 때문에 매일 같이 먹을 것을 걱정하는 농촌의 생활상을 들을 때마다 가슴이 답답해지고 있었다.

'어떻게 하여 이러한 세상이 되었는가. 도대체 누가 이렇게 만들었는가?' 그 원인으로서 정치의 부패, 가난한 사람들은 생각하지도 않고 오직 이익만 추구하는 재벌, 그리고 이들 재벌과 유착하여 사복을 채우는 정당과 정치가라고 결론지었다. 그리고 그들 자신과 군대 자체가 정치의 피해자라고 생각하기에 이르렀다.

그들은 해결책으로 농민을 고통에 몰아넣고 군대와 군인을 멸시하는 정치가와 재벌을 타도하여 새로운 정치체제를 세워야 한다. 군부 또한 근본부터 개혁하지 않으면 안 된다. 그러한 생각을 가진 동지들이 단결하여 힘을 합하지 않으면 안 된다.[6]

이러한 생각에 이른 군인들은 두 가지 방향으로 해결책을 찾아갔다. 그 하나는 정치가, 재벌 등 독버섯을 제거하여 천황을 정점으로 한 국가개조를 단행하고 다른 하나는 눈을 국내에서 더 넓게 가져 대륙으로 진출해야 한다는 것이다.

'일본은 인구가 많은데 비해 국토가 너무 협소하다. 산업의 기본이 되는 자원이 부족하고 식량도 부족하다. 이 기회에 대륙에 눈을 돌려 그 쪽으로 진출하여 활로를 열어야 한다.'

우익과 군부의 결합

이러한 군인들의 생각을 이론적으로 뒷받침하고 이들을 선동한 것이 우익사상가들이다. 기타 이키(北一輝)와 오카와 슈메이(大川周明)로 대표되는 우익사상가들이 이 무렵의 군인들에게 '천황제 파시스트', '아시아 침략주의', '초국가주의'를 심어준 당사자들이다. 이들은 일본의 국내개혁과 국운의 전개를 아시아와 세계로 향해야 한다고 몽상한 이상주의자들이었다.

기타는 니이가타(新潟) 출신으로 1919년 '일본개조법안대강'을 발표했다. 그 내용은 '계엄령을 펴서 헌법을 정지하고 의회를 해산해야 한다. 재향군인을 중심으로 내각을 구성하고 귀족원을 폐지해야 한다. 대기업 공장을 국유화하고 개인이 재산을 갖지 못하도록 한다'는 것이다.

그는 천황의 친정을 회복하고 '군측의 간(君側의 奸)'을 제거하려면 쿠데타가 필수라고 주장하고 동아시아 대부분에 대해 일본이 보호권을 가져야 한다고 주장했다. 그의 주장을 일부 인용하면 다음과 같다.

"민족자결이 되지 않는 조선은 병합되어 마땅하다. 중국은 보호자인 일본의 지원을 받아야 한다. 일본은 중국과 인도 기타를 서구의 지배로부터 해방시킬 것이다. ― 영국은 전세계에 걸친 대부자의 나라다. 러시아는 북반구의 대지주이다. 일본은 작은 섬에 한정되어 있어 세계의 프롤레타리아 지위에 불과하다. 일본은 정의의 이름으로 그들과 싸워 그들의 독점을 빼앗을 권리가 있다."

사실 기타는 사회주의자로서 출발했다. 그가 22세 때 간행한 최초의 저서에 천황의 권위는 인민으로부터 유래한다는 것을 논증한 것이었다.

이 책은 사회주의자 가타야마 센(片山潛)으로부터도 평가를 받았다.[7]

오카와(大川周明)는 시베리아 연해주를 공략하여 러시아의 남하를 견제하고 남양제도를 전령하여 영국이 북상을 방어하지 않으면 일본 국방의 기초를 견고히 할 수가 없다고 경고했다.

오카와는 1886년 야마가다현에서 출생하여 도쿄대학 문과에 입학, 인도철학을 전공했다. 졸업 후에는 일정한 직업이 없이 종교잡지의 편집을 도와주고 참모본부가 의뢰하는 번역물의 번역료로 간신히 호구를 하고 때로는 안과 의사로부터 실명의 선고를 받아가면서도 촌음을 아끼면서 동서 만 권의 책을 두루 편력했다. 어학은 영어, 불어, 독어, 산스크리트어에 통달했고 더욱이 중국어, 그리스어, 아라비아어까지 배웠다고 한다.

5.15사건의 배후에는 오카와가 있고 2.26사건의 배후에는 기타가 있었다는 것은 주지의 사실이다. 민간의 우익과 소장 군인들이 행동을 했지만 그들을 움직인 것은 이들의 사상이었다. 기타는 2.26사건에 관련되어 사형을 당했지만 오카와는 종전까지 살아남아 도쿄재판에 섰으나 법정에서 발광하여 정신병원에 입원하고 퇴원 후에 산촌에 은거하다가 병으로 죽었다.

우익과 좌익은 기본적인 목표와 감정에 있어서 공통된 점이 있다. 그것은 양쪽 모두가 빈부의 격차의 시정과 국민의 생활수준의 평등화를 정치목표로 하고 있고 강력한 정치권력에 의해 국정을 통제해야 한다는 것이다. 즉 우익도 좌익도 근대공업사회의 자유경제 안에서 생긴 경제적 격차를 국가의 강권에 의해 시정하려는 목표를 가진 정치세력이다. 그런 의미로 양자 모두 전체주의라고 부르고 자유주의와 개인주의와 대치되게 보는 것도 틀린 것은 아니다.

일본과 독일에서 우익이 성공한 이유는 그 사상이 관료와 산업계가 목표로 하는 근대공업의 확대 진흥에 유리한 요소를 내포하고 있기 때문이다. 우익은 누구든 같은 제품을 사용하고 같은 의복을 입고 같은 교통기관을 이용하고 같은 정도의 의료 서비스를 받아야 한다고 생각한다. 나치가 국민차, 국민복 등 통일적인 규격품을 대량 생산한 것은 그 전형이다.[8]

그러나 사회주의는 현체제를 전복하여 정권을 장악하고 생산자체를 국유화하는 데 목표를 두고 있다. 천황제를 전제로 한 현재의 지배체제를 유지하려면 좌익 사상을 받아들일 수 없다.

그리하여 군부는 우익의 사상을 받아들여 군부 관료 공동체의 결속강화를 도모하고 우익은 군부의 지지를 업고 정치세력의 증대를 기할 수 있게 되었다.

쇼화 전기에 우익과 군부의 영향력이 중신도 총리대신도 천황마저도 항거할 수 없는 정도로 강해진 원인의 하나는 이렇게 기묘한 양자의 결합에 있었다.

군부의 행동 개시

이러한 군부 안의 분위기를 배경으로 하여 일본군은 두 가지의 실제 행동으로 들어갔다. 하나는 만주 전역을 점령하여 '만주국'을 수립한 것(1932년 3월 1일)이고, 또 하나는 정·재계인에 대한 암살을 시작한 것이다.

 본래 관동군은 만주의 요동반도와 남만주철도를 지키기 위해 파견된 일본군이었다. 이 관동군은 '중국인의 배일 항일운동이 심화되면 만주에 있는 일본인의 생명이 위험해지고 선대의 피로 획득한 만주를 중국에 반환해야 할 사태가 올지도 모른다. 차제에 만주 전지역을 점령하여 일본이 조종할 수 있는 영토로 만들어야 한다'고 생각했다.

 1931년 9월 18일, 남만주철도의 유조구(柳條溝=현재 심양의 교외)의 철로가 폭파되는 사건이 일어났다. 일본군 참모가 계획하여 폭파해놓고 중국군의 짓이라고 허위날조하여 이를 구실로 작전을 개시, 반 년 만에 만주 전시역을 세압했다.

 일본 정부에서는 '전쟁불확대' 방침을 정하고 관동군에게 즉각 전선을 확대하지 말고 철수할 것을 명령했다. 정부는 자칫하면 소련과 충돌할 것을 우려했다.

 그러나 관동군은 정부와 군중앙부의 명령을 따르지 않았다. 관동군의 행동을 적극 지지한 것이 일본 매스컴이었다. 매스컴은 관동군의 용감한 행동에 찬사를 보내면서 중국군을 응징해야 한다고 선동했다.

 불경기로 고통을 받고 있던 경제계도 제품 판로의 확장과 저렴한 원료 수입 군수물자 생산의 이익 등을 기대하여 관동군의 행동을 지지했다.

 많은 국민도 관동군의 진격과 승리에 환호했다. 이 전쟁으로 현재 어려운 실정이 타결될지도 모른다고 희망을 걸었다.

 와카쓰키 수상조차도 '이렇게 되면 나의 힘으로는 군부를 제지할 수 없다'고 체념하는 형편이 되었다.

관동군의 만주 침략에 미국과 영국의 격렬한 항의가 있었다. 특히 미국의 스팀슨 국무장관은 일본에 대해 경제 제재도 불사한다는 각오였다. 관동군의 이타가키(板垣征四郎) 참모장은 열강의 눈을 다른 곳으로 돌릴 책략을 썼다. 그는 국제도시 상해를 선택하여 한 중국인이 일본인 승려를 살상하는 사건을 만들었다. 일본군은 육군을 상해로 파견하여 완강하게 저항하는 중국군을 물리쳤다. 이것이 '상해사건(上海事件)'이다.

1932년 3월 1일, '만주국'의 수립이 정식 선언되었다. 중국 정부는 즉각 국제연맹에 제소했다. 영국의 리튼 경을 단장으로 한 조사단이 파견되었다. 1932년 9월, 조사단의 보고가 연맹에 제출되었다. 리튼 단장은 이 보고서에서 만주국의 독립을 인정할 수 없고, 만주는 중국의 일부임으로 당분간 세계 각국이 공동으로 관리하는 것이 좋겠다고 했다. 1933년 2월 24일, 총회에서 이 안이 결의되자 일본대표 마쓰오카(松岡洋佑)는 퇴장하고 일본은 국제연맹을 탈퇴했다.

청년장교들의 쿠데타 계획

만주사변을 계기로 군부의 중견 청년장교를 중심으로 '국가개조'를 위한 활동이 활발하게 전개되었다. 그들은 이대로 가면 농민을 비롯한 근로민중의 생활은 더욱 고통스러워지고 사상, 교육, 풍속도 퇴폐해지고 대외적으로는 중국의 항일이 심해지고 소련의 위협과 미국의 압박 등에 직면하게 되어 일본의 국방은 위태로워진다고 분석하고 있었다.

그 원인은 정치가와 재벌 등 국가의 지배층이 부패 타락했기 때문이다. 부패한 정치가 및 정당과 재벌을 배제하고 현재의 정치를 근본부터 개혁하여 '국가개조'를 해야 한다고 주장했다.

1931년 10월, 육군중좌 하시모토(橋本欣五郎)의 쿠네타 계획이 빌각되었다. 그들의 계획은 총리 이하 전각료를 죽이고 경시청을 점령하고 육군성과 참모본부를 포위하여 자신들의 행동을 인정받고 아라키(荒木貞夫) 중장을 수상으로 한다는 내용이었다.

1932년에는 일련종(日蓮宗)의 승려 이노우에(井上日召)를 중심으로 혈맹단(血盟團)이 조직되었다. 초국가주의를 내세운 이들은 군부의 쿠데타 계획과는 별도로 '일인일살(一人一殺)'의 암살을 목표로 했다.

1932년 2월 9일 전 대장대신 이노우에(井上準之助)가 혈맹단의 청년에게 사살되었다. 3월 5일에는 미쓰이(三井) 재벌의 중심 인물 단 타쿠마(團琢磨)가 암살되었다.

1932년 5월 15일에는 해군 육군 민간인 약 30명이 수상관저를 습격하여 이누카이(犬養毅) 수상을 살해했다. 이것이 세칭 '5.15사건'이다. 이 사건으로 8년간 계속되었던 정당내각제는 종막을 고하고 정치에 관한 군부의 발언권이 매우 강하게 되었다. 이 사건 이후 새로 수상이 된 사람이 조선총독을 지낸 사이토(齊藤實) 해군대장이었다.

1936년 2월 26일, 육군의 청년장교가 지휘하는 1천 4백 명의 군대가 반란을 일으켰다. 이들은 대장대신 다카하시(高橋是淸), 내대신 사이토(齊藤實), 교육총감 와타나베(渡邊錠太郎)를 살해하고 오카다(岡田啓介) 수상, 시종장 스즈키, 마키노 전내대신 등도 습격했다.

그리고 수상관저, 의사당, 육군성 등을 점령했다. 이것을 '2.26사건'

2.26 쿠데타 사건 때 경시청을 점령한 일본군.

이라 하는데 이 사건을 일으킨 군인들은 육군 내 황도파(皇道派)에 속해 있었다. 이 황도파는 아라키(荒木), 마사키(眞崎) 대장 등이 중심이었다. 육군은 이 반란군을 어떻게 처리해야 할지 방향을 잡지 못하고 고심하고 있었다.

천황은 이들의 행동을 반란으로 단정하고 단호한 태도로 진압을 명령했다. 거병했던 청년장교들은 군법회의에 회부되어 17명이 사형당하고 민간인 기타(北一輝), 니시타(西田稅)도 함께 처형되었다.

육군 내부에는 이 황도파의 쿠데타 주장에 대해 반란을 통해서 국가개조가 되는 것이 아니고, 합법적으로 목적을 확실히 하고 방법을 잘 생각하여 군부의 진출을 도모하여 전쟁의 체제를 구축해야 한다는 통제파(統制派)가 있었다. 이 통제파의 지도자가 나가다(永田鐵山), 도조(東條英機)였다.[9]

히틀러와 독일

일본에서 정당정치가 군부와의 알력으로 점차 힘을 잃어가고 있던 1925년에서 1929년, 세계적으로 불황이 닥쳐오는 기간에 독일에서 히틀러와 나치스운동은 고난의 시기를 겪고 있었다. 그러나 그는 끝까지 참아가며 희망과 용기를 잃지 않았다.

히틀러는 흥분하기 쉬운 성질이어서 그 때문에 종종 신경질을 부리곤 했지만 그래도 그는 때를 기다리는 참을성을 가지고 있었다. 히틀러가 옥중에서 '나의 투쟁'을 쓰고 있을 때 샤프트 박사가 나타나 통화의 안정책을 보기좋게 성공시켰다. 파멸적인 인플레는 정지되고 배상의 무거운 짐은 도즈 플랜에 의해 경감되었다.

자본은 미국으로부터 흘러들어오기 시작했고 경제는 급속히 회복되어 갔다. 독일은 연합국과 강화정책에 성공을 거두기 시작했고 프랑스 군대는 루르 지방으로부터 철수했다.

독일의 이러한 경기회복은 스스로의 힘으로 이루어진 것이 아니라 외국의 힘 특히 미국에 의한 것이었다. 독일의 경제회복과 번영은 미국의 막대한 차관으로 이루어지고 있었다. 1924년부터 1930년 사이에 독일은 거의 70억 달러의 외자를 도입했는데 그 절반이 미국의 투자였다.

독일의 정당으로 나치스당처럼 저질의 당원을 마구잡이로 끌어들인 당도 없었다. 뚜쟁이, 살인범, 동성애자, 환자, 알코올 중독자, 공갈배 등의 잡동사니들이 마치 자연의 안식처나 되는 것처럼 당에 몰려들었다.

1929년 말 전세계에 불어닥친 경제불황은 히틀러에게 절호의 기회를 안겨주었고 그는 또한 그것을 최대한 이용했다. 1929년부터 1932년에 걸쳐 독일의 생산은 거의 반으로 격감됐다. 수백만 명에 이르는 사람들이 일자리를 잃었다. 몇 만이나 되는 중소기업이 문을 닫았다.

완전히 길을 잃은 국민들은 이 절망적 궁지에서 빠져나갈 길을 찾고 있었다. 상인들은 구제를 원했다. 이때에 히틀러는 독일을 다시 강력하게 만들고 그 엄청난 배상 지불을 거부하고 베르사유조약을 파기하며 부정부패를 일소하고 재벌을 징벌하여 모든 국민에게 직장과 빵을 주도록 하겠다고 약속했다. 단순한 구제만이 아니라 새로운 신념과 새로운 구세주를 구하고 있던 절망 속에서 굶주리던 사람들에게 이 약속은 하나의 빛이 아닐 수 없었다.

1930년 9월의 선거 결과가 판명되자 히틀러 자신도 깜짝 놀라지 않을 수 없었다. 의회에서 107석을 확보했다.

그리고 1932년 7월 31일의 투표는 나치스에게 놀랄 만한 대승리를 가져다 주었다. 총득표 1천 3백 74만 5천 표를 얻었고 의회에서 230석을 차지했다. 정원 608명의 하원에서 과반수가 되기에는 미진했지만 그래도 독일 최대정당으로 부상했다.

1933년 겨울의 아침, 바이마르 공화제는 비극의 막을 내렸다. 민주주의의 육성을 위해 독일이 14년에 걸쳐 좌절의 좌절을 거듭하고 실패와 실패를 다해온 시도는 허무하게 종지부를 찍고 말았다.

독일의 민주적 공화제의 포기에 대해 어느 계급 정당 집단도 아돌프 히틀러의 대두에 책임을 면할 수 없다. 나치즘의 대두에 반대하던 독일인들의 근본적인 잘못은 나치즘에 대해 단결로 맞서지 못한 데 있다. 사실 1932년 7월 나치스의 민중의 지지가 최고점에 달했을 때에도 그들은 총투표의 37퍼센트를 받는 데 지나지 않았다. 그러나 히틀러에 반대한 63퍼센트의 독일인은 너무도 분열되어 있었고 근시안적이어서 비록 일시적이나마 일치단결하여 나치스를 궤멸시키지 않는 한 자기들이 압도된다는 것을 뻔히 알면서도 공동의 위험에 대해 힘을 합쳐 막아내지 못하고 말았다.

의회는 자신의 헌법상의 권위를 히틀러에게 양도했고, 그렇게 함으로써 스스로를 자살의 길로 몰아넣었다.

1933년 3월 23일 이후, 히틀러는 전독일의 독재자가 되었다. 그는 의회의 구속으로부터 자유롭게 되었으며, 모든 문제에 있어 지칠대로 지친 노대통령의 제약으로부터도 자유로웠다.

아란 브로크는 '거리의 깡패가 위대한 근대국가의 지배권을 쥐었고 불량배가 정권을 장악한 것'이라고 개탄했다.[10]

그러나 그것은 히틀러가 늘 자랑했듯이 의회의 압도적 다수로써 '합법적'으로 손에 넣은 것이다. 물리적인 힘으로 정권을 장악한 것이 아니다. 독일인은 스스로를 책하는 외에 달리 책할 대상이 없다. 이리하여 일당독재의 전체주의 독재국가가 아무런 저항도 없이 성립되고 말았다.

스탈린과 소련 사회주의 건설

스탈린은 1929년부터 제1차 5개년계획을 세워 공업화를 추진하는 한편 집단농업제와 국영농업제를 채택하여 본격적인 '사회주의 공세'를 취했다. '일국(一國) 사회주의'를 표방한 스탈린의 목표는 오직 하나 '선진 서구국가를 따라잡고 앞지르자'는 것이었다. 그리고 그 목표는 제2차 5개년 계획(1933-1937)에 의해 어느 정도 달성되었다. 이제 소련은 마르크시스트의 말대로 '사회주의 국가'가 되었다.

1937년 당시 소련은 국가가 수매하는 모든 생산품의 98.5퍼센트를 집단농장과 국영농장이 담당했고, 국영 및 협동 공업이 공산품의 99.8퍼센트를 담당했다.

1913년 인구의 16.3퍼센트를 차지했던 지배계급인 지주와 부농 및 크고 작은 부르주아는 1937년까지 모두 제거되었고, 1913년 현재 인구의 17퍼센트를 차지했던 노동자는 1937년 32.6퍼센트로 증가했으며 57퍼센트는 집단농장에서 일하게 되었다.

샤피로(Leonard Scxhapiro) 교수는 이러한 소련의 변혁을 '제3의 혁명'이라고 불렀다. 모든 혁명이 사회적 대가를 치루듯이 이 혁명도 엄청난 대가를 치루었다. 농업집단화의 과정에서 1천만 명 이상의 농민이 처형되거나 강제노역으로 죽거나 굶어 죽었다.

1943년 스탈린은 소련을 방문한 처칠 영국 수상에게 자신의 농민과의 전쟁이 당시 독일과의 전쟁보다 '더 무서운 것'이었다고 토로한 것을 보면 당시 농민의 반발이 얼마나 컸고 그 탄압과정이 얼마나 참혹했던가를 설명해주고 있다.

또한 비밀경찰기구인 내무인민위원회(NKVD)의 대원은 정부 시책에 약간의 회의라도 제기하는 사람이 있으면 아무런 법적 절차없이 체포하여 구속하거나 강제노역에 보냈다. 이러한 식으로 1920년대에서 1930년대에 이르기까지 강제노역장으로 끌려간 사람은 3백 50만 명에서 1천 2

백 50만 명에 이른 것으로 알려지고 있다.

스탈린은 이 외에도 1933년과 1938년 사이에 정상급 볼셰비키를 포함한 최소한 1백 60만 명의 당원을 숙청했다. 서방의 한 통계는 약 7백만 명 내지 8백만 명의 시민이 이 숙청의 직접적 대상이거나 혹은 영향을 받은 것으로 되어 있다.

스탈린의 대숙청으로 볼셰비키혁명의 전통에 충실했던 혁명가와 혁명 이전의 세대가 몰락하고 그 공백에 스탈린 개인에 충성하는 비혁명적 비이념적 조직 관리인들로 구성된 '혁명 이후 세대'가 진출하게 되어 소련 공산당의 성격 자체가 크게 달라졌다.[11]

평등주의를 표방했던 소련공산당은 이제 스탈린 개인 숭배를 강요하는 스탈린 1인 전제정치의 도구로 전락하고 말았다. 트로츠키가 스탈린의 체제를 반역사적 반동체제라고 규정한 것은 바로 그 때문이다.

마르크스의 사상과 볼셰비키

마르크스는 당시의 유럽 자본주의 사회에 있어서 인간을 소외된 존재로 보았다. 19세기 유럽의 자본주의 사회는 비인간적인 사회였기 때문이다. 소수의 자본가들이 아무런 윤리적 도덕적 판단없이 오직 이윤만을 목적으로 수많은 노동자를 착취하고 있었다. 가진 것이라고는 노동할 몸밖에 없는 노동자들은 겨우 입에 풀칠해야 할 돈을 벌기 위해 무자비하게 혹사당하고 있었다.

그리고 노동자들은 노동의 분화, 곧 분업 속에서 하나의 부품적 존재로 전락했다. 자본주의 사회에서 노동자는 자유롭지도 못하고 더구나 창의적이거나 자발적이지도 못했다. 자본주의 사회에서 노동자는 본질적으로 인간으로부터 떨어진 '소외된 인간'이었다.

그러면 소외된 인간을 어떻게 다시 본래의 인간으로 되돌려 놓을 수 있을 것인가?

그 해답을 마르크스는 자본주의 사회를 타도하는 데서 찾았다. 그는 자본주의 사회는 사형선고를 받고 처형당해야 할 사회라고 생각했다.

이러한 의미로 마르크스 사상은 한 마디로 휴머니즘이라고 할 수 있다. 마르크스의 사상 체계는 인간에 대한 깊은 관심과 인간에 대한 애정으로 구성되어 있는 것이다. 따라서 그의 사상은 '인간은 만유의 으뜸'이어야 한다는 전제 위에 서 있다. 인간은 스스로 농사도 짓고 사냥도 하고 낚시도 하면서 먹을 것을 얻고 밤에는 책을 읽으며 사색하는 총체적 존재이어야 한다.

'자유롭고 창조적이며 총체적인 인간'이 실현되는 사회로 대치되어야만 인간은 소외로부터 극복되고 인간은 진정한 자기본질로 복귀된다. 이러한 사회가 공산주의 사회이다.

이러한 공산주의 사회는 어떻게 이루어질 수 있는 것인가?

마르크스는 부르주아 계급에 대한 프롤레타리아 계급의 투쟁으로 성취할 수 있다고 보았다. 자본주의가 발달하면 할수록 불가피하게 되는 계급투쟁에 의해 부르주아 사회는 무너지고 프롤레타리아가 지배하는 공산주의는 실현된다고 주장했다.

마르크스의 이러한 이론을 가장 충실히 추종한 세력이 러시아 사회민주노동당의 멘셰비키파였다. 플레하노프를 영수로 하는 이 세력은 마르크스의 가르침에 따라 역사를 움직이는 동력은 폭력 또는 테러리즘에 있는 것이 아니라 경제력에 있다고 보았다. 그 경제력의 변화에 따른 각각의 역사 발전단계에 맞추어 혁명전략을 수행해 나가야 한다고 확신하고 있었다. 일단 차리즘이 타도되고 부르주아 민주정치가 실현되면 마르크시스트는 부르주아 민주주의가 허용하는 정치적 자유를 십분 이용하여 사회주의 혁명을 준비하고 마침내 성취할 수 있다. 이 시기가 되어야 대중도 마르크스 정치교육을 통해 혁명을 받아들일 준비가 완성되고 무엇보다 사회경제적 여건이 성숙된다는 주장이었다.

이에 반해 레닌은 마르크스의 용어를 사용하면서도 사실상 트가초프류의 이론체계를 신봉하고 즉각적인 정치권력의 획득에 들어갔다. 러시아는 아직 사회주의 혁명을 추진해 나갈 수 있는 사회경제적 기반이 충실하지도 못했고 레닌이 이끄는 볼셰비키 세력의 지지 기반도 취약했다. 제헌의회 선거에서 볼셰비키는 유효투표의 25퍼센트 밖에는 얻지 못한 소수파였던 것이 이를 입증하고 있다.

따라서 레닌 정권은 처음부터 강압적인 통치방식에 의존하지 않을 수 없게 되었다. 레닌 정권은 독재체제 수립에 들어갔으며 이 독재체제의 수호를 위한 강압기구로 체카(Cheka=전 러시아 특별위원회)를 창설했다. 이 체카의 일차적 목표는 신문과 반대당에 대한 사찰, 탄압이었다.

체카당국은 자체의 임무에 대해 다음과 같이 기록하고 있다.

"적은 항상 감시하는 눈이 있다고 느끼게 해야 하며, 또한 그가 소비에트 권력에 반대하는 어떠한 계획을 시도하자마자 그의 머리 위에 무거운 처벌의 손이 무자비하게 떨어질 것이라고 느끼게 해야 한다. 체카의 처벌은 법정의 결정에 따라 단두되는 길로틴이 아니다. 체카는 적을 범죄의 현장에서 잡으면 재판없이 그를 파괴하며, 그를 수용소에 가두어둠으로써 사회로부터 격리시키고 상세한 수사와 광범한 홍보가 필요한 경우에만 재판에 회부한다."⁽¹²⁾

이 볼셰비키 체제가 1925년 레닌이 죽은 다음 정권을 장악한 스탈린에 의해 더 조직적이고 강압적인 탄압으로 정치를 구현하게 되었다.

이것은 휴머니즘적 마르크스의 사상과는 배치되는 비인도적인 하나의 거대한 현대 독재체제를 의미한다. 소련에서 실시된 마르크시즘은 마르쿠제의 표현을 빌면 '소비에트판 마르크시즘'에 지나지 않는 것이다.

미국 공산당

영국 정부는 1924년 맥도날드 노동당 내각이 성립되고 혁명 후의 소련을 승인했다. 그러나 미국은 소련을 승인하지 않았다. 1933년 6월에서야 미·소 양국 대표는 런던에서 교섭이 이루어졌다. 양국은 적의 있는 선전의 상호금지, 신교자유의 상호 인정, 미국의 시베리아 출병에 대한 소련의 배상요구 철회 등에 합의 하고 11월 16일 미국은 소련을 승인을 했다.

그 후 주소 대사로 임명된 조셉 데이비스는 루스벨트 대통령에게 다음과 같은 보고를 했다.

"소련은 미국, 영국, 중국과 함께 현대의 강국으로 그의 정치이념 및 목적은 우리들의 것과 충돌하지 않고 소련과 물적자원을 결합하여 군사적으로 협력한다면 나치 파쇼를 타파할 수 있을 것이다. 그뿐 아니라 소련은 침략당한 제국민이 민주적으로 부흥하는 것을 원조할 것이다."

그는 소련을 미국의 적으로 돌려서는 안 된다고 보고했다. 이것이 루스벨트의 세계정책의 일환으로서의 대소정책에 큰 영향을 미쳤다.(조셉 데이비스 저 '미션 투 모스크바')[13]

1936년 루스벨트의 재선을 위한 대통령선거 캠페인이 본격화되는 무렵, 미국 공산당 서기장 아르 브라우다는 전국의장 빌 포스타와 함께 모스크바로 오도록 코민테른으로부터 지시를 받았다. 그리고 브라우다를 이번 대통령선거에서 공산당 후보로 지명하는 것도 연기하도록 지시받았다. 두 사람은 즉시 모스크바로 향했다. 코민테른 지도부는 미국 내의 공산당 지지표가 브라우다에 몰려 루스벨트의 표를 잠식당하는 것을 우려하고 있었다. 소련으로서는 당시 나치즘에 비판적인 루스벨트가 재선되는 것을 희망하고 있었다. 브라우다는 귀국 후 독자후보를 옹립은 했지만 실제로는 루스벨트의 재선을 위해 본격적인 활동을 전개했다.

브라우다가 추진한 루스벨트 지지는 미국 공산당에 커다란 성과를 가져왔다. 1930년 불과 7천 5백 명이었던 당원이 1938년에는 무려 7만 명을 넘었다. 루스벨트의 뉴딜과의 연합이 좌익 지식층에 인지되어 대중정당으로 뿌리를 내리게 되었다.

소련이 독일과 동맹관계에 있던 2년을 제외하고 브라우다의 공산당은 루스벨트 정권과는 대체로 우호적인 관계를 유지했다. 특히 독일과 소련의 전쟁이 시작되자 루스벨트가 소련의 이미지를 높이려 했기 때문에 미국 공산당에 대한 미국민의 평가도 높아졌다.

루스벨트와 브라우다의 전시 중 협조는 미국의 개혁운동인 뉴딜과 세계혁명을 목표로 한 공산주의가 전쟁이라는 긴급사태 아래에서 손을 잡으려 한 시대를 상징하는 것이었다. 그러나 뉴 딜러들이 간파하지 못했던 것은 공산주의가 타협의 사상이 아니라 순수하게 정부전복을 목적으로 하는 사상이라는 것이다. 아더 슈레진저는 '변혁의 정치'에서 다음과 같이 썼다.

"— 뉴 딜러는 공산주의가 내포하고 있는 위험성을 간파하지 못했다. 공산당이 내건 온건한 프로그램을 개혁적이라고 착각했는데 그들의 진정한 목표는 조직에 침투하여 최종적으로 정부를 전복하고 공산주의가 지배하는 체제를 만드는 것이다."[14]

제6장 루스벨트와 고노에(近衛) 수상

세계 대공황

미국의 1920년대를 '번영의 시대', '호황의 시대'라고 했다. 기술혁신에 따라 자동차, 전기, 화학 등 공업분야가 눈부시게 발전했고 특히 영화산업과 같은 신흥산업이 발전하여 미국 경제를 이끌었다. 국민총생산은 1921년 약 7백억 달러에서 1929년 약 1천억 달러로 신장했다.

자동차의 생산대수는 1920년 220만 대에서 1929년 560만 대로 급증했다. 대량 생산은 대량판매시장을 확립시키고 대량 소비시장의 확보를 위해 광고, 판매, 서비스의 제3차 산업의 발달을 가져왔다. 이리하여 미국은 현대자본주의의 특징인 대량 생산, 대량 소비의 사회를 일찍이 출현시켰다.

호황이 계속되자 고등교육을 받는 붐이 일어났다. 대학에 진학하려는 사람들이 쇄도하고 해외여행도 유행이 되었다.

1920년대는 '재즈의 시대'라고도 했다. 1920년에 흑인가수 마미 스미스가 '크레이지 부르스'를 취입하여 폭발적인 인기를 끌었다.

그리고 여성 참정권이 성립되어 여성의 생활양식은 일변했다. 젊은 여성들은 어머니들이 사용했던 코르셋과 롱 스커트를 버리고 퍼머와 웨이브의 보급으로 단발이 되었다.

1927년에는 무성영화시대를 마감하고 토키영화로 발전했다. 라디오와 영화가 보급되어 음악, 연극, 스포츠 등이 눈부시게 발전했다.

잡지의 창간을 보더라도 22년 리더스 다이제스트, 23년 타임, 24년 새터데이 리뷰, 25년 뉴요커 등이 발간되었다.[1]

공화당 후보 워런 하딩은 1920년 선거에서 대통령으로 당선되자 1921년 11월 워싱턴회의를 제창하여 동아시아 태평양지역에 새로운 국제질서 형성을 이루었다. 이 회의에는 9개국 대표가 초청되어 토의한 결과 9개국 조약이 체결되었고 이 조약으로 미국이 주장하는 중국에 대한 문호개방주의가 공식으로 승인되었다. 영국, 미국, 프랑스, 일본, 이탈리아의 주력함의 보유 비율도 결정되었다.

하딩은 1923년 8월 2일 돌연 경련을 일으키고 사망했다. 사망원인은 일부에서는 식중독 또는 독살, 심장병에 따른 폐염이라고 하는데 확실한 것은 아무도 모른다. 대통령의 사망으로 부통령 칼빈 쿠리지가 대통령직을 승계했다.[2]

이리하여 1923년부터 1929년까지 '쿠리지 경기'라고 불리는 시대가 된 것이다. 그런데 호황을 구가하는 자동차공업과는 대조적으로 석탄 방적 부문은 저조했고, 특히 농업이 부진하는 불건전한 상태가 잉태되고 있었다. 그럼에도 불구하고 증권시장은 과열되기만 하여 주가의 상승은

뉴욕 주식시장 붕괴로 월가에 몰려든 인파(1929. 10. 24).

언제나 계속되는 것처럼 보였다.

　1928년 선거에서 공화당의 후보인 광산실업가 하버드 후버가 당선되었다. 후버는 '빈곤이 미국에서 사라질 날은 멀지 않았다'고 선언한 지 1년도 안 되어 뉴욕증권시장에 벼락이 떨어졌다.
　1929년 10월 24일 목요일, 뉴욕 월가의 증권시장에서 개장 1시간 만에 주가가 대폭 하락하기 시작하여 오후에는 폭락은 하한을 모르고 대폭락으로 이어져 패닉상태가 되었다.
　은행의 도산이 이어지고 기업 또한 도산을 불러일으켜 거리에는 실업자의 무리가 넘쳐나게 되었다.
　미국은 유럽 특히 독일에서 자본을 회수하기 시작하여 미국 자본에 의존하고 있던 유럽제국에 공황이 파급되어 세계공황이 되어버렸다.[3]

제6장 루스벨트와 고노에 수상 • 163

반 년 또는 1년이면 경기가 회복될 것이라고 기대했던 사람들은 모두 실망했다. 매년 사태는 악화되기만 하고 1933년 미국의 실질생산은 3분의 1이 감소되었다. 실업률은 25퍼센트나 되었다.

1929년 3월에 취임한 후버 대통령은 영원한 번영을 약속했지만 번영은 오지 않았다. 1929년에는 가장 존경하는 인물이었고 칭찬을 받았던 후버 대통령은 1933년에는 경멸과 멸시 그리고 증오의 대상이 되고 말았다.

집을 잃은 가족은 모든 도시의 변두리에 판잣집 촌락을 이루고 살았다. 버려진 나무 판대기와 깡통을 펴서 급조한 집의 거리는 후버촌이라고 불리었다. 추운 겨울밤 조금이라도 한기를 막아보려고 실업자들이 침구 밑에 깔던 신문은 후버 모포라고 불렀다.(D.A. 샤논, '미국: 두 개의 대전의 틈 사이서')

실업자의 실태는 매우 비참했다. 회사의 사장이었던 사람이 다음 날 택시 운전수가 되었고 공장의 기사는 다음 날 거리에서 사과를 파는 행상으로 전락했다. 한 개의 빵과 한 대접의 수프를 배급받기 위한 행렬은 '브레드 라인'이라 불렸고 남부와 서부의 농촌에서는 먹을 것을 구걸하는 어린이들이 많았다.

갈브레이스는 이 대공황의 실태를 다음과 같이 기술했다.

도시 중심가의 호텔 데스크는 방을 빌리러 온 손님을 향해 '잠을 자려고 빌리는가, 혹은 뛰어내리려고 빌리는가' 고 묻는 일이 흔했다.[4]

프랭클린 루스벨트의 등장

하버드대학을 졸업한 프랭클린 루스벨트는 1910년 민주당 뉴욕주 상원의원으로 정계에 입문했다. 1913년에는 윌슨 대통령의 정권에서 해군 차관보를 역임하고 1920년 대통령선거에서 민주당의 부통령 후보로 지명되었으나 공화당에 대패하여 좌절하고 말았다.

다음 해 1921년 캐나다의 간포베로 섬에서 요양 중에 소아마비에 걸려 투병생활을 하게 되었다. 이후 8년에 걸친 투병 끝에 회복되어 1928년 뉴욕주 지사로 당선되어 다시 정계로 복귀했다.

1932년 선거에서 민주당의 대통령 후보로 지명된 루스벨트는 시카고 당대회에서 미국 국민에게 '뉴딜 정책'을 공약했다.

뉴딜(new deal)은 트럼프 게임에서 카드를 새로 나누어주는 것을 의미한다. 대공황 속에서 미국 국민은 자신이 가지고 있는 카드가 찌꺼기 패로 도저히 게임에서 승리할 수 없는 것이라고 생각하고 있었다. 패색이 짙은 트럼프 게임에서 게임을 다시 시작하기 위해 새 카드가 나뉘어진다. 이것처럼 매력있는 제안은 없다.

그런 의미로 뉴딜 정책은 그 내용이 무엇이든간에 국민에게 새로운 기대를 안기는 데 충분한 효과를 내는 슬로건이었다.

1933년 3월 4일, 대통령 취임식에서 루스벨트는 취임연설을 통해 "우리가 두려워하는 것은 두려움 그 자체다"고 국민을 격려하고 즉각 행동을 개시했다.

뉴딜 정책의 이념적 목표는 Recovery(부흥), Relief(구제), Reform(개혁)

의 3R로 표현되는 것으로 3월 9일부터 6월 16일까지 100일간의 회기 중에 3R에 관계되는 법안이 대통령의 리더십 아래에서 성립되었다.

당면의 긴급과제는 금융위기였다. 취임식 다음날인 3월 5일 대통령은 4일간의 은행폐쇄를 명령하고 9일에는 긴급은행구제법안을 통과시켰다. 이것은 정부가 은행의 재무상황을 조사하여 건전한 은행만을 조업 재개시키고 부실 은행에게는 정부자금을 주입하여 경영의 건전화를 이루는 것이다.

12일 루스벨트 대통령은 전국의 라디오 방송을 통해 최초의 '노변담화(Fireside Chat)'를 통해 은행의 안전을 정부가 보증하고 이에 따른 정부의 시책을 설득했다. 다음날 영업을 재개한 은행에는 예입된 돈이 인출한 돈보다 상회하고 국민의 은행에 대한 신용이 급속히 회복되었다. 취임 직후 8일간의 시책이 후에 뉴딜 정책으로 총칭되는 일련의 정책의 본질, 즉 정부가 경제활동에 직접 개입하여 위기에 직면한 자본주의를 구제하고 재건하는 것을 보여준 것이다.

100일간의 의회 입법활동으로 주요한 것은 실업자 구제를 위한 연방 긴급 구제법(5월), 증권법(5월), 농업조정법(AAA, 5월), 테네시강 유역 개발공사법(TVAA 5월), 전국산업부흥법(NIRA) 등이 있다.

농업조정법(AAA)은 정부 보상으로 농작물의 재배면적을 제한하여 농작물의 가격을 인상하여 농민의 구매력을 향상코저 하는 것이다.[5]

이 농업조정법에 의해 정부는 1년 사이에 소 2천 3백만 두, 돼지 6백 40만 두를 사들여 폐기처분했다. 그리고 밀의 경작면적 3백만 헥타르와 면화의 경작면적 4백만 헥타르를 삭감하는 조치를 취했다.

이 무렵 미국에서는 대량의 실업자가 거리에 넘쳐나서 굶어죽는 사람이 속출하고 있었다. 그러면 한쪽에서 굶어죽는 사람이 있는데 왜 소와 돼지를 폐기하는가? 이들에게 무료로 나누어주어 기아를 면하게 하면 되지 않겠는가하는 의문이 생긴다.

실은 여기에 자본주의의 본질이 감추어져 있는 것이다. 즉 자본주의경제는 이윤을 추구하는 것을 목적으로 생산활동을 하는 시스템이다. 사람들은 소와 돼지를 굶는 사람들을 구제하기 위해 사육하는 것이 아니고 판매하여 이윤을 얻기 위해 사육하고 있는 것이다. 생산과잉으로 가격이 하락하여 판매에 지장이 있기 때문에 폐기하는 것이다. 이윤이 날 만큼 가격을 올리기 위해 폐기하는 것이다. 이 소와 돼지를 굶는 사람들에게 무상지급하면 그만큼 수요가 줄기 때문에 시장은 더욱 어렵게 되는 것이다. 극단적인 예이지만 자본주의의 구조는 이러한 것이다.[6]

테네시유역 개발공사법(TVAA)은 정부자금으로 지역종합개발 사업을 추진하는 것으로 실업자 대책사업으로 댐 건설을 통해 수력자원의 유효한 이용, 민간전력사업을 아울러 자극하기 위한 것이다. 이상 제 입법 중에 보다 장기적인 경제재건책으로는 뉴딜의 중심을 이루는 전국산업부흥법(NIRA)이었다.

NIRA의 목표는 20년대 공화당정권에서 육성된 기업연합체를 확충하여 과당경쟁을 방지하면서 생산을 규제하여 제품의 가격을 인상하고 기업 자체를 부흥 구제하는 데 있다. 그를 위해 정부가 솔선하여 기업합동을 추진했다. 이렇게 하여 생긴 정부 공인의 독점기업은 반트러스트법의 대상에서 제외시키는 것이다.

NIRA의 또 하나의 목표는 노동자의 구제였다. 이 목표 달성을 위해 노동자의 단결권과 단체교섭권을 인정하고 노동자의 노동조건의 확보와 노사관계의 조정을 배려했다. 물론 노동자의 구매력을 증진하고 소비를 자극하기 위한 것이었다.

이 제1기 뉴딜은 현실적으로 얼마나 효과를 가져왔는가?
루스벨트 취임시 밑바닥을 헤매던 미국 경제가 상승세를 탄 것은 확실하다. 제조업 생산지수를 보면 1929년을 100으로 하여 1932년에 53이었던 것이 1935년에는 75 전후까지 회복되었다. 실업률은 29년의 3.2퍼센트가 33년에 24.9퍼센트까지 올라갔으나 37년에는 14.3퍼센트까지 하락했다.

그러나 제2차 세계대전이 시작된 39년까지도 미국 경제는 29년 이전의 상태로는 회복되지 못했다. 그런 의미로 뉴딜에 의해 미국 경제가 대공황을 극복했다는 견해에는 의문을 갖게 한다. 그렇다고 해도 뉴딜은 미국 경제를 최악의 국면에서 탈피할 수 있도록 했다고는 말할 수 있다.

미국의 경제가 최악의 사태를 면하게 되자 우선 국가에 의한 경제통제를 위협으로 느끼는 기업측으로부터 뉴딜의 비판이 시작되었다. 1934년 8월 전미국 최대의 재벌 듀퐁을 중심으로 한 기업가 정치가들이 미국 자유연맹을 반뉴딜운동의 중핵조직으로 재편 강화하여 뉴딜을 위장한 사회주의(creeping socialism)라고 비판했다.

또한 당초 뉴딜 입법을 정관하고 있던 사법부가 위헌입법심사권을 행사하여 뉴딜 비판의 일익을 담당했다. 연방최고재판소는 35년 5월에 NIRA를, 36년 1월에는 AAA를 위헌입법으로 판정했다. 이리하여 제1기 뉴딜의 중심적 3개의 법 중 2개가 제외되었다.[7]

보호무역주의로 회귀

세계공황이 일어나자 부유한 나라인 영국과 프랑스 등 선진국은 식민지를 가지고 있어 이들을 한데 묶어 경제블록을 형성하고 내부의 무역을 신장하고 고관세 장벽을 만들어 외국에서의 수입을 저지하는 정책을 취했다.

이에 반해 식민지도 별로 없고 경제기반도 취약한 독일, 이탈리아, 일본 등의 경제위기는 한층 심각했다. 그 위기를 군수산업의 확장과 군사력에 의한 시장획득정책, 즉 식민지 획득으로 타결하려는 정책을 취하게 되어 이들 나라에서 파시즘이 대두되었다.

세계의 공황이 확산되자 영국은 인도, 뉴질랜드, 호주 등 자기 나라의 식민지와 연방만으로 경제를 운영하려고 했다. 이 정책이 구체적으로 구현된 것이 1932년 오타와협정이었다. 자기들의 블록 안에서 자국의 기업을 최우선하여 밖으로부터의 진입을 막기 위해 수입품에 대해 고율의 관세를 부과하는 것이다.

이제까지의 자유무역과는 180도 다른 경제정책을 영국은 취했다. 이러한 블록 경제체제를 프랑스도 네덜란드도 모두 다투어 만들어갔다.

미국은 '호레 스무트관세법'을 만들었다. 수입품에 대해 최저라도 100퍼센트의 관세를 부과한다는 법률이었다. 물건에 따라서는 4백 퍼센트도 5백 퍼센트도 부과한다는 어처구니 없는 법이다.[8]

일본은 제1차 대전 이후 전후 공황과 이어서 발생한 관동 대지진(1923)이 채 회복되기도 전에 금융공황(1927)이 일어났고 세계공황

(1929)까지 영향을 주어 국민생활은 점점 어려워졌다. 국내시장이 협소한 일본 자본주의는 심각한 위기에 빠졌다. 그리하여 일본의 자본가는 일본자본주의의 약체를 군사력으로 보전해야 한다는 방향으로 생각을 굳혔다. 즉 무력행사로 중국을 점령하여 시장을 확보한다는 발상이다.

당시 관서재벌의 유력한 이론가인 난쿄(南卿三郞)는 공공연히 '군부와 손을 잡고 동양시장을 확보하는 것이 지름길이고 이익이기도 하다. ― 대포와 칼로 확실하게 잡아야 한다. 이것보다 상품을 안전하고 편리하게 팔아치울 방법이 없다"고 말했다.

일본의 주력상품은 생사와 면제품, 의류 등이었는데 수출이 감소하자 석탄, 철, 기타 광물 등 필수 수입품의 대금을 지불하기 힘들어졌다. 만주는 일본의 상품을 구입할 능력을 가지고 있으며 필요한 원료도 풍부하기 때문에 일본은 만주를 무슨 일이 있어도 점령해야 했다.

이탈리아의 무솔리니도 경제공황으로 초래된 국내문제를 외부로 돌리기 위해 에티오피아를 침공해 병합했다.[9]

독일은 1935년 경부터 대규모의 군비확장에 들어갔다. 그 결과 독일에서는 실업이 실질적으로 감소했고 경기가 활기를 띠게 되었다. 다른 나라들도 독일의 선례를 따르기 시작했는데 그 이유는 단순히 경기회복을 위한 방법이라기 보다는 나치의 군사력에 대응하기 위한 것이었다. 공황은 호전적인 팽창주의의 새물결을 불러일으키는 데 기여했다.

루스벨트와 스팀슨

일본군의 만주침략에 대해 세계에서 가장 먼저 '침략에 의한 어떠한 영토변경도 인정하지 않는다'고 주장하고 나선 미국 국무장관 헨리 스팀슨의 독트린을 1932년 새로 당선된 루스벨트 대통령이 계승할 것인가가 국내외에 비상한 관심을 모으고 있었다.

루스벨트 대통령은 취임식을 두 달 앞두고 1933년 1월 9일 자택에서 스팀슨 국무장관을 만났다. 5시간에 걸친 협의 후 루스벨트는 스팀슨 독트린을 지지한다고 선언했다.

루스벨트의 정책고문 레이몬드 모레이는 이 성명을 듣고 커다란 쇼크를 받았다. 모레이는 다른 고문 렉스포드 다그웰과 함께 루스벨트를 방문하여 스팀슨 외교의 호전성을 강조하고 '이대로라면 일본과 전쟁이 일어날지도 모른다'고 말했다.

루스벨트는 이 말을 듣고 '일본의 호전성을 생각하면 전쟁을 피할 수 없을지도 모른다. 그렇다면 지체없이 싸우는 것이 좋지 않은가?'고 태연히 말했다.

이에 놀란 다그웰이 '그렇지만 일본은 인구증가와 급격한 공업화로 새로운 시장을 필요로 하고 있다. 일본의 제국주의가 영국과 비교해서 더 가혹하다고 볼 수는 없지 않은가?'고 반론하자 루스벨트는 '나의 선조는 중국무역에 종사한 일이 있다. 때문에 항상 중국인에게 호감을 가지고 있다. 그러한 내가 일본을 해치우겠다는 스팀슨에 동의하지 않을 이유가 없지 않은가?'고 그의 심중을 말했다.(전기 작가 케네스 데이비스 저 'FDR의 뉴욕시대')

'노변담화' 하는 루스벨트 대통령.

스팀슨 미 육군장관.

스팀슨은 이 무렵의 사정에 대해 다음과 같이 말하고 있다.

"군사행동에 의해 기정사실을 만드는 방법이 통한다면 제1차 대전 후 탄생한 국제질서는 예상할 수 없는 타격을 입게 된다. 이번의 일본의 군사행동은 일본의 수상조차 양해하지 않고 있다. 말하자면 반란행위이다. 그동안 일본의 군부를 자극하지 않도록 신중히 대처할 심산이었다. 그러나 그 후에도 일본군은 점령으로 기정사실을 만들 뿐이었다. 일본은 신용할 수가 없다."

일본의 만주사변을 보고 스팀슨은 종래의 유화정책을 포기할 것을 결심했다. 스팀슨은 당시 후버 대통령에게 일본에 대해 강력한 경제 제재를 하도록 건의했다. 그러나 후버 대통령은 일본에 대한 경제 제재는 미일전쟁으로 발전할 가능성이 있고 전쟁이 일어나면 패할지도 모른다는 생각으로 스팀슨의 의견을 채택하지 않았다.

그러나 스팀슨은 일본에 대한 경제 제재가 반드시 전쟁으로 연결되지는 않을 것이란 견해를 가지고 있었다. 반대로 루스벨트는 후버와 같이 그렇게 낙관하지는 않았다. 루스벨트는 전쟁과 연결될지도 모른다고 생각했고 '피할 수 없다면 빠른 편이 낫다'고 보고 있었다.

1933년 3월, 대통령에 취임한 루스벨트가 최초로 실행한 것은 태평양함대의 증강이었다. 그의 군사우선정책에 대해 평화주의자로부터 항의하는 편지를 받은 루스벨트는 '일본은 과대망상에 빠져있기 때문이다'고 부인 엘레노어에게 설명하고 있다.

부인 엘레노어에 의하면 루스벨트는 우드로 윌슨 정권의 해군차관보 시절부터 괌과 하와이 등 태평양의 섬들의 안전을 우려하고 일본을 항상 태평양방면의 적으로 상정하고 있었다고 한다.

일본을 미국의 위협으로 보는 루스벨트의 등장으로 만주사변을 둘러싼 미일대립 구도가 어쩔 수 없는 것으로 변화해가고 있는 실정에 대해 일본은 전혀 눈치채지 못하고 있었다.

당시 미국의 주일대사였던 조셉 그루는 1932년 11월 9일자 일기에 다음과 같이 쓰고 있다.

"새로운 대통령으로 루스벨트가 당선되자 일본의 신문들은 매우 호의적이었다. 스팀슨이 퇴임할 것이기 때문이다. 대사관에 근무하는 일본인

운전수나 여자 종업원까지 '노 모아 스팀슨'이라고 말한 데는 어이가 없었다. 일본의 만주사변에 대한 미국 정부의 강력한 비난을 미국 국민이 지지하고 있고 신정권이 친일적일 수 없다는 것을 전혀 알아채지 못하고 있었다."(그루저 '체일 10년')[10]

루스벨트의 일본관

1934년 5월 17일, 루스벨트 대통령은 전임 후버 대통령 시절 국무장관이었던 헨리 스팀슨과 백악관에서 점심을 하면서 1시간 반에 걸쳐 외교문제를 협의했다.

이 자리에서 루스벨트는 하버드 재학 시절 일본의 유학생 마쓰가다 오도히코(松方乙彦= 명치원로 松方正義의 6남으로 졸업 후 귀국하여 34년 니카쓰(日活)의 사장)로부터 들었다는 일본의 '백년계획'에 관해 말했다.

루스벨트가 일본 친구로부터 들었다는 이 계획은 일본이 1889년 작성한 것으로 아시아 태평양을 일본권으로 확립할 때까지 10단계를 거쳐 진행되는 것으로 되어 있다. 제1단계는 청국과의 전쟁으로 힘을 과시하고 (1894) 제2단계로 조선을 병합한다. 제3단계로 러시아와 전쟁을 하고 제4단계로 만주를 점령한다. 나머지 6단계는 말레이시아 조흘점령, 중국 화북보호령화, 호주와 뉴질랜드를 점유하여 최종단계로 아시아 태평양의 일본권을 형성한다는 것이다.

루스벨트가 미국은 어떻게 되는가고 물으니 마쓰가다는 '일본은 미국 대륙에는 흥미가 없다. 다분 멕시코와 페루에 전초기지를 설치하는 것이 최대한도일 것'이라고 답변했다는 것이다. 이때가 루스벨트가 20세, 마쓰가다는 22세의 학생들이었다. 이들의 대화가 어느 정도 신빙성이 있는 근거에 의한 것인가에 대해서는 의문의 여지가 많지만, 하여튼 미국 대통령과 스팀슨(후에 육군장관)이 일본의 아시아 정복계획에 대해 대화를 나눈 것은 틀림없는 사실이다.

이 대학친구 마쓰가다가 1934년 다시 미국을 방문하여 2월 20일 루스벨트와 백악관에서 약 1시간 만났다. 두 사람의 대화 내용은 기록에 남아있지 않아 알 수가 없으나 대신에 마쓰가다가 루스벨트를 만난 후 장문의 편지를 루스벨트에 보낸 것이 현재 남아있다. 2월 26일자로 된 편지 내용은 다음과 같다.

"나는 태평양과 극동에서의 평화유지는 좋은 미일관계에 있다고 오랫동안 확신해 왔다. 그리고 많은 일본의 정치가들도 동의하고 있다.

최근 몇 년간 일본에서 일어난 일은 대통령도 잘 이해하지 못할 것이다. 예를 들면 군부의 젊은 장교들이 이누카이 수상을 암살한 사건은 미국으로서는 큰 쇼크였을 것이다.

우리도 큰 쇼크를 받았지만 왜 이러한 일이 일어났는가에 대해서는 이해가 간다. 육군도 해군도 일본의 정치가 부패한 무리에 의해 좌우되고 있다고 우려하고 국가의 위기로 보고 있다. 그러한 때에 런던에서 해군조약이 체결되었다. 이 조약은 육·해군의 양해를 받지 않았고 해군에게는 커다란 불안을 안겨주었다. 개인적인 생각으로는 런던회의가 이러한 일본의 생각을 이해해 주었으면 이렇게까지는 되지 않았을 것이다.

만주에 관해서는 일본으로서는 병합의 의도는 없고 문제가 많은 것은 중국의 내정 불안이 원인이고 공산주의 운동이 불안을 조성하고 있기 때문이다. 미국은 중국에 너무 기울어져 있어 일본에게는 부당하게 가혹하다고 생각한다."

루스벨트는 이 편지를 보고 그날로 국무성 중국전문가인 극동부장 스탄레 혼베크에 전해주고 내용을 검토하라고 지시했다.

혼베크는 이 편지를 검토한 후 다음과 같이 보고서를 제출했다.

"미국이 중국에 호의적이고 일본에 차별적이라는 것은 역사적으로 볼 때에 크게 잘못된 것이다. 미일관계 80년에서 미국은 일본에 특히 호의적이고 중국을 혐오했던 시대가 있었다. 그러나 청일전쟁, 특히 러일전쟁 이후 일본은 만주에서 특권적인 지위를 획득하려고 한 것이 계기가 되어 미국은 자세를 변하게 되었다. 경쟁상대가 아니라면 사이가 좋을 수도 있겠지만 길에 버티고 마아서는 호전적인 사람과 적대시 하는 것은 당연한 일이다.

1931년 만주사변 이래 미국은 9개국 조약 위반국으로 일본을 비난했고 중국측의 입장에 서게 되었다. 그러나 일본의 친구로 자처하는 사람들은 미일관계의 중요성을 강조한 나머지 미국의 양보만을 강조하고 있다. 우호관계를 정말로 원한다면 일본이야말로 구체적으로 양보를 하지 않으면 안 된다."[11]

미일관계의 회복을 기대하면서 보낸 마쓰가다의 편지에 대한 혼베크의 반론은 당시 미국무성의 대일관을 그대로 나타낸 것이다. 즉 미일관계가 악화된 근본적인 이유는 마쓰가다가 지적한 것처럼 일본을 혐오하고 중국을 편드는 것이라는 감정론이 아니고 미국의 국익과 원칙에 대해 일본이 적대시하는 데 있다고 혼베크는 지적하고 있다.

다나카 메모리얼

1927년부터 2년간 일본의 수상이었던 다나카(田中義一)가 그 해 6월 주재한 동방회의에서 결정하여 천황에게 보고했다는 '다나카 메모리얼'은 '일본이 세계를 제패하기 위해서는 미국을 쳐부수지 않으면 안 된다'는 내용이 있어 주목을 끌었다.

이 문서에 대해서는 중국인 위조설, 소련의 NKVD(KGB의 전신) 위조설 등 제설이 분분했다. 상해의 영어잡지 '차이나 크리틱(중국평론주보)' (31년 9월 24일 자)에 이 다나카 메모리얼은 게재되었다.

이 문서는 1929년 12월 중국 남경에서 공표되어 '다나카 메모리얼'이라 불리었고 일본 궁내청 문서고에서 훔쳐내온 일본의 '세계 정복의 극비전략'으로 일본 제국주의의 바이블처럼 되었다는 것이다.

일본 정부는 당초부터 이 문서가 위조된 것이라고 발표했고 전후에는 브리태니커에서도 위조된 것이라고 소개되었다.

현재 미의회 도서관에 보존된 각국판 '다나카 메모리얼' 중에 가장 오래되었다는 '차이나 크리틱' 게재판을 요약 소개하면 다음과 같다.

"유럽대전 이후 일본은 정치·경제 쌍방에서 불안정에 빠져 있다. 그 이유는 일본이 이미 만주와 몽골에서 가지고 있는 특권을 충분히 살리지 못한 데 있다. — 우리나라의 역대 정권은 메이지 천황의 지시를 토대로 영광과 번영을 쟁취하기 위해 신대륙국가 건설에 매진해 왔다.

그런데 정책 수행 과정에서 우리는 미국과의 대결이 불가피해졌다. 중국의 '이이제이(以夷制夷)'라는 정책에 의해 미국은 우리를 적대시하고 있다. 장래 중국을 제압하려면 우선 미국을 쳐부시지 않으면 안 된다. 그것은 바로 과거에 일본과 러시아가 전쟁을 하여 러시아를 쳐부순 것과 같은 이유에서다."

루스벨트 대통령이 중국 지원을 명확히 대외적으로 발표한 것은 1937년 10월 5일에 있었던 대통령 연설이었다. 루스벨트는 이 해 7월 7일 시작된 중일전쟁을 강하게 의식하고 분명히 이름을 거론하지는 않았으나 일본을 염두에 두고 '악의 병원균(惡의 病原菌)'을 격리해야 한다고 주장했다.

'현재 세계에는 불법이라는 역병이 만연하고 있다. 역병이 발생하면 사회는 환자를 격리하여 건강한 사람에게 감염되는 것을 방지해야 한다. 전쟁도 전염력이 있다. 그것이 건전한 것인지 아닌지 관계없이 말이다."

점점 확대되어가는 중일전쟁에 대한 대응책으로 루스벨트는 일본을 국제적으로 고립시킬 것을 강력히 시사했다.

루스벨트와 칼슨 대위

루스벨트 대통령이 대일 강경자세를 강화해 나가는 데 더욱 중요한 역할을 한 것은 에반스 칼슨 해병대 대위였다.

칼슨은 남미에서 게릴라전 등으로 활약하여 많은 훈장을 받았다. 그는 1933년 3월부터 8월까지 미 제4 해병사단 정보장교로 상해에 주둔하고 있었고, 1935년 7월까지 2년간 북경의 해병 분견대 부대장을 역임했다. 그는 귀국하여 대통령 휴양지인 조지아주 웜스프링에서 경호담당 해병대 지휘관으로 있으면서 대통령과 개인적으로 친분을 갖게 되었다.

1937년 7월 15일, 칼슨은 백악관으로 호출되었고 루스벨트의 지시로 비밀리에 중국으로 파견되었다. 그는 중국어 연수를 한다는 명목으로 북경에 체재하면서 중국에서 도대체 무엇이 일어나고 있는지를 루스벨트에게 직접 보고 하도록 명령을 받았다.

루스벨트 기념도서관에는 칼슨이 루스벨트에게 보낸 보고서와 서신이 적어도 20통은 보존되어 있다.

칼슨이 상해 체제 중 보낸 보고서에는 일본군에 대한 비난과 중국군의 용감한 전투 모습이 기록되어 있다. '일대 일로 싸우면 중국군이 일본군보다 강하다. 필요한 것은 미국의 군사원조 뿐이다. 그것만 있으면 중국은 스스로 일본을 구축할 수 있다.' 는 내용이 되풀이 되고 있다.

칼슨은 '왜 일본은 세계를 적으로 돌리고 이처럼 많은 희생을 내는 전쟁을 하지 않으면 안 되는가 이해가 안 된다. 일본은 지금에도 중국에 커다란 영향력을 발휘할 수가 있고 언제인가 시장을 독점할 수 있는데 말이다' 라고 의문을 던지고 있다.

그러나 1년 3개월 정도가 지난 후에는 일본의 세계 정복계획을 확신하게 되었다. 다른 외국인과 같이 칼슨도 당초에는 미국의 권익 침해에 분개하고 중국에 동정적인 선에서 중일전쟁을 분석하고 있었지만 시간이 지나면서 일본의 세계 정복계획을 확신하게 되었고 어떻게든지 이것을 저지하지 않으면 안 된다고 생각하기에 이르렀다.

1938년 11월 29일자 보고서는 이러한 점을 확실하게 보여주고 있다.

"일본 정부는 부인하고 있지만 다나카 메모리얼은 위조물이 아닌 것 같다. 미국의 안전은 일본의 정복계획을 저지할 수 있는가에 달려 있다. 미국의 군사개입의 준비를 보이는 것만이 일본의 군국주의자를 깨우칠

수 있을 것이다"⁽¹²⁾

 이러한 칼슨 대위의 현지 보고는 루스벨트의 대일관에 큰 영향을 미쳤던 것으로 보인다.

중국 로비와 차이나 핸즈

 1934년 1월, 루스벨트 대통령이 하버드 동창생 마쓰가다(松方乙彦)를 백악관에서 만나 그로부터 일본의 입장을 듣고 있을 즈음, 장개석 정부의 재정부장 공상희(孔祥熙)도 적극적으로 루스벨트에 로비를 시작했다. 공상희는 루스벨트에게 중국의 카펫을 선물로 선사하고 그 후 중국차, 화병 등 다채로운 선물을 정기적으로 보냈다.

 공상희는 이외에도 런던에서 구입했다는 '십자로의 일본', '일본이 전쟁을 할 때' 라는 책 두 권을 선물로 보냈다.(1937.9) 이 책들은 일본의 군사력 위협에 대해 쓰여진 것으로 '일본을 경계해야 한다' 는 의도로 보내진 것으로 보인다.

 중국의 지도자 손문은 12세 때 하와이로 건너가서 현지의 미션 스쿨에서 교육을 받고 그리스도교 신자가 되었는데 이 손문의 혁명활동을 위해 자금지원을 한 것이 미국에서 귀국한 그리스도 교인 찰리 송(宋)이었다. 찰리 송은 선교사로 귀국하여 신약성서를 중국어판으로 번역 판매하여 큰 돈을 벌고 상해 공동조계에 대저택을 짓고 살고 있었다.

 이 찰리 송에게는 미국에서 교육을 받은 6명의 자식이 있었는데 그 중 장남이 장개석정부의 외교부장을 지낸 송자문(宋子文)이고 차녀가 송경령(宋慶齡)으로 손문의 부인이 되었다. 장개석도 부인과 이혼하고 막내딸 송미령(宋美齡)과 재혼했다. 그리고 산서성에 기반을 둔 대부호의 금융가 공상희는 장녀 송애령(宋靄齡)을 부인으로 맞아 송가 3자매는 중국의 '돈과 명예와 권력'을 장악하게 되었다.

장개석이 미국으로 보내 루스벨트를 비롯한 미국 정부 고관들에 로비를 편 송자문과 공상희는 영어를 유창하게 구사하고, 특히 공상희는 백악관을 자유롭게 출입하는 정도가 되었다.

중국 정부의 외교부장 송자문은 1940년 6월 워싱턴에 도착한 이래 대통령과 그 측근, 그리고 미국의회 유력자와 교제를 넓혀 중국 로비스트로 불리웠다.

중국 로비의 전형적인 케이스가 1941년 3월 설립된 '중국군수물자공급사(CDS)' 였다. 거액의 군수물자를 중국에 보내기 위해 설립된 이 회사는 실제로는 송자문이 대표였다. 그러나 명목상으로는 루스벨트의 측근 토마스 코코란이 대표로 되어 있었고 고문 역할을 하고 있었다. 또 하나의 대표는 루스벨트의 외숙부인 프리데릭 델라노어로 되어 있었다. 사원 명부에는 미국 정부 관계자들이 많이 들어있었다.[13]

당시 미·영·불·소 등의 제3국으로부터 장개석 정부로 향하는 원조 물자는 여러 루트를 통해 중경방면으로 유입되고 있었다. 일본의 참모본부는 1940년 6월경 각 루트별 월 보급량을 다음과 같이 추정하고 있었다.

서북 루트(외몽고 우란바트르 경유)   월 5백 톤
미얀마 루트   월 1만 톤

불인(佛印= 현재 베트남) 루트　월 1만 5천 톤

중국 중부와 남부 루트(상해 홍콩 경유)　월 6천 톤

이 중에서 불인 루트는 일본의 요청에 대해 불인 총독이 받아들여 자진 폐쇄했고 그 감시를 위해 일본의 군사기관이 6월 29일부터 이 지역에 진출하게 되었다.[14]

1937년 7월, 중일전쟁이 일어나자 미국의 여론은 압도적으로 중국에 동정하는 쪽으로 기울었다. 특히 일본 항공기에 의해 격침된 파네호 사건으로 그 경향은 더 심해졌다. 이러한 분위기를 반영하여 미국의 신문과 잡지는 중국을 옹호하는 기사를 연일 보도했다. 그 중에서도 헨리 루스가 경영하는 타임과 라이프가 선두를 달리고 있었다.

타임지를 창간한 헨리 루스는 선교사의 아들로 일찍이 중국에서 자랐고 중국에 대한 친밀감이 두터웠다.

루스벨트가 만주사변 이래로 일본과의 대결을 예상하고 중국 지원의 중요성을 통감한 것처럼, 루스도 그리스도교화한 민주국가 중국의 등장을 미국의 번영에 불가결한 것이라고 보았다.

1941년 2월 17일자 라이프지에 루스 자신이 쓴 논설기사 '미국의 세기'에는 그의 이러한 생각이 응축되어 있다.

'항행(航行)자유의 보호자이고 세계무역의 패자인 미국은 무한의 가능성을 가지고 있다. 오늘날 생각되는 세계무역은 지나칠 정도로 규모가 적다. 아시아의 예를 들어도 지금은 연간 수억 달러 정도로 되어 있지만 언제인가는 50억 달러, 1백억 달러로 팽창할 것이다. — 세계 최강이고 생기 발랄한 미국에 주어진 절호의 기회를 의무로 받아들이고, 세계를 향해 우리가 정당하다고 생각되는 방법으로 영향을 발휘하지 않으면 안

된다.'⁽¹⁵⁾

여기에서 지적한 아시아라고 하는 것은 중국을 말하는 것이고 거대한 시장을 지배하는 것이야말로 미국의 세기에 불가결하다고 주장하고 있다.

고노에 후미마로(近衛文麿)

1937년 6월, 고노에(近衛文麿) 내각이 탄생했다. 1936년 2.26사건 이후 일본의 정국은 군부의 영향력이 강해져 의회정치가 제대로 기능하지 못하고 1년 3개월이나 정국이 혼미를 거듭했다. 이 기간은 군부와 관료들이 의회의 저항을 제압하는 과정이기도 했다.

고노에만큼 많은 사람들에게 기대되는 정치가는 없었다. 명문가의 후예로 귀족원의장을 역임한 고노에는 그 인품과 자질면에서 촉망을 받고 있었으며, 47세의 이 수상이 난국을 타개할 적절한 인물이라고 누구나 의심치 않았다. 일본의 원로 정당 지식인 등 국민 모두가 고노에야 말로 군부 피쇼의 횡포를 견제히는 역할을 할 것으로 기대했다. 고노에는 그 가문으로 보나 궁중과 중신들과의 관계로 보나 군부를 충분히 통제할 수 있다고 믿었다.

그러나 고노에는 만주사변시 군부에 대해 적극적으로 긍정적 입장을 취한 사람이다.

고노에는 이미 1918년 11월 6일 '영미 본위의 평화주의를 배척함'이란 논문을 통해 영국과 미국이 주장하는 민주주의와 인도주의의 이면에

고노에 후미마로 일본 수상.

숨어있는 이기주의를 눈치채지 못하고 있다고 일본의 논단을 비판하고, 그들의 허언에 기만당하여 영미 본위의 국제연맹을 마치 정의와 인도주의에 합치하는 것으로 잘못 생각하는 것은 심히 유감이라고 주장했다. 그는 '독일과 같이 현상타파를 주장해야 하는 입장에 있는 일본이 영미인(英美人)의 미사에 기만당해 영미본위의 평화주의를 구가하는 것은 비굴천만이고 정의 인도주의면에서 보더라도 타기해야 할 일이다'고 개탄했다.

이 논문은 이후 고노에의 생애를 일관한 정치이념이고, 일본의 팽창정책을 긍정하고 3국 동맹 체결에의 길을 열게 된 지도원리가 되었다. 그런 의미로 이 논문이 가진 의의는 중요한 것이다.

그러한 신념을 가진 고노에가 모리(森恪)와 시가(志賀直方) 등을 통해 육군의 황도파와 교섭을 갖게 된 것은 자연스러운 일일지도 모른다. 이러한 고노에의 태도에 대해 중신들은 애를 태우고 있었지만 사이온지(西園寺)는 고노에 비호 입장을 버리지 않았고 계속 후원을 하고 있었다. 오히려 군부에 인기가 있는 고노에로 하여금 군부를 제압하려는 의도가 있었다.

군부는 군부 혁신세력과 우익에 동정적인 인물이 등용되었다는 점에서 기대를 걸었다.[16]

이러한 애매한 입장을 가진 명문의 정치가가 일본 역사상 가장 중요한 시기에 수상을 맡았다. 고노에는 1937년 6월부터 1941년 10월까지 4년 4개월 간에 3번 내각을 맡았고 합계 2년 9개월간 총리대신의 자리에 있었다. 제1차 내각이 1년 반, 제2차 내각이 1년, 제3차 내각이 약 3개월이었다.

이 기간에 일본의 국운을 결정짓는 많은 사건이 일어났고, 또 많은 정책이 결정되었다.

지나사변(支那事變)=중일전쟁

1937년 7월 7일, 북경 교외에 있는 노구교(蘆溝橋)에서 일본과 중국군 양군의 충돌이 있었다. 사흘간의 전투로 일본군이 중국군을 제압했기 때문에 큰 사건은 아니었다. 그러나 일본군은 이 전투를 계기로 전선을 확대했다.

일본군이 전선을 확대한 것은 북경을 중심으로 한 화북지방을 점령하기 위해서였다. 이 무렵 장개석의 국민당 정부는 남경에 수도를 정하고 있었고 그 이북에는 영향을 미치지 못하고 있었다.

오히려 북경에는 일본군의 괴뢰정권인 송철원(宋哲元)이 장악하고 있었고, 그 북쪽의 통주에는 은여경(殷汝耕)의 반공자치정부가 자리잡고 있었다. 그런데 장개석 정부는 1935년 영국의 지원을 받아 화폐개혁에 성공했다. 국민 정부가 발행한 통화가 안정적으로 중국 전역에서 사용하게 되면 일본의 영향 하에 있는 화북의 북경, 천진 지역은 국민 정부에 통합되고 만다는 우려 때문에 일본군과 재계는 불안감을 가지고 있었다.[17]

그리고 1936년 12월에 유명한 '서안사건'이 일어났다. 1934년 10월 장개석군에 쫓기어 장정을 시작한 모택동의 공산군이 1935년 섬서성 북부의 보안에 도착했다. 10만 명이 넘던 공산군은 도중에 죽거나 탈락하고 2만 명이 남아 있었다. 장개석은 이 잔여부대를 섬멸하기 위해 장학량을 동원했다. 그러나 장학량은 독전차 서안에 도착한 장개석을 감금하고 공산군과 손을 잡고 항일전선을 구축하도록 강요했다. 이 사건으로 제2차 국공합동 전선이 이루어지고 장개석은 일본에 대한 타협적 정책을 포기하고 항일투쟁에 나서게 되었다.

이러한 상황에서 노구교 사건이 발생한 것이다. 고노에 내각은 전선의 불확대방침을 선언했다. 그리고 7월 11일, 5개사단의 대병력을 화북지방으로 파견하는 이중의 정책을 썼다.

파병의 재가를 요구하자 천황은 스기야마(杉山) 육군대신에게 '어느 정도 기간에 철수할 예정인가?'고 질문했다. 스기야마 대신은 '3개월 정도'라고 답변했다. 스기야마 대신이 거짓말을 한 것이 아니다. 그 정도면 사태는 해결되고 철수할 수 있을 것이라고 예상했다.

그런데 일본군이 예상했던 것보다 중국군은 완강히 저항했고, 일본군의 계획은 차질을 빚고 전쟁은 장기화되고 말았다. 일본군은 장개석의 전략이 달라진 것을 모르고 있었다.

장개석은 본질적으로 공간으로서 시간을 버는 항일전략을 세웠다. 그는 일본군이 중국군보다 우세하다는 것을 잘 알고 있었으므로 국민정부가 서부 오지로 후퇴하고 화북과 화중의 넓은 지역을 일본군에 넘겨줄 수밖에 없다는 현실을 인정하고 있었다.

중일전쟁 때, 중국의 철도를 따라 남하하는 일본군 주력 부대.

장개석이 이러한 전략을 세운 것은 1935년 8월이었다. 그는 정치간부들이 모인 한 모임에서 중국 본토의 18개 성 중에서 15개 성을 잃더라도 중국 정부가 사천성, 귀주성, 운남성만 장악하고 있으면 어떠한 외적이든 물리칠 수 있고 시간이 지나면 잃은 땅을 되찾을 수 있다고 말했다. 시간을 끌면 일본군은 지치게 될 것이고 끝없는 오지로 일본군을 유인하면 그만큼 보급원과 멀어지게 될 것이다. 이 작전은 예측대로 성공했다.[18]

일본군은 비교적 쉽게 화북과 동부 중국의 도시 중심을 장악했다. 그러나 1938년 10월에 무한과 광주를 점령한 뒤로는 전쟁의 성격이 근본적으로 바뀌게 되었다. 중국군은 일본군의 포병이나 기계화부대가 제 힘을 발휘하지 못하는 오지의 언덕이나 산에 진을 치게 했다. 일본군은 더 이상 진격하지 못하고 1944년 4월까지 양군이 대치한 전선은 별로 변함이 없었다. 일본은 중국 대륙의 선과 점을 점령했을 뿐이다.

국가총동원법

전쟁이 계속 확대되어 가자 군수품의 수입과 급격히 늘어난 전쟁비용이 일본 경제를 압박하기 시작했다. 정부는 국가의 지도 하에 군비생산을 중심으로 통제경제를 취하지 않을 수 없게 되었다. 고노에 제1차 내각은 1938년 4월 1일 국가총동원법을 제정 공포했다. 근대공업을 발전시키기 위해서 물적·인적·정신적인 자원을 총동원하여 국가통제 하에 효율적으로 활용한다는 사상은 이미 쇼화 초기부터 일어났지만 이때에 현실화했다.

고노에의 제1차 내각이 국가총동원법에 근거하여 만든 칙령은 공장사업장관리령(1938)뿐이었지만 다음의 히라누마(平沼) 내각, 아베(阿部) 내각에 이르러 이 법의 위력이 발휘되어 종업원고용제한령, 국민징용령, 가격등 통제령, 소작료통제령, 지대집세통제령, 전력조정령 등이 제정되었다. 국민징용령으로 평화산업에 종사하는 업자와 노동자를 모두 폐업시키고 군수공장으로 동원했다.

이 법을 만든 고노에가 제2차 내각을 조각하자 1940년부터 41년까지 종업원이동방지령, 생활필수물자통제령, 주식가격통제령, 중요산업단체령, 무역통제령, 신문지 등 게재제한령 등이 만들어졌다.

이 법 이외에도 각종의 규격기준을 정하는 법률, 칙령 규제 등이 수없이 만들어졌다. 그 중에는 전력관리법, 미곡배급통제법, 각종물자통제법, 영화법, 종교단체법, 국민학교령 등이 있고 그 중에는 심지어 전국민

의 복장을 규격화하는 국민복령 같은 것도 있었다.[19]

서구에 의존하는 일본 경제

지나사변(支那事變)은 일본 정부가 붙인 중일전쟁의 딴 이름이다. 국가 간 선전포고를 하고 전쟁을 하면 일본도 중국도 미국에서 필요한 물자를 구입할 수 없기 때문에 일본·중국 양국은 피차 선전포고 없이 대전쟁을 치르고 있었다. 미국은 중립법 때문에 전쟁 당사국에는 무역을 할 수 없게 되어 있었다. 미국이 무역을 중단하게 되면 일본이 더 피해를 입게 된다.

일본은 일본 자체와 만주·중국 등 엔블럭 안에서 철, 석탄, 전력, 공업염 등 기초물자의 자급자족이 가능했다. 문제는 희소금속, 비철금속이었다. 망간, 텅스텐, 크롬, 모리브텐, 니켈, 코발트 등의 희소금속 중에 망간, 텅스텐, 크롬은 간신히 엔블럭 안에서 조달이 가능했지만 기타는 전혀 자급이 불가능한 실정이었다.

더욱이 가장 치명적인 문제는 액체연료의 자급이었다. 일본의 원유생산량은 1939년도에 40만 752톤을 최고로 하여 연생산이 불과 40만 톤 이하였다. 엔블럭 내 타지역에서 원유생산은 거의 절망적이었다.

현재 중국 대륙에서 연 2천만 톤의 석유가 생산되는 것은 당시로서는 상상도 못하는 일이었다. 당시 5백만 톤의 수요에 대해 자급율은 1할에 불과했다.

일본은 원유를 비롯하여 많은 전략물자를 대부분 미국·영국 블록에서 수입한 것에 의존해왔다. 수입에 필요한 대금은 경공업 특산품인 생사와 면제품의 수출에 의해 획득한 외화로 지급되었다. 일본 제품의 수출선은 미국, 인도, 인도네시아, 호주 등이었다. 이곳은 면화의 주 수입선이기도 했다. 1940년도 일본이 벌어들인 외화는 약 6억 5천만 달러였다.[20]

즉 일본은 원료를 미·영 블록으로부터 수입하여 그 제품을 미·영 블록으로 재수출하여 그 가공임에 의해 다른 전략물자를 구입하는 구조로 되어 있었다. 일본 경제는 미·영에 완전히 의존하는 경제였다.

남경학살

1937년 7월, 북경 교외 노구교에서 시작된 중일전쟁은 일본의 전격적인 공세로 파죽지세로 중국 본토를 점령해 들어가기 시작했다. 불과 5개월만에 일본군은 장개석정권의 수도 남경을 공략했다. 마쓰이(松井石根) 대장이 지휘하는 수개 사단이 공격하자 남경을 수비하던 장개석군은 모두 후퇴했다. 그로부터 2주간 일본군은 남경시와 그 주변에서 현대사에 유례없는 살육과 강간과 강탈의 광연을 벌렸다. 일본군이 이 곳에서 줄잡아도 15만 명의 시민과 포로를 살해했다. 강간 당한 여성은 1만 명이 넘었고 그 대부분이 연이어 당했고 그 중 많은 여성이 피해 직후 살해당했다. 남경시의 3분의 1이 궤멸되었다.

강간과 강탈은 며칠간이나 계속되었다. 특이 나카지마(中島今吾) 중장 지휘하의 제16사단의 만행은 나치 친위대의 최악의 만행에 필적할 정도였다.

일본군의 남경 점령.

그리고 이러한 만행은 일부의 변호자가 말하는 것처럼 '규율을 일탈하여 규제할 수 없게 된 상태에서 벌어진' 사건도 아니었다. 일본 제국 군대의 규율은 엄격했기 때문이다. 사건이 있은 후 내려진 유일의 명령은 이곳에서 일어난 일에 대해 일체 말하지 말라는 함구령뿐이었다.

수도를 파괴하고 철저한 살인과 파괴를 함으로써 중국인을 공포로 몰아넣고 다시는 저항하지 못하도록 하라는 전략 결정이 어디선가 내려진 것이 분명하다.[21]

마쓰이 대장은 중국으로 건너가면서 '나는 형제를 화해시키는 인간의 기분으로' 가는 것이라고 말하고 떠났다. 그러나 그는 이 사건이 일어날 당시 상해의 사단본부에 있어 현지부대를 사실상 통제하지 못하고 있었다.

중국인의 생활상

1932년 일본이 세운 만주국의 중국인은 일본인에 의해 엄격히 통제된 생활을 하고 있었다. 특히 학교에서 중국어가 아닌 일본어로 학습이 이루어지고 있었다. 소학교 4학년이 되면 모든 수업은 일본어로 했고 선생도 거의 일본인이었다.

가르치는 방법도 일본식이서인지 교사는 예사로 학생을 때렸다. 여학생의 머리가 귓불에서 1센티미터 밑으로 가지런히 하라는 교칙을 위반하면 따귀를 때렸다. 남자도 여자도 힘껏 뺨을 때렸다. 남자 학생은 곤봉으로 머리를 때렸다. 추운 겨울에 눈 속에 무릎을 꿇리는 체벌도 예사였다.

중국의 어린이가 거리에서 일본인과 스쳐지나갈 때에는 비록 상대가 자기보다 나이가 어려도 머리를 숙이고 길을 비켜주지 않으면 안 되었다. 일본의 어린아이들은 흔히 중국의 어린아이를 붙잡아 이유도 없이 때렸다. 어른들도 적의가 있다고 보이면 안되기 때문에 일본인과 마주치면 절을 했다.

만주 북부에서는 일본군이 넓은 지역의 촌락을 불태워 쫓겨난 사람들은 '전략촌'에 수용되었다. 인구의 6분의 1에 해당하는 5백만 명 이상이 이렇게 집을 잃고 수만 명의 사람들이 고통 속에서 생명을 잃었다.

일본에 수출하는 광산물을 캐기 위해 중국인 노동자들이 잡혀갔고 일본병의 감시 하에서 쓰러져 죽을 때까지 일을 했다. 중국인 노동자들에게는 소금도 주지 않아 체력이 소모되어 도망갈 수도 없었다.

만주국정부는 1939년 6월 1일자로 금후 쌀은 일본인과 소수의 협력자에 한하여 지급한다는 통달을 했다. 대다수의 중국인은 소화가 잘 안 되는 도토리 가루와 강냉이로 연명을 했다.

1941년 말 어떤 한 남자가 하(夏) 선생의 진료소를 찾아왔다. 철도 건설현장에서 일하고 있는 쿠리로 얼마 전부터 배가 아프다고 했다. 새벽부터 밤까지 하루도 쉬지 않고 무거운 짐을 나르는 일을 했다고 한다. 몸은 쇠약해지고 일을 할 수 없었지만 가족을 먹여살려야 했다.

장개석과 모택동(우).

하 선생은 진찰을 하고 나서 배급해주는 잡곡이 소화되지 않기 때문이라고 말했다. 그리고는 무료로 약을 주고 쌀 한 주머니를 주어 보냈다.

얼마 후 하 선생은 그 환자가 강제노동 캠프에서 죽었다는 이야기를 들었다. 하 선생이 준 쌀로 집에서 밥을 해먹고 공사현장에서 일을 하다가 먹은 것을 토해내고 말았다. 토사물에 밥이 섞여 있는 것이 일본인 감시병에 의해 발견되고 즉시 그는 '경제사범'으로 체포되어 강제노동 캠프로 보내졌다. 그는 너무 쇠약해져 있었기 때문에 이곳의 중노동에 견디지 못하고 죽고 말았다. 남편이 죽었다는 말을 전해들은 그의 아내는 어린 아이를 안고 강에 투신하여 자살하고 말았다.

하 선생은 환자에 동정하여 준 쌀이 그와 그의 가족을 죽인 것이 되고 말았다고 몹시 후회했다.[22]

중국 공산당과 모택동

중국 공산당은 1921년 5월 상해에서 진독수(陳獨秀, 북경대 교수) 등에 의해 창립되었다. 이 대회에 28세의 모택동은 호남성 대표로 참석했다. 이 대회에서 모택동은 호남성의 당서기로 선발되었고 1924년 손문이 공산당과의 통일전선을 형성하자 공산당 중앙위원, 그리고 국민당 중앙집행위원 후보로 선출되는 등 좌익지도자로 자리를 잡았다. 또한 국민당의 중앙농민운동강습소 소장으로서 광주에서 활약했다.

모택동은 1918년 호남의 제1사범학교를 졸업하고 북경으로 갔다. 그는 북경대학 도서관 정리계에 취직하여 월급 8원을 받고 일하다가 친구들이 프랑스 유학을 떠나자 장사(長沙)로 돌아왔다. 그는 장사에서 '신민학회' 확장에 노력하고 잡지 '상강평론'의 편집자겸 주필이 되었다. 신민학회의 수재들이 대거 프랑스로 유학하기 위해 떠났기 때문에 모택동은 좌익진영에서 저명인이 되었다. 프랑스어에 약한 모택동은 유학을 단념하고 국내 좌익운동에 몰두했다.

1925년 손문이 죽고 국민당정부의 실권을 장악한 장개석이 북벌을 추진했다. 폐렴에 걸린 모택동은 고향으로 요양차 돌아가서 호남 농민의 참상과 봉기를 보고 농민 주체의 혁명운동을 제창하게 되었다. 그러나 공산당 주류는 아직 노동자 인텔리를 주체로 한 소련혁명을 신봉하고 보다 많은 농민을 혁명의 전위에 세우자는 모택동형의 혁명이론에는 동조하지 않았다.

모택동은 당간부를 설득하여 노농혁명군에 의한 폭동을 시도했지만 실패하고 당내에서 비판을 받게되자 잔존 병력을 이끌고 호남, 강서, 광동 3성의 경계에 걸쳐 있는 정강산(井崗山)으로 도피했다.

정강산 기지에서는 공산당과의 연락이 곤란했기 때문에 모택동이 군사령관 및 행정장관이 되었다.

모택동은 주덕(朱德)을 영입하여 부대를 재편성하고 강서성 남부의 서금(瑞金)으로 이동하고 1931년 2월 중화소비에트 정부의 성립을 선언했다. 여기에서 모택동은 노농적군(홍군)을 조직하고 '민중의 것은 비록 바늘 하나라도 취해서는 안 된다'고 하는 '3대 규율, 8항 주의'의 정신으로 교육하여 도의적으로 우수한 군대를 육성했다.[23]

국민당 제5차 공격에서 참패한 홍군은 1934년 강서소비에트구를 포기하고 대장정의 길에 올랐다.

모택동은 장정 중 귀주성 준의(遵義)에서 홍군의 군사위원회 주석에 취임하여 공산당의 사실상 지도자가 되었다. 모택동의 공산당 장악에 주은래(周恩來) 등이 결정적 역할을 했다.

이후 모택동은 1936년의 서안사건과 1937년의 중일전쟁의 발발로 제2차 국공합작이 성립되지 연안을 근거지로 8로군, 신4군 등 전열을 정비하여 일본의 점령지에 광대한 해방구를 구축하고 항일전선에 총력을 기울였다.

제7장 전시하 조선인의 항일운동

조선인의 항일운동

3.1운동 이후 조선의 항일 독립운동은 두 갈래로 나뉘어졌다. 이것은 사이토 총독의 유화정책인 '문화정치'에 기인한 것으로 총독정치에 타협적인 것과 비타협적인 것으로 분열되었다. 총독부의 '문화정치' 체제 안에서 총독부와 충돌을 피해가면서 조선인의 자치권을 확보한다든지 조선인은 소선인의 기입의 제품을 사용하여 민족지본을 육성하는 물산장려운동, 그리고 조선인의 교육을 통해 자신의 실력을 키우는 민족개량운동을 선행하는 것이 독립을 쟁취하는 데 더 현실적인 안이라는 의견이 나왔다.

민족주의 우파의 이러한 주장을 확실하게 한 것이 동아일보 1924년 1월 2~6일자에 게재된 이광수의 '민족적 경륜'이다. 그 취지는 '허용된 범위' 안에서 정치적 경제적 교육적 결사를 이루고 이를 통해 실력양성을 도모하여 민족개량을 이루자는 것이다. 이것은 단지 이광수 개인의 견해라기 보다는 동아일보의 사주 김성수와 간부 송진우 등을 중심으로 한 민족주의 진용 일부의 견해를 대표하는 것이었다.

이러한 견해에 대해 사회주의자들과 민족주의 좌파는 맹렬한 반대를 했다. 이들은 식민지 지배와 타협하는 '민족개량'은 '문화정치'에 대한 환상에 지나지 않는 것이라고 반박했다. 조선이 독립을 쟁취하여 주권을 회복해야만 민족개량은 달성할 수 있는 것이라고 주장했다. 일제의 식민지지배 정책안에서 민족개량이 가능하다고 생각하는 것은 환상에 지나지 않고 민중의 투쟁의식을 마비시키는 마약적인 것이라고 규탄했다. 이들의 강경한 반대는 동아일보의 불매동맹을 형성하는 데까지 발전했고 조선일보를 중심으로 반론을 펴나갔다.

이러한 논쟁이 발전하여 비타협적 민족주의자들과 사회주의자들이 연합하여 후에 신간회를 결성하기에 이르렀다.

그 후 1925년 4월 결성된 조선 공산당이 신의주사건으로 일망타진된 (제1차 검거) 이후 공산당(책임비서 강달영)과 고려공산청년회(책임비서 권오설)의 재건이 추진되었다.

6. 10 만세사건

1926년 6월 10일, 이조 최후의 왕 순종의 국장일을 맞이했다. 장례일에 전국 각지에서 민중이 모여드는 것을 기회로 공산당은 3.1운동과 같은 대대적인 독립운동을 계획했다. 권오설이 중심이 되어 천도교청년회 박내원을 통해 천도교와 연희전문학생 이병립을 통해 조선학생 사회과

학연구회와 연계하여 상해의 김단야 등과 연락을 취하면서 전국적인 시위운동을 계획했다.

그러나 총독부 경찰측도 이 날에 3.1운동과 같은 사건이 일어날 것을 우려하여 초긴장하고 엄중한 경계태세로 들어갔다. 그러던 중 6월 7일에 권오설 등 139명이 체포되고 준비하고 있던 격문과 전단이 압수되었다.

그래도 체포를 모면한 학생들에 의해 시위운동은 주도되었다. 영구차가 지나가는 연도에 2만여 명의 학생과 거의 30만 명에 가까운 군중이 도열해 있었다. 학생들은 이들에게 전단을 뿌리고 독립만세를 외치면서 군중의 호응을 불러일으키려고 했다. 그러나 5천 명의 군대와 2천 6백 명의 정사복 경찰의 제지로 대중적인 시위운동은 불발로 끝나고 260명의 학생과 시민이 검거되었다.[1]

이 6.10만세운동을 전후하여 공산당에 대한 제2차 검거가 실시되어 그 지도부는 결정적인 타격을 입었다.

이후 1927년 2월에 상기 신간회가 결성되었다. 회장에는 이상재, 부회장에는 홍명희가 취임했다. 신간회는 그 후 전국 각지에 지부조직을 결성하여 노동쟁의와 소작쟁의 그리고 학생운동을 지원했으나 경찰측의 감시와 탄압이 심해져 1931년 5월 자진 해산하고 말았다.

만주에서의 독립운동

조선에서 생활이 어려워진 많은 사람들이 북쪽 국경을 넘어 만주지방으로 이주해 갔다. 자연히 독립운동을 하다가 일본의 탄압을 피해 만주 특히 간도지방으로 망명한 투사들도 많았다. 이들은 이 지역을 근거지로 삼아 독립운동을 활발하게 진행했다.

한일합방 이후 이 지역으로 이주하는 사람들이 급증하여 1924년 통계에 의하면 북간도만 조선인이 33만 명이나 되었고 그 지역 전인구의 8할을 점하게 되었다.

1910년 한일합방이 이루어지자 이동령(李東寧) 등 신민회 회원들이 사재를 처분하여 봉천성 삼원보로 집단이민을 해왔다. 신민회는 1907년 미국에서 돌아온 안창호 등이 창립한 비밀결사로 이 회원 일부가 이곳으로 이주하여 독립군 양성을 위한 신흥강습소를 세웠고, 1919년 4월에 유하현 고산자로 장소를 옮겨 신흥무관학교로 승격시켰다. 이곳에서 졸업한 사람들은 만주에서 독립군 간부로 그리고 조선인 자제에 대한 민족교육의 교원으로 각지에서 활약했다.

이 지역에서 강화된 독립군은 활발하게 항일투쟁을 개시했다. 앞에서 밀한 바와 같이 1920년 6월 홍범도부대는 이 지역에 출동한 일본군 나남 제19사단 일부에 대해 왕청현 봉오동전투에서, 같은 해 10월에는 김좌진 부대가 화룡현 청산리전투에서 괴멸적인 대타격을 주는 전과를 올렸다.

일본군은 그 전투에서 참패한 보복으로 간도 일대의 조선인 마을을 습격하여 가옥 4천 8백 호를 불태우고 조선인 3만 8천 명을 학살하는 만행을 저질렀다. 이것을 '경신년참변'이라고 한다.[2]

이후 1931년 9월 만주사변을 일으킨 일본군이 만주 전지역으로 진격하자 독립군의 활동은 거의 불가능하게 되었다. 이후 민족주의자들에 의한 독립운동은 크게 위축되었다.

1930년대의 항일운동

3.1운동 이후 1920년대 전반기에는 조건부이긴 했지만 조선인의 언론 출판 결사의 자유가 허용되었다. 그런데 1925년 일본 국내에서 치안유지법이 실시되자 어느 정도 허용되었던 자유가 억압되고 사회는 다시 경직되었다. 치안유지법은 천황제인 국체를 부정하는 행위와 사유재산제도에 위협을 가하는 일체의 행동을 단속하는 내용이었지만 조선인에게는 이외에도 독립운동하는 자체도 불온행위로 탄압했으며 심지어 민족의 전통문학을 연구하는 것조차 엄하게 금지시켰다. 자연히 1930년대에 들어서는 모든 민족해방운동은 비합법화되고 지하로 숨어 저항하는 형태가 되었다.

총독부 경찰이 1930년부터 38년까지 사상범으로 검거한 건수가 2,192건, 검거인원 2만 5,186명이나 되었고 그 중 송치된 사람이 1만 2,113명이고 기소된 사람이 7,123명이나 되었다.

이리하여 1930년대에 들어서 민족주의자들의 저항운동은 기세가 꺾이고 지도자들은 주로 언론 문화운동에 기울게 되었다. 일본 경찰의 집중단속으로 조직이 와해가 되긴 했지만 사회주의자들은 끈질기게 저항했고 결국 비합법적인 지하운동의 주류는 사회주의운동으로 노동자, 농민, 학생 안에 뿌리를 내리면서 명맥을 유지해갔다.

1930년대 공산당 재건운동은 이재유(李載裕)가 주도했다. 그는 조선공산당 일본총국에서 활동하던 당원이었으나 3년 반에 걸친 옥중생활을 마치고 출옥하여 국내에서 김삼룡, 이관술 등과 함께 당재건공작에 착수했다. 그는 1934년 1월에 체포되었지만 4월에 탈옥하여 경성제대 조수

정태식의 소개로 미타카(三宅鹿之助) 교수집에 숨어서 지하활동을 전개했다. 안병춘, 이현상, 이순금 등과 함께 성인(星印)고무, 경성견직 등에 적색 노조를 만들어 스트라이크를 조정하고 정태식을 통해 경성법학전문과 중학교에 지하그룹을 조직했다.

다음해 1935년 1월에 그 중 일부가 검거되고 이재유도 피신 중 36년 12월에 체포되어 7년 형을 받았다. 그러나 그는 만기가 되어도 전향을 하지 않아 석방이 안된 채 옥사했다.[3]

이 무렵 박헌영이 대전형무소에서 6년의 복역을 마치고 출옥했다. 박헌영은 아직 체포되지 않은 김삼룡, 이관술, 정태식, 이순금, 김태준 등과 함께 경성 콤그룹을 조직하여 지하활동을 계속했으나 일본 경찰에 의해 대다수가 검거되었다. 탄압이 심해지자 박헌영은 전남 광주의 벽돌공장으로 잠입하여 인부로 위장하고 공작을 계속하다가 해방을 맞게 되었다.

동북인민혁명군과 김일성

만주 조선인 사회에 공산주의 사상이 전파된 것은 1920년 경부터인데 그 전파의 속도가 빨라서 1925~6년을 고비로 매우 활발해지고 1928~9년경에는 계급혁명을 부르짖지 않는 사람은 사상이 없는 것같이 취급되는 상황으로 발전해갔다.

많은 독립운동가들은 소련의 피압박민족 해방이라는 슬로건에 기대를 걸고 민족혁명(독립)과 사회혁명(계급타파)의 동시수행이라는 목표를 내걸은 소련의 지원을 받기 위해서 본의든 아니든 공산주의 조직에 가담하기 시작했다.

1912년 2월 26일 후에 김일성(金日成)으로 이름을 고친 김성주(金成柱)가 평안남도 대동군 고평면 남리에서 태어났다. 그의 부친 김형직(金亨稷)은 성주, 철주(소년때 사망), 영주의 세 형제를 낳았다. 김형직은 김성주가 8세 되던 해(1920년께) 만주로 이사를 했다. 그는 한의원으로 생계를 이어갔다. 김성주는 부모를 따라 만주로 가서 소학교를 다니다가 다시 고향의 외가로 와서 창덕학교를 다녔다. 1925년경, 다시 만주로 돌아온 김성주는 화성의숙에 입학한 지 얼마 안 되어 부친을 여의고 가정 형편상 더 이상 공부를 계속할 수 없게 되었다.

이 시절 학교도 못다니고 집에서 할 일도 없던 김성주(후에 김일성)는 마골(馬骨)이란 공산비적 일당에 들어가 잔 심부름을 한 것이 사회활동의 시작이었다고 이명영 교수는 주장했다.

이교수의 '김일성 열전'에 의하면 이후 김성주의 경력은 다음과 같다.

"마골의 행패가 정의부 중앙에 전해지자 중앙에서는 이종락(李鍾洛) 소대장으로 하여금 마골을 토벌케 했다. 이종락 대장은 마골패를 평정했는데 그 가운데서 김성주라는 어린 소년이 있는 것을 발견했디. 데려다 심문해보니 아이는 똑똑한데 환경 때문에 그렇게 된 것을 불쌍히 여겨 이종락은 김성주를 봉천에 있는 평탄중학에 입학시켜 주었다. 이것이 김성주의 일생에 큰 변화를 가져온 이종락과의 인연의 실마리가 되었다.

김성주는 그 후 육문(毓文)중학교로 옮겼는데 1929년 봄 공산서클에 첫 참석한 것이 발각되어 길림에서 도망하여 이종락 부대로 갔다가 다시 남만학원에 들어갔고 결국 그곳에서도 있지 못하고 또 다시 이종락 부대로 되돌아갔다. 그런데 이 시기에 해당하는 1929년 하반기에서 1930년 봄 사이에 김성주는 길림 감옥에서 옥중투쟁을 했고 반식민지 민족해방 문제, 조선혁명노선 등을 연구했다고 북한에서는 말하고 있다."⁽⁴⁾

    남만주 및 동만주의 각지에서 자위를 위해 결성된 무장대는 1933년 1월 중국 공산당이 만주성위원회에 보낸 서한 '만주의 정세와 우리의 임무'에 의해 점차 동북인민혁명군으로 정비되어 갔다. 동북인민혁명군 안에는 남만주지방을 기반으로 한 제1군과 동만주지방의 제2군으로 형성되었으며 그 조직에는 조선인의 비중이 컸고 무장투쟁의 선구적 역할을 담당했다.
    제1군 제1독립사(獨立師)는 1933년 9월에 창건되었는데 그 사장(師長) 겸 정치위원은 중국 공산당 만주성위원회에서 파견된 양정우(楊靖宇)였다. 참모장은 이홍광이란 조선인이었다. 이홍광은 1936년에 전사했는데 양정우와 함께 제1군 창립의 공로자였다.
    제2군은 연길현에서 1934년 3월에 제1독립사가 창건되었다. 사장(師長)은 조선인의 주진으로 정치위원은 중국인 왕덕태였다. 이어서 제2, 제3사가 창립되었는데 제3사의 사장이 김일성이었고 최현, 안길, 김일 등이 이에 동참했다. 그리고 하얼빈 동방의 주하지방을 중심으로 한 제3군에는 허형식과 김책, 흑룡강 부근의 요하 밀산을 중심으로 한 제4군에는 이학만과 최용건 등 조선인들이 많이 참여했다.

    1937년 6월 6일, 조선 국내의 신문에는 제1로군 제2군에 소속되어 있던 제6사장 김일성 부대에 의한 6월 5일의 '보전(保田)사건'(보전=普天堡)이 보도되고 있다. 총독부의 어용신문 '경성일보'도 공산비(共産匪) 2백 명이 월경하여 경찰서, 면사무소, 우체국 등을 습격했다'고 보도하고

'김은 27세의 청년', '지리에 밝아 신출귀몰' 등의 내용이 보도되었다.

보천보사건은 일제에 충격을 주고 국내 대중들의 반일감정을 격려함으로써 김일성 부대의 명성을 크게 높이는 효과를 거두었지만 그 여파로 발생한 이른바 혜산사건으로 국내 공산주의 조직이 결정적인 타격을 입게 되었다.

이후 일본 경찰은 보천보를 중심으로 한 남만주의 장백현 및 함남 일대를 혈안이 되어 철저한 검색을 했다. 1937년 10월의 제1차, 1938년의 제2차 검거로 739명이 체포되고 오랫동안 어렵게 만들었던 지하조직이 모두 파괴되었다. 권영벽, 이제순, 박달 등 6명은 사형, 박금철 등 4명이 무기징역 그 외 165명이 유죄판결을 받았다. 이것이 이른바 '혜산(惠山)사건'이다.[5]

1930년대 말 일제의 대대적인 토벌로 인해 만주의 동북항일연군의 유격활동과 공산주의운동은 심각한 타격을 입고 위기에 처하게 되었고 이에 따라 김일성과 그의 부대도 1940년 10월 말경, 소련의 연해주로 이동할 수밖에 없었다.

의열투쟁(암살과 테러)

조선인이 일제에 저항하여 그 앞잡이를 처형하거나 일제 요인에 대한 테러를 계속했는데 그 최초의 사건이 스티븐스 저격살해 사건이었다.

스티븐스는 1904년 8월 일제의 추천으로 조선 외교고문으로 임명되어 을사조약과 정미조약의 강제체결에 관여한 미국인 앞잡이로 조선인의 지탄을 받아온 인물이었다.

이 스티븐스가 1908년 3월 휴가차 샌프란시스코에 나타나 미국 언론계에 일본의 조선침략을 지지하는 발언을 하여 미주 조선인들은 크게 분개했다. 3월 24일 페리 부두에서 전명운이 먼저 스티븐스를 향해 권총을 발사했으나 불발되자 연이어 장인환이 명중시켜 사망했다.

두 의사의 스티븐스 처단의거는 현지 언론들에게 정당하고 애국적인 것으로 평가받았고 일본인 노동자 배척운동이 전개되던 당시 미국인들로부터도 큰 이해와 동정을 사게 되었다.

의거 당시, 어깨에 총상을 입은 전명운은 '살인미수 혐의'로 미법정에 섰으나 1908년 6월 증거불충분으로 무죄선고를 받았다. 장인환은 '살인 중죄인'으로 분류되어 미고등법원으로 이송되었고 피고인측 변호인은 일반적인 살인이 아니라 일제의 침략에 항거해서 나온 애국심의 발로임을 강조하여 25년의 금고형을 받았다. 장인환의 모범적인 수형생활과 대한인국민회의 끈질긴 석방운동으로 1919년 1월 석방되었다.[6]

다음 일본지역 독립운동사에서 의열투쟁의 선구는 1921년 참정권운동을 전개하던 친일파 민원식을 처단한 양근환 열사의 의거이다. 양근환은 1921년 2월 16일 도쿄의 한 호텔에 민원식을 방문하여 참정권운동의 허구성과 친일매국행위를 질타한 후 품고 있던 단도로 민원식을 처단했다.

의거 후 상해로 탈출하려다가 나가사키항에서 경찰에 체포되었다. 그는 6월 30일 도쿄 지방재판소에서 무기징역형을 선고받고 형이 확정되어 복역하던 중 1933년에 출옥했다.

김지섭은 독립투쟁을 위해 만주와 상해에서 의열단에 가입했다. 1923년 일본에서 관동 대지진으로 조선인에 대한 학살이 자행되었다는 소식을 듣고 1925년 일본에 들어와 침략의 아성인 궁성에 투탄하기로 결심하고 1월 5일에 궁성 정문과 니주바시(二重橋) 한복판에 각각 폭탄 1발씩 2발을 던진 후 체포되었다. 그는 1925년 8월 도쿄 지방재판소에서 무기징역을 언도받고 복역 중 1928년에 옥사했다.

이 두 사건 외에 일본 전역을 뒤흔든 사건은 일명 박열사건으로 불리우는 일왕폭살계획이다. 박열과 가네코 등은 황태자 히로히토(裕仁)의 결혼식에 폭탄을 던져 황태자와 일본 정부 고관을 처단하려다가 사전 발각되었다. 이 사건으로 박열과 가네코는 대역죄, 폭발물취체규칙 위반으로 사형을 언도받았으나 후에 무기징역의 특사를 받았다. 그 후 박열은 1945년 10월 27일 석방될 때까지 22년 2개월의 옥고를 치러야 했다.

1932년 1월 8일, 일왕 히로히토에게 폭탄을 던진 이봉창 의거는 이 시기의 대표적인 의열투쟁이었다. 히로히토가 관병식장에서 돌아오는 도중 궁성 사쿠라다문 밖의 경시청 청사 앞에서 이봉창이 던진 수류탄이 작열했으나 히로히토는 무사했다.
  1925년 도일하여 오사카에 거주하던 이봉창은 1930년 상해로 가서 김구를 만나 한인애국단에 가입한 후 수류탄 등을 준비해 1931년 12월 일본으로 돌아와 일본왕을 폭살하려고 했다. 현장에서 대한독립만세를 삼창한 뒤 체포된 이봉창은 9월에 사형선고를 받고 10월 8일 순국했다.[7]

조선인 의거 중 가장 파문이 컸고 충격이 심했던 것은 윤봉길 의사의 상해 홍구공원의 폭탄투척사건이었다. 일제는 상해사건의 1주년을 맞아 상해 홍구공원에서 1932년 4월 29일 전승기념 축하행사를 열었다. 그 자리에 한인애국단원 윤봉길 의사가 던진 폭탄이 식장 단상을 풍비박산시

컸다. 시라가와(白川義則) 대장을 비롯한 주요 군사 지휘관이 즉사했고 일본 공사 시게미쓰(重光葵) 등 요인들은 치명적인 중상을 입었다.

이 사건은 조선독립운동에 대한 중국 국민의 열화와 같은 지지와 성원을 불러 일으켰고 침체된 독립운동계 전반에 활력을 불어넣었다. 또 당시 임시정부를 원조도 하지 않던 국민당정부가 적극적으로 지원할 의사를 밝혔다. 김구는 장개석 총통을 만나 중국 군사학교에서 우리 청년들을 교육시키도록 요구하여 이를 장총통이 받아들였다.[8]

그러나 임시정부는 윤봉길 의사의 의거를 계기로 상해를 떠나야만 했다. 일본 경찰이 프랑스 조계당국을 협박하여 임시정부 요인들을 체포하기 시작했기 때문이다. 이때 안창호는 일본 경찰에 의해 체포되고 대부분의 요인들은 항주, 가흥 등지로 피신했다. 이로써 임시정부는 주요 근거지인 상해를 떠나 1940년 중경에 정착할 때까지 오랫동안 중국 대륙 각지로 이동하며 활동하지 않을 수 없게 되었다.

우가키 총독 시대의 조선통치

1931년 6월 17일, 사이토 총독의 후임으로 우가키(宇垣一成) 육군대장이 제6대 조선총독으로 부임했다. 그가 부임한 지 3개월 만에 만주사변이 일어났다.

당시 일본 경제는 1920년대의 만성적 불황과 세계공황(1929)이 겹쳐 파국적 상황에 직면해 있었다. 조선에서도 이러한 영향으로 농촌의 피폐는 심각한 상황에 이르고 있었다. 춘궁기에 절량농가와 부채농가가 증가했고 소작쟁의의 빈발로 사회주의 운동이 농촌으로 확산되어 갔다. 함경남도 지방을 중심으로 전국 각지에서 일어난 혁명적 농민조합운동은 일제의 조선통치에 중대한 위험요인으로 인식되었다.

총독부의 1920년대 조선에서의 경제정책의 중심이 산미증식계획이었다면 1930년대의 경제정책의 중심은 중화학공업이라 할 수 있다.

1930년대에 들어서 일본 본토에서는 경제적 불황을 극복하기 위해 대자본중심의 생산과 판매협정에 의한 통제 경제가 강화되었다. 이리하여 조업단축에 의해 생긴 유휴자본과 중소자본이 통제권외에 있는 조선으로 진출해 들어왔다.

1942년도 조선에 진출한 일본 독점자본의 계열을 보면 조선산업에 대한 지배율이 미쓰이(三井)계, 미쓰비시(三菱)계, 스미토모(住友)계가 합쳐서 12퍼센트인데 비해 신흥재벌인 일본질소(窒素)계는 36퍼센트, 닛산(日産)계 12퍼센트, 식민지 특수회사인 동척(東拓)계 11퍼센트로 되어있다.

일본질소의 노구치(野口遵)는 일본 규슈(九州)에서 일본 처음으로 암모니아 합성공장을 만든 사람인데 거기에는 막대한 전력이 소모되었다. 조선의 풍부한 수력자원에 눈을 돌린 그는 1926년에 조선수력발진주식회사를 만들어 함경북도의 부전강, 장진강, 허천강 수력발전소를 만들어 그 전력을 이용한 조선질소비료주식회사를 설립하고 흥남에 세계 유수의 인조비료공장을 세웠다. 그리하여 당시 산미증식계획 중 장려하고 있던 금비의 공급을 독점하여 막대한 이익을 올렸다.

그는 또한 중일전쟁이 일어난 1937년 압록강 수력발전소(60만 킬로미터)를 건설했다.

노구치 재벌은 본래 비료공장이 중심이었는데 전쟁이 시작되자 화약과 경금속, 인조석유, 항공연료 및 합성고무, 로켓연료 제조를 위한 비밀공장 등 군사적 요청에 의해 업종을 넓혔다. 이 흥남지방은 지금도 화학비료, 합성섬유 등 북조선의 최대의 화학공업 콤비나트로 되어있다. 이러한 중화학공업의 관리 및 기술분야는 거의가 일본인이 독점하여 조선인 노동자는 대부분 단순한 육체노동에 종사했을 뿐이다.[9]

미나미(南次郎) 총독

1936년 8월 조선총독이 경질되었다. 전임자 우가키(宇垣一成)는 군인으로서는 비교적 융통성이 있고 그릇도 큰 편이었지만 신임 총독 미나미(南次郎)는 권세욕에 불타고 잔인하고 표독한 성격으로 데라우치 망령보다 더 고압적인 자세로 임했다.

새로 부임한 미나미 총독은 그의 제1 시정목표를 식민지에서 일체의 항일운동을 근절시키고 조선의 병참기지화를 위해서 북방의 비화(匪禍)로부터 조선을 방호한다는 것이었다. 이것을 달성하기 위해서 경찰력강화 등 강압수단과 병행하여 조선인의 민족의식을 마비시키고 일본의 선량한 백성으로 만드는 동화정책이 더 효과적이라고 생각했다.

그리하여 그는 전임자 우가키의 '내선융화' 정책에서 한 걸음 더 나아가 '내선일체(內鮮一體)'를 주장했다.

미나미 총독은 부임한 이듬해 1937년 중일전쟁이 시작되자 조선을 전시체제로 개편했다. 그리고 사상범보호관찰령을 발동하여 조선의 모든 지도급 인사와 지식인들을 감시망 속에 얽어 놓고 동화정책의 슬로건으로 '국체명징'과 '내선일체'를 부르짖으며 모든 시책을 이 목표에 맞추기 시작했다.

국어상용이라 해서 조선어 사용을 금지하고 일본어를 국어로 사용토록 하고 '황국신민의 서사'를 외우도록 강요했다.

1938년에는 '국민정신총동원 조선연맹'을 조직하고 육군지원병제도를 도입했다.

1939년에는 서울 남산에 일본 수호신을 모신다는 '조선신궁'을 세워 조선인들로 하여금 이 신궁에 참배토록 강요했다.

이어 1940년에는 모든 조선인의 이름을 일본식으로 바꾸는 창씨개명(創氏改名)을 강요하고 관료조직인 '국민총력연맹'을 결성하여 모든 기관과 모든 주거단위에 그 조직을 확대했다.[10]

식민통치 제3기(1931-1945)의 총독부재정

1929년 미국에서 시작된 공황은 세계공황으로 확대되어 심각한 위기에 봉착한 일본은 이 위기를 타개하기 위해 중국에 대한 침략전쟁을 개시했다. 일본은 1931년 만주에 대한 무력침략을 감행했고 1937년에는 중일전쟁을 일으켜 중국 본토에까지 진출했다. 이러한 과정에서 아시아 대륙의 시장을 둘러싸고 일본과 영·미·불을 중심으로 한 열강과의 긴장과 대립이 격화되어 1941년에는 태평양전쟁으로 발전했다.

총독부는 이 시기에 긴축재정을 강행하여 1931~1933년 세입예산이 2억 3천만 원 안팎이었으나 1934년부터 확대재정으로 전환하여 세출이 매년 3천만 원 정도 증가하여 중일전쟁이 일어나던 1937년에는 세출이 4억 2천만 원으로 1931년에 비해 1.8배나 증가했다.

이같이 총독부가 긴축재정에서 확대재정으로 전환한 이유는 긴축재정이 불황극복에 도움이 되지 못한다는 사실을 인식하고 불황대책으로 도로사업, 사방사업 등 공공 토목사업을 일으켜 과감히 지출을 증대시킨 것과 만주사변 이후 조선을 대륙침략의 병참기지화한 데 있다.

그 이후 1941년 태평양전쟁이 시작되자 재정규모가 급격히 확대되어 8년간 연평균 3억 3천여만 원이 증가하여 1945년에는 세출이 31억 원으로 1931년에 비해 13배, 1937년에 비해 7.3배나 팽창했다.

팽창한 경비는 조세 관업수입 및 공채 차입금 수입으로 충당했다. 이 3대 수입이 치지하는 비율이 80~85퍼센트를 차지했다. 조세수입은 1931년 세입예산의 17.9퍼센트에서 1944년 19.4퍼센트로 약 2퍼센트 증가했으나 절대액으로는 같은 연도에 4천 2백여만 원에서 6억 4천여만 원으로 무려 15배나 증가했다.

조세수입이 증가한 것은 기존세의 증징과 신세의 창설에 있다. 1932~1936년의 4년간 조세증징이 연평균 8천 5백만 원에 달했다. 1934년에 제2차 세제정리를 단행하여 일반 개인소득세를 창설하여 조세체계를 소득세 재산세 중심으로 개편하고 상속세와 청량음료세를 창설했고 1935년에는 전시세적 성격이 강한 임시소득세를 창설했고 1937년에는 임시 조세증징령을 공포하여 제1종소득세, 자본이자세, 임시이득세를 증징하고 법인자본세, 외화채특별세, 휘발유세를 창설했다.

1943년에는 전시조세가 세수의 34퍼센트에 달했고 그 가운데 물품세, 유흥음식세, 통행세와 같은 간접세가 압도적으로 높은 비중을 차지했다.

공채수입의 절대액은 1931년 이전에는 세입예산의 5~8퍼센트 수준이었으나 1932년부터 증가하기 시작하여 20퍼센트 안팎으로 높은 비중을 차지했다.

공채수입은 1931년의 1천 3백 50만 원에서 1945년에는 무려 42배나 되는 5억 7천만 원으로 급증했다. 이는 전시재정의 팽창으로 경비의 많은 부분을 공채에 의존한데 기인한 것이다.

관업수입은 1931년에 세입총액의 62.4퍼센트를 차지했으나 공채 차입금 수입의 증가로 점감하여 1938년에는 12억 7천 6백만 원에 달했다. 관업수입이 이처럼 증가한 것도 철도 통신요금 및 전매가격을 잇따라 인상한 데 있다.

세출예산 분석

1934년 이후 적극재정으로 전환하여 불황극복을 위해 공공 토목사업을 벌리는 등 공공지출을 확대했고 또한 만주사변을 계기로 국경지역의 교량, 철도, 통신 등 제사업의 확장 및 토지개량사업의 추진과 관업비가 증가했다.

팽창의 주요 원인은 중일전쟁 이후 시작한 일본의 임시군사비특별회계에 전입한 직접군사비 부담의 증가와 전력증강을 위한 중요 광산물 생산의 보조, 장려금지급, 전시 식량확보를 위한 토지개량비, 수송력 증강을 위한 철도 항만 도로의 건설개량비, 전쟁수행을 위한 시국대책비 및 관업비 지출의 증가이다.

1943년도 세출예산 총액 16억 7천 1백만 원의 주요 항목을 보면 전매국사업비 6.2퍼센트(1억 3백만 원), 철도경영비 17.7퍼센트(2억 9천 6백만 원), 보조장려금 지급 6.3퍼센트(1억 5백만 원), 철도건설 개량비 10.3퍼센트(1억 7천 2백만 원), 임시군사비특별회계 전입금 12.1퍼센트(2억 3백만 원) 등이다.

한편 공업구성의 변화를 보면 1931년까지는 공업생산에 있어 정미업을 기간으로 한 식품공업이 32퍼센트로 높은 비율을 차지하고 있었으나 1937년에는 식품공업이 24.8퍼센트로 저하되고 화학공업이 31.8퍼센트로 1위를 차지하게 되었다. 그리하여 군수공업과 밀접한 관계를 갖는 중화학공업(기계 금속 화학공업)이 22.5퍼센트에서 38.8퍼센트로 증가했다.

또 공업생산액의 구성비를 보면 1937~1943년 사이에 화학공업이 1위, 식품공업이 2위, 방지공업이 3위, 금속공업이 4위로 되어 있다. 그리고 1937년에 중화학공업이 38.8퍼센트였던 것이 1943년에는 49.5퍼센트로 공업생산의 절반을 차지하게 되었다.[11]

조선인의 해외 이주

1925년의 조선 총독부 통계에 의하면 총 농가호수의 46.6퍼센트가 연간 평균 약 12원의 적자 영농을 하고 있었다. 이 해에 농촌을 떠난 인구는 약 15만 명 이상이었고 이농 인구는 계속 증가했다. 농촌을 떠난 사람들은 최악의 경우 걸인이 되거나 아니면 산으로 들어가 화전민이 되었다. 그리고 일본, 만주, 시베리아 노동시장으로 흘러가거나 국내의 각 도시로 일자리를 찾아 떠났다.

1930년대에 해마다 약 10만 명 이상이 일본으로 건너갔다. 일본으로

간 이들은 1932년의 경우 노동자가 48퍼센트, 무직자가 35퍼센트, 상인이 5퍼센트의 비율이었다. 무직자가 3분의 1 이상이었고 노동자는 토목노동자가 33퍼센트, 직공이 33퍼센트였다.

1928년 오사카의 통계에 의하면 광부의 경우 일본인 1일 최고 임금이 3원이었는데 조선인은 2원 30전이었다. 방직공의 경우 일본인 직공의 최고임금이 2원 80전이었고 조선인 직공은 2원이었다.

1930년대에 조선인은 만주지방에 약 1백만 명, 연해주지방에 약 50만 명에 이른 것으로 추정되었고 이들은 9할이 소작농민이었다. 소작료는 대체로 2할 5푼에서 5할까지로 국내에서보다 조건은 나은 편이었다.[12]

이농민이 만주로 가기 위해 얼마나 어려운 여행길이었는가 하는 기사가 눈에 띤다.

"충남 서산군 근흥면 안기리에 원적을 둔 함영근(咸寧根=53세), 이윤하(李允夏=53세) 두 사람은 늙고 어린 가족을 인솔하고 북간도로 향해 가는 길에 경성(서울)까지 와서는 노수(여비)가 한 푼도 없이 떨어져 길가에 방황히며 방금 아시에 직면한 가장 참혹스러운 상태에 있다. ― 그들은 약간의 여비를 만들어가지고 기차도 타지 못하고 가족들과 함께 먹으며 굶으며 약 15일 만에 경성까지 올라와서는 그나마 돈이 한 푼도 없이 떨어져 ― 경기도청과 경성부청과 나중에는 종로서 보안계까지 가서 북간도로 갈 무임승차권을 주선해달라고 간원했는데 모두 거절당하고 이제는 가도 오도 못하고 굶어죽게 되었다.―"

당시 전라도나 경상도에서 봉천 장춘까지 가는 데 필요한 비용은 가족 4명일 때 기차운임 95원, 잡비 12원 도합 107원이 필요했다. 남선에서 봉천의 기차운임은 76원 잡비 8원이었다. 1927년도 쌀 한 가마에 17원 50전으로 5~6가마에 해당하는 거액의 돈이었다.[13]

조선으로 이주한 일본인

조선으로 이주한 일본인은 1910년 말 약 17만 명이었으나 4년 후인 1914년에 약 29만 명, 1919년에 약 34만 명으로 증가했다. 이것이 1920년 약 35만 명이 되었고 1930년에는 53만 명으로 늘어났다. 이 기간에 일본에서 조선으로 이주한 사람이 급격히 늘어난 것은 제1차 대전이 끝나고 관동 대지진과 쇼화공황으로 일본의 불경기가 계속된 것이 가장 큰 이유이다. 이 중에서 직업별 분포를 보면 1923년 말 '공무 및 자유업'이 제1위로 약 13만 명이었다.

그런데 1931년 말에 약 51만 명이었던 일본 이주자는 1942년 말에는 75만 명으로 늘어났다. 11년간 약 24만 명 연평균 2만 명의 증가였다. 그 중 1935년에서 1940년까지 약 6만 명이 늘어났다. 그것은 북조선에 대형 공장이 들어서는 등 공업화가 큰 원인이었다.

한 일본인 토목공사 감독의 경험담

마쓰오 시게루(松尾 茂=1910년생)라는 사람은 1924년 심상고등소학교를 졸업하고 사세보에서 해군공창에 납품을 하던 숙부 밑에서 심부름을 하고 있었다. 그러나 쇼화 초기에 금융공황으로 불경기가 닥쳐오고 군축

시대로 접어들면서 해군에서 발주하는 물자가 눈에 띄게 줄어들었다. 그리하여 고모부 마쓰오(松尾梅次郎)가 조선에서 토목사업에 종사한다는 말을 듣고 그의 양자로 입적하고 1928년 조선으로 건너왔다.

강원도 율천 수리공사 현장.

마쓰오라는 사람이 그의 양부가 속해 있는 토목회사의 현장감독을 맡아 종전이 될 때까지 조선에서 각종 토목공사를 하면서 지낸 생활기를 책(내가 조선반도에서 한 일)으로 펴냈다. 그 중 일부를 인용하면 다음과 같다.

"당시 조선에서는 토지조사사업이 끝나고 산미증식계획이 큰 규모로 추진되고 있었기 때문에 농지의 개발, 개량을 비롯해 도로, 철도, 항만의 건설 등 토목공사가 연달아 발주되고 있었다.

조선으로 건너 온 1928년 5월 내가 처음 일을 한 곳이 충남 공주 부근의 우성(牛城) 수리조합이 발주한 공사였다. 제방을 축조하고 배수구를 만들고 도로도 정비하는 이 공사의 청부금액은 14만 437원이었다. 인부들은 하루 일하고 20~30전 내지 30~40전을 받고 있었다고 기억된다.

토목현장에는 20대의 젊은 사람은 드물고 주로 30대에서 50대의 노동자가 많았다. 어떤 사람은 '조심해라, 조선인 중에는 사상이 좋지 않은 사람이 있다더라'고 충고를 하기도 했지만 실제 그런 문제로 어려운 일을 겪은 일은 없다.

그 다음해인 1930년에는 마장교(馬場橋) 가설공사(청부금액 1만 9,680원)에서 일했다.

그리고 1932년에는 중랑교(中浪橋)를 가설하는 공사에 참여했다. 공사는 내무국 경성토목출장소의 발주로 청부금액은 2만 7,300원이었다. 중랑교는 8개월의 공기로 1932년 10월에 완공되었다.

내가 조선에서 지내는 중에 조선인과 마찰은 거의 없었고 우리들은 조선인 사이에 잘 어울려 지냈다. 지금 생각해보면 이상할 정도로 아무런 불안도 느끼지 않고 일했다. 전쟁이 끝난 후 역사책을 보면 조선인의 저항과 폭동이 여러 곳에 있었다고 하는데 나는 그런 일을 한 번도 겪어보지 않았다.

그러나 1930년에 비하면 1937년에는 반일감정의 분위기가 매우 달라지고 있었던 모양이다. 그렇지만 조선인들도 일본인에 대해 너무 반감을 갖거나 항거하면 결국은 자신들의 손해라는 것을 깨닫고 있는 것 같았다. 마음 속으로 어떻게 생각하고 있었는지는 몰라도 적당히 타협하여 급료라도 받는 것이 유리하다고 생각했는지는 모르겠다. 자연히 일본인도 익숙해지고 분위기는 좋게 지냈다.

태평양전쟁이 일어나 일본인이 징병으로 끌려가서 인원이 적어지자 분위기가 변하지 않을까 우려했지만 저항이 증대하는 일은 없었다. 같은 일본인이라도 잔소리를 하면 대드는 사람이 있다. 그러나 우리는 예의를 갖추어 말을 하고 있었기 때문에 반감을 사는 일은 없었다.

조선에서 일하던 중 최대의 난공사는 압록강에 가설한 청성대교(淸城大橋)였다. 당시 하구에서 약 104킬로미터 상류에 수풍댐이라는 큰 공사가 건설 중이었다. 청성대교는 그 수풍댐에서 약 10킬로미터 하류에 계획된 다리였다. 도로는 총독부 내무국의 관할로 청성대교도 내무국의 사업이었다. 공기는 1941년 1월부터 1943년 5월까지로 2년 4개월에 걸친 것으로 청부금액도 125만 원에 달하는 대규모 공사였다.

왜 청성진에 대교가 가설되어야 하는지 그 이유를 알 수 없었다. 당시 압록강 하구에 가까운 신의주에는 철도교와 도로교가 이미 가설되어 있었고 만주와의 왕래에는 불편이 없었다.

틀림없이 군사상 장래 필요하다고 하여 가설된 것이 아닌가 생각된다. 설계는 내무국에서 했는데 하류 신의주의 다리보다 더 규모가 큰 다리였다. 당연히 차량이 통행할 수 있도록 주문이 있었지만 콘크리트의 철근도 매우 굵은 것을 사용했으므로 탱크가 통행하는데 지장이 없는 다리였다. 아마도 일본이 몇 년인가 앞을 보고 군사목적으로 만들었을 것이다. 건설 중 군인이 시찰을 온 일도 있었다. 우선 교량을 건설하면 그 후 도로는 군대에서 만들려고 했던 것 같았다."⁽¹⁴⁾

일본인 순사

1922년 평안북도 삭주군 외남면 대관동에서 태어난 최기일 씨는 '자존심을 지킨 한 조선인의 회상'이란 책을 최근 출간했다. 그가 태어난 대관동은 면사무소 등 관청들이 있는 행정 소도시였고 장이 서기도 했다.

최기일 씨가 어렸을 때 이곳에서 일하고 있던 일본 순사에 대해 이렇게 회상했다.

"경찰은 무시무시한 존재였다. 우리 읍에는 두 명의 일본인 순사가 있었다. 우리 읍만이 아니라 다른 읍과 시에도 있었음은 물론이다. 도지사나 군수는 한국인일 수도 있었으나 일제 말까지 경찰서장은 언제나 일본인이었다. 일본인 순사는 서류를 다뤘던 반면에 두 조선인 순사는 마을을 순찰했고 고문 등 온갖 지저분한 일을 맡아서 했다.

경찰은 읍민 한 명 한 명에 관한 완전한 기록을 보유하고 있었다. 읍의 인구조사도 바로 경찰이 했다. 정기적으로 순사가 집집마다 방문해서 그 기록을 갱신했다. 누가 우리 읍에 왔고 누가 떠났는지 늘 점검했다. 어떤

이방인도 못보고 넘어가는 일이 없었고 여관마다 매일 보고서를 경찰에 제출해야만 했다. 버스가 도착하면 순사가 그 버스 안을 흘깃 들여다보고 수상한 자를 심문하기 위해서 끌어내렸다. 일본인 경찰서장은 우리 읍민을 완전히 장악하고 있었다. — 한국의 민족주의적 신문인 '동아일보'를 사람들이 구독하는 것을 경찰은 저지했다. 이따금 순사들이 우리 가게에 들러 일제 옷감을 판매하라고 넌지시 시사했다. 사복을 입은 조선인 형사가 예배 중에 우리 교회에 몇 번 나타났는데 그것은 위험한 사상 즉 민족주의적 감정을 누가 표명하는지 감시하기 위해서였다.

무고한 사람들을 포함해서 조선인들이 경찰을 무서워한 것은 무리가 아니었다. 경찰은 고장에서 일종의 독재자였다. 여름날 저녁이면 대여섯 사람들이 보통은 길모퉁이에 모여서 잡담을 했다. 그러나 순사가 다가오는 것을 보면 그들은 흩어지거나 조용해졌다. 사람들은 무조건 경찰을 회피했다. — 순사들은 읍민과 사귀려고 하지 않았다. 조선인 순사들의 부인들도 다른 아낙네들과 교제하지 않았다. 남자들 역시 무조건 그들을 회피했다. 조선인 순사들의 가족은 고립되었다. 순사는 한 읍에서 다른 읍으로 전근되었고 3~4년 이상 오래 한 고을에 머무는 경우는 좀처럼 없었다. — 일본인 순사가 일본에서 우리 읍에 올 때는 두어 개의 여행 가방만을 들고 왔으나 떠날 때는 트럭을 세내야 할 정도로 재산이 불어 있었다. 순사들이 우리 읍을 떠날 때 대개 빚을 갚지 않고 떠났다. 그들도 일본 제국주의의 수혜자였던 것이다."

"일본 순사들과 그들의 가족은 담을 둘러친 경찰 구내에서 생활했다. 그들의 아내들은 오직 장날에만 밖으로 나와 장을 보았다. 중년의 우편 소장과 그의 부인은 내가 태어나기도 전에 우리 읍에 왔지만 그녀가 우편소 직원 외의 조선인들에게 말을 걸거나 거리를 걸어가는 모습을 본 적이 없었다. 내가 다니던 보통학교 교장도 예외가 아니었다. 그와 그의 가족은 교사(校舍)에서 이삼백 미터 떨어진 언덕 위에 위치한 일본식 가옥인 관사에서 살았다. 그러나 나는 그의 부인을 본 적이 없었다. — 일본인들은 조선인을 아무도 사귀지 않고 스스로 고립했다. 조선인에게 말은 걸어도 좀처럼 대화를 나누지는 않았다. 남 목사와는 달라서 일본인이 조선인들과 농담을 주고받는 것을 나는 보지 못했다. 실은 나는 일본인이 크게 웃는 것도 못 보았다. 그들이 방긋 웃는 모습도 보기가 드물었다. 일본인들은 읍내의 유지들에게는 정중했고 예절에 맞게 행동했다. 이를테면 거리에서 내 아버지를 만나면 그들이 먼저 인사했다. 그래도 그것은 공손한 말의 교환이 아니라 격식을 차리는 거동일 뿐이었다. — 하루는 우리 학교의 여선생님이 나의 부모님에게 읍내의 일본인 거주자에 관해서 말하는 것을 엿들었다. 그 선생님의 말에 의하면, 일본인들은 자기들끼리도 어울리지 않는다. 서로 초대하고 잡담을 나누지도 않는다. 나는 일본인들이 자기들끼리 연회를 여는 것을 보지 못했다. 우체국장의 부인이 우리 보통학교 교장 부인을 방문하는 정경도 못 보았다."[15]

사범학교를 설립

일본인이 가장 비중을 두고 추진한 정책 중 하나가 우수한 교사 양성이었다. 조선에 사는 어린이의 수가 증가하고 소학교 보통학교가 증설되자 교원부족 상태가 되었고 이를 타개하기 위해 교사양성이 시급한 현안 문제가 되었다. 총독부는 서울에 사범학교를 설립했다.

사범학교 보통과의 정원은 100명으로 수업연한은 6년이었다. 수업료는 전액 면제였고 용돈이 지급되었으나 그 대신 재직 '의무연한'이 있었다.

조선인과 일본인은 함께 수업을 받았으나 졸업 후 취직을 하게 되면 조선인은 47원, 일본인은 6할이 많은 75원의 급료를 받았다.

1932년 조선에 건너 온 오치아이(落合尙郞)는 다음 해 평양사범학교에 입학했다. 교과서대를 제외하고 매월 7원 50전을 지급받았다. 1938년에 졸업하고 보통학교에 부임하자 학생들에게 '커서 훌륭한 군인이 되라'고 가르쳤다고 회상했다.

1935년에는 경성에 일본인과 조선인 공학의 여자사범학교가 신설되었다. 당시 조선여성에 기대하고 있던 것은 '내조의 공', '차세대 국민의 육성', '황민화 교육'이었다. 이러한 총독부의 기대에 부응하기 위해 어린이를 교육하는 첨병이 여자교원이었다. 이들이 학생들에 실시한 '황민화 교육'으로 조선의 어린이들은 일본에 동화되어 갔다.

이 학교 졸업생 127명의 의식을 조사했던 것이 자료로 남아있다. 답은 복수로 했다.

1) 일본의 지배는 조선을 위해서 좋은 일이라고 생각한다. 11명
2) 일본은 지나친 일도 했지만 좋은 일도 했다. 전혀 나쁘다고만 할 수는 없다. 41명
3) 국가의 정책과 우리들 민중은 별개이다. 식민지 정책은 나쁘지만 보통의 일본인에는 선량한 사람들도 많다. 82명
4) 타민족을 지배하는 것은 나쁜 일이다. 우리 일본인도 반성해야 한다. 48명

5) 기타 5명⁽¹⁶⁾

일본 천황과 황민화 교육

지금의 초등학교인 소학교(小學校)에서 조회를 하거나 각종 식이 있을 때에는 모두 천황이 있는 도쿄의 궁성(동쪽)을 향해 절을 하는 것이 하나의 절차가 되어 있었다. 그리고 교장선생님은 교육칙어를 엄숙하게 읽는다. 칙어란 말할 것도 없이 천황의 말씀이다. 그리고는 '황국신민의 서약'을 외운다. 1911년 8월 제1차 교육령으로 규정된 이 서약의 내용은 '우리들은 대일본제국의 신민이다', '우리들은 마음을 합쳐 천황폐하에 충의를 다한다', '우리들은 인고단련하여 훌륭하고 강한 국민이 되겠다'는 것이다.

일본인은 이미 태어나면서부터 황국신민이므로 일본 본토에서는 이러한 절차가 없다. 이것은 오직 식민지에서만 있었던 일이다. 그래서 일제하에서 교육을 받은 사람은 모두 천황이 얼마나 위대한 신(神)이었는가를 이치를 따지지 않고 믿게 되었다. 천황은 신이고 일본은 신국이기 때문에 충의를 다하여 황은(천황의 은혜)에 보답하는 것이 일본인이 되는 의무이다. 따라서 문자를 배우기 시작하면서 천황의 고마움을 알게 되고 이미 몸 속에 배어들게 되었다.

학교에서 가르치는 수신(修身) 과목에서는 천황이 얼마나 존경스러운 존재인가 하는 것과 일본인의 사명은 성심성의 천황에 충의를 다해야 하는 것을 되풀이해서 가르치고 있었다.

그리고 국어와 국사(일본의 역사)의 줄거리는 거의가 천황과 천황의 충신 이야기로 차 있었다. 일본 역사가 시작할 때의 천황인 진무(神武)천황에서 당시의 쇼화(昭和)천황에 이르기까지 역대 천황의 이름을 모두 외었다. 이리하여 일본인의 정신 야마토 다마시(大和魂)를 몸과 마음 속에 배이게 하여 궁극적으로 전장(戰場)에서 천황폐하를 위해 산화하는 것을 일본정신의 발로라고 여기고 찬양하게 되었다.

천황의 어진영(御眞影)

각학교에는 천황의 어진영이 배포되어 있었다. 어진영은 천황의 사진을 말한다. 천황의 얼굴을 익히기 위해서뿐 아니고 절하기 위해 배포된 것이다. 학교에는 그 어진영을 안치하기 위해 봉안전(奉安殿)이 특별히 설치되었다. 선생도 학생도 어진영에 대해 최경례를 했다. 최경례란 천황에게만 하는 절하는 방법이다.

어진영에 대한 최경례를 게을리하거나 봉안전을 발로 차거나 침을 뱉는다든지 하면 형법에 정해진 '불경죄' 에 해당되어 처벌을 받는다.

봉안전에 화재가 발생하여 소학교 교장이 자살하는 사건이 일어나기도 했다. 최초로 이러한 사건이 발생한 것은 1898년이었다. 이 학교의 교장은 구미(久米申太郎)란 사람으로 학교에서 불이 난 후 경찰에서는 자살을 강요하지도 않았고 교장이 사직하겠다고 해도 그럴 필요 없다고까지 했으나 그는 책임을 통감하고 자살을 했다.

학교 교장은 화재는 물론 지진, 태풍 등 비상사태가 있을 때에는 신명을 바쳐 어진영을 지켜야 했다. 어느 교장은 1940년 학교에 불이 나자 어진영을 꺼내려고 화염 속에 뛰어들어갔다가 순직한 일이 있었다. 교육회

등 사회에서는 이 교장의 행동을 일본정신의 권화로 칭찬을 아끼지 않았다고 한다.[17]

신사참배

일본의 천황 숭배사상을 식민지에 구현하려는 것이 신사참배(神社參拜)이다. 일본 정부는 메이지(明治)천황을 모신 이세신궁(伊勢神宮)의 복사판으로 경성(서울)에 조선신궁을 지었다. 조선신궁은 서울 남산 중턱에 자리잡고 북악산 밑의 조선 총독부와 마주보고 서울을 북에서 남에서 내려다 보는 위치에 건립했다.

이 조선신궁을 정점으로 하여 전국 각도 중심지에 신사(神社)를 짓고 말단 면에는 신사(神祠)를 만들었다. 이것을 중심으로 애국반을 만들었다. 애국반은 조선인의 황민화를 위한 대중조직으로 일본의 신도사상을 주입하면서 조선인의 일상생활에서 민족고유의 말, 문자, 성까지 바꾸는 일을 했다. 그러나 조선 민중은 내력을 알 수 없는 일본의 신을 '왜귀신(倭鬼神)'이라 부르고 내

서울 남산에 세워졌던 조선신궁.

심 저항했다.

이러한 신사참배가 종교적 신앙과 어긋난다고 하여 강력히 저항한 것이 장로파를 중심으로 한 그리스도교도들이다. 총독부는 이들을 강하게 탄압했다. 1938년 평양에 있는 숭실전문학교를 비롯한 장로파계 미션 스쿨 18개교가 폐쇄되었다. 1940년 6월부터는 최후까지 저항하는 그리스도교도에 대한 일제 검거로 2백여 개의 교회가 폐쇄되고 2천여 명이 검거되었으며 그 중 주기철(朱基徹) 목사 등 50여 명이 옥사하였다.[18]

일본인의 천황제론

일본의 오랜 역사를 통해 볼 때에 천황은 정치에 간여하지 않았다. 천황은 단지 민중과 신 사이에 제사를 전담하는 교섭자였다.

소설가 시바(司馬遼太郎)는 천황의 신성은 일본의 샤머니즘에 떠바쳐져 신이라고 인식하고 있었지만 본래 신은 피비린내 나는 정치에 간여하지 않아 무해 했다는 것이다. 그런데 송학(宋學)의 사상이 일본에 전해지면서 천황을 중국의 황제처럼 보는 사상이 생겨났다. 이리하여 남북조시대에 고다이코(後醍醐) 천황이 송학의 영향을 받아 실권자로서의 천황이 되려고 했다. 그러나 이러한 천황이 나오면 일본에서는 반드시 난이 일어났다. 일본의 자연스러운 모습이 아니기 때문이다.

그리하여 메이지(明治) 이후의 천황제는 결국 토속적인 천황신성관이라는 것에 프러시아풍의 황제를 얹은 것으로 극히 비일본적이고 인공적인 것이다. 따라서 일본의 천황이 황제였던 것은 메이지 헌법 80년간에 지나지 않는 것으로 오랜 일본사에서 보면 일순에 불과하다고 말하고 있

다.[19]

하야시(林房雄)는 '천황은 어디까지나 일본 민족의 천황이고 일본인의 오랜 역사 안에서 생긴 신앙의 중심이다. 이와 같은 신앙이 타민족 안에서 자연스럽게 생길 리가 없다. 한(漢)민족은 일본보다 오랜 역사와 전통을 가지고 있다. 일본인이 '천손민족'을 자칭하면 한민족은 '아시황제지자손(我是黃帝之子孫)'이라고 반발한다.

그는 일본의 천황제는 일본민족의 것이고 '천황제가 만일 해소되어 소멸되는 때가 있다면 그것은 일본 국민이 천황과 더불어 지구 국가의 속에서 완전히 해소되는 때일 것이다'고 주장했다. 그리고 그는 '나의 신념은 변하지 않는다. 천황제는 수출할 수 없다. 그리고 수출해서도 안 된다'고 소신을 말했다.[20]

제8장 유럽에서 시작된 제2차 세계대전

히틀러의 제3제국 건설

히틀러가 독일의 정권을 장악하면서 독일의 국가 목표 두 가지를 분명히 했다. 우선 프랑스를 파괴해야 한다. 프랑스는 시종일관 독일을 산산조각 내어 조그만 나라가 모인 잡동사니 나라로 만들려고 하고 있다. 이러한 프랑스와 마지막 셈을 끝내야 한다. 프랑스를 파괴해야 비로소 독일은 다른 곳으로 진진할 수 있다. 그리고

"이 지구위에 충분히 넓은 토지를 가져야만 국민은 비로소 생존의 자유를 누릴 수 있다. ― 국가사회주의 운동은 우리의 인구와 영역의 불균형을 해소하기 위해 힘을 기울여야 한다. 토지는 식량의 공급처인 동시에 무력 외교의 토대이기도 하다"(나의 투쟁)

이러한 독일의 국가 목표를 구현하는 것은 비스마르크가 세운 제2제국의 회복이었다. 비스마르크는 1871년 1월18일, 프로이센의 왕 빌헬름

1938년 9월 뉘른베르그의 나치당 전당대회에 참가한 15만 명의 나치당원과 SS 친위대원.

1세를 베르사유 궁전에서 독일 황제라고 선언케 했다. 독일은 프로이센의 무력에 의해 통일되었고 이로써 독일은 유럽에서 최강국이 되어 독일과 경쟁할 수 있는 나라는 영국뿐이었다.

이러한 제2 제국이 붕괴한 원인을 히틀러는 '나의 투쟁'에서 장황하게 기술하고 있다.

유태인과 마르크스주의자에 대한 관용, 중산계급의 어리석은 물질주의와 이기심, 황실측근의 애교족과 아부족의 구역질 나는 영향, ─ 근본적인 사회적 민족적 정책의 결여 등이라고 지적했다.

전쟁과 정복의 찬미, 권위있는 국가의 절대 권력, 아리안족, 즉 독일인을 지배 민족이라고 생각하는 신념, 유태인과 슬라브족에 대한 증오, 민주주의와 휴머니즘에 대한 멸시, 이러한 사상은 처음부터 히틀러가 만들어낸 독창적인 것은 아니다.

히틀러가 나타나기 이전의 1백 년 동안 독일인의 정신을 사로잡았고 그 결과로는 독일인과 전인류에 파멸적인 재앙을 가져오게 한 학식은 있지만 정신적 균형을 잃은 철학자, 역사가, 교사들, 그러한 괴상한 사람들로부터 영향을 받은 것이다.

1807년 프로이센이 예나에서 나폴레옹에게 굴욕적인 패배를 당한 후 피히테는 당시 베를린대학 강단에서 유명한 '독일 국민에게 고함'이라는 연설을 했다.

그의 이 연설은 분열되고 패배감에 젖어 있는 독일 국민을 흥분시키고 결집시켰다. 그는 라틴 민족, 특히 프랑스인은 퇴폐한 민족이다. 독일인만이 재생의 가능성을 가지고 있다. 독일어는 가장 순수하고 가장 독창적이다. 독일인 밑에서 새로운 시대가 꽃피운다. 그것은 우주의 질서를 반영하는 것이라고 주장했다.

피히테의 연설은 의기소침한 대중에게 마치 좋은 포도주와 같았다.

1814년 피히테가 죽자 베를린대학의 강좌는 헤겔이 이어받았다. 헤겔에게는 국가가 모든 것이었다. 무엇보다도 국가는 세계 정신의 최고의 구현이다. 국가는 개인에 대해 최고의 권한을 가지며 개인의 최고의 의무는 국가의 일원이 되는 것이다.

전쟁은 위대한 정화자다. 전쟁은 오랫동안 계속된 평화로 인해 부패된 인간을 윤리적으로 건강하게 만드는 것이며, 세차게 부는 바람은 평온이 계속되어 바닷물이 불결하게 되는 것을 방지하는 것과 같은 것이다.

헤겔은 하늘이 준 천재를 독일이 다시 얻을 때, 그러한 국가가 실현된다고 믿었다. 그는 머지않아 독일의 시대가 돌아오며 그 사명은 세계를 재생시키는 데 있다고 예언했다.

하인리히 폰 트라이치케는 헤겔보다 늦게 베를린대학으로 왔다. 1847년부터 1896년에 죽을 때까지 역사학 교수로 인기가 높았다.

트라이치케는 전쟁은 인간의 최고의 표현이라고 선언했다. 그는 '군사적 영광은 모든 정치적 미덕의 기초이며 프로이센의 군사적 영광은 우리들 시인과 사상가의 걸작과 마찬가지로 귀중한 보석이다' 고 말했다. 그는 '맹목적인 평화만을 바라고 있는 것은 ― 우리 시대의 사상과 도덕의 치욕이다' 고 주장했다.

국가사회주의 독일을 이해하려면 바그너를 알아야 한다고 히틀러는 종종 말했다. 위대한 작곡가 바그너는 히틀러와 마찬가지로 유태인에 대한 광적인 증오심을 가지고 유태인은 금전으로 세계를 지배하기 위해 태어났다고 믿었다. 그리고 의회민주주의, 물질주의, 부르주아의 범용성을 경멸했다. 독일인은 그 특수한 천성을 지님으로써 세계의 지배자가 되는 것이 아니라 세계를 고귀하게 만드는 인간이 된다고 했다.

바그너는 엉뚱한 민족이론을 생각해낸 외국인 두 사람을 사귀었다. 그 한 사람은 프랑스 외교관인 요셉 아르튀르 드 고비노 백작과 영국인 중 가장 이상한 인물 중 한 사람인 휴스턴 스튜어트 체임벌린이다.

고비노는 토크빌이 1848년 프랑스 외무장관으로 있을 때 그의 비서실장이 되어 관료 생활을 시작했다. 그리고 외교관으로서 하노버와 프랑크푸르트에서 근무했다.

그는 '주요한 인종은 셋인데 그것은 백색, 황색, 흑색 인종이며 그 중 백인종이 가장 우수하다' 고 말했다. 역사는 모든 문명이 백색 민족으로부터 흘러나왔고 백색 민족의 협력없이는 어떤 문명도 존재할 수 없다고 주장했다. 백색 인종의 알맹이는 아리안 민족이라는 그의 사상은 독일에서 받아들여졌다. 순식간에 전독일에 고비노협회가 수없이 생겨났다.

독일의 고비노협회 열성회원 중 휴스턴 스튜어트 체임벌린이 끼어 있었다. 영국 해군제독의 아들이며 영국 육군원수 네빌 체임벌린과 두 명의 영국 육군장관이 조카뻘이 되고 나중에는 리하르트 바그너의 사위가 된 이 체임벌린은 1855년 영국 포츠머스에서 태어났다. 그는 프랑스와 제네바에서 교육을 받아 프랑스어에도 능숙했다. 그리고 그는 독일 국적을 가지게 되었다.

체임벌린은 구원의 길은 튜턴족과 그 문화에 있다고 말했다. 그는 튜턴 중에서는 독일인이 가장 고귀한 천품을 타고났다고 했다. 독일인은 세계의 주인이 될 권리를 받고 있다. '신은 오늘날 독일만을 의지하고 있다. 이것은 이미 수년 동안 내 영혼을 채워주던 지식이며 확실한 진리이다'고 말했다. 그는 1924년 공표한 한 논문에서 당시 수감되어 있던 히틀러를 독일 국민을 인도하도록 신에 의해 운명지워진 인물이라고 격찬했다.[1]

1930년대의 대공황 여파는 몇 가지 측면에서 전쟁 발발의 원인을 제공해 주었다. 우선 대공황은 경제적 민족주의를 격화시켰다. 각국 정부는 실업과 경기 침체에 직면하여 자국 생산자와 국내 시장을 보호하기 위해 고율의 관세정책에 의존했다. 또한 실업을 줄이기 위한 수단으로 무기 생산을 현저하게 증가시켰다. 영국 및 프랑스의 우려에도 불구하고 독일도 재무장하기 시작했다.

대규모의 군비확장은 대략 1935년 독일에서 최초로 이루어졌다. 그 결과 독일에서는 실업이 실질적으로 감소했고 경기가 활기를 띠게 되었다. 공황은 호전적인 팽창주의의 새물결을 불러일으키는 데 기여했다. 각국은 자국의 경제문제를 해결하기 위한 수단으로 이웃나라의 영토를 정복하는 방향으로 나갔다.[2]

독일의 폴란드 침략

히틀러는 1936년 라인란드를 점령하고 1937년에는 협박과 호언장담으로 유럽의 지축을 흔들어놓고 1938년에는 오스트리아를 병합하고 다시 체코슬로바키아를 그 산하에 두려고 했다.

1939년 8월 독일은 소련과 불가침조약을 체결했다. 이 조약에는 독일과 소련 양국이 폴란드를 분할 점령하는 것과 발트해 3국을 소련의 세력권으로 한다는 비밀협정이 있었다.

조약이 체결된 1주일 후, 독일은 폴란드로 침공했고 소련도 동시에 침입하여 폴란드를 분할점령했다. 독일 점령 하의 폴란드에서 유태인 수십만 명이 살해되고 소련도 1만 5천 명의 폴란드군 장교를 학살하는 비참한 사태가 벌어졌다.

1939년 9월 1일, 독일이 폴란드를 침공하자 영국과 프랑스는 폴란드를 지원하여 9월 3일 독일에 선전포고를 하고 제2차 세계대전이 개시되었다. 그러나 몇 달 동안 전쟁은 소강상태를 유지하다가 1940년 4월 모든 준비를 끝낸 독일이 행동을 개시했다. 독일군은 우선 덴마크에 침입, 점령한 후 노르웨이를 침략했다. 그리고 전격적으로 네덜란드, 벨기에를

세계 제2차대전의 포문을 연 독일의 폴란드 진격.

공격하고 영국과 프랑스군을 덩게르크에서 대파하고 계속 진군하여 파리를 점령했다.

파리가 함락되자 프랑스는 항복하고 국토의 3분의 2를 독일이 점령하고 나머지 남부에는 페탱이 이끄는 비시정권을 세워 독일에 협력하게 했다. 그러자 영국으로 망명한 드골은 런던에 자유프랑스 국민위원회를 만들고 프랑스 국내의 저항조직과 연계하여 항전을 계속하게 되었다.

고노에의 제2차 내각

제2차 고노에 내각은 유럽에서 독일이 프랑스를 점령한 직후인 1940년 7월에 성립되었다. 신내각의 특징은 도조 히데키(東條英機) 육군대신과 외무대신에 마쓰오카(松岡洋右)를 기용한 것이다.

소년시절 미국에서 접시닦기를 하면서 공부하여 외교관이 되고 이어 오랫동안 만철(滿鐵)에서 근무한 후 대만철의 총재까지 오른 마쓰오카는 혁신적 육군장교 이상으로 반 미국과 영국, 친히틀러 경향이었다.

만주사변 이전부터 '만주와 몽고는 일본의 생명선'이란 말이 유행어가 되었는데 이것을 최초로 발언한 것이 마쓰오카였다. 그는 내각 발족 후 남방의 구미식민지를 시야에 넣은 '대동아 신질서'를 '대동아 공영권'으로 바꾸어 부른 데서 그의 성격이 잘 나타나고 있다.

비교적 온화한 성격의 고노에가 대외강경론으로 군부에 인기가 있는 마쓰오카를 기용한 것은 일본의 진로에 큰 암영을 던지고 있음을 시사하는 것이다.

일 · 독 · 이(日獨伊)의 3국 동맹

전격작전으로 군사적 우위를 확보한 독일은 영국 본토 상륙작전을 계획했으나 좌절하고 단기 결전안을 수정하지 않을 수 없게 되었다.

히틀러는 파리를 점령한 후 남은 유일의 적 영국에 화평을 제의했다. 그러나 체임벌린에 이어 수상이 된 처칠은 이 제의를 단호히 거절했다. 히틀러는 할 수 없이 영국 본토를 점령하기 위한 전제로 맹렬한 공습을 감행했다. 레이더를 설치해놓은 영국은 독일 공군을 격퇴하는 데 성공했다. 독일 공군은 2,265기의 비행기를 잃고 영국 본토에의 출격을 단념했다. 이때만 해도 독일에는 레이더가 없었다.

이후 히틀러는 영국의 저항에는 소련이라는 잠재적인 적이 있다고 생각하여 대소전을 준비하는 한편 미국의 참전을 억제하기 위해 일본의 해군에 기대를 걸었다.

그리하여 독일은 일본에 독일과 이탈리아, 일본을 축으로 하는 3국 동맹을 강력히 희망했다. 그러나 일본 내의 영미파는 물론 정·재계에도 3국 동맹에 반대하는 사람이 많고, 해군 안에서는 요나이(米內), 야마모토(山本五十六) 등이 완강하게 반대했다. 이들은 독일과 손을 잡으면 영국, 미국과 적대관계가 되고 소련과의 관계도 악화된다고 반대 이유를 들었다.

그러나 마쓰오카는 다음과 같이 강력히 주장했다.

"이대로 가면 독일이 영국을 항복시키고 유럽의 강대국이 될 것이다. 이제 일본이 독일의 요구를 거절하면 독일은 일본을 상대하지 않을 것이다. 반대로 일본이 영국과 미국에 협력하면 독일을 적으로 돌릴 뿐이고 미국이 말하는 대로 중일전쟁을 처리하지 않으면 안된다. 그것은 국민이 납득하지 못할 것이다. 따라서 독일과 손을 잡아야 한다."[3]

이리하여 1940년 9월 4일, 3국 동맹은 베를린에서 체결되고 일본의 운명은 결정되었다.

히틀러가 일본에 거는 기대

히틀러의 비밀첩보기관은 유럽뿐 아니라 남북 미주 대륙에서도 무서운 첩보망을 펼치고 있었다. 따라서 그들은 독일이 개전하여 영국 본토 공격을 개시하는 도중 영국 수상 처칠과 미국 대통령 루스벨트 사이에 이루어지는 왕복 서신의 숫자까지 정확하게 알고 있었다.

처칠은 미국의 참전이 유럽의 운명을 결정하는 것으로 보고 비명에 가까운 집요한 탄원을 계속 보내고 있었다. 양자가 교환한 친서와 메시지는 이미 8백 통을 넘었고 그 내용과 병행하여 루스벨트는 참전준비를 진행하고 있었다.

루스벨트가 즉각 참전 결정을 하지 못하는 이유는 미국 내의 압도적인 참전 반대 여론 때문이었다. 루스벨트는 3선이라는 이례적인 대통령선거 중에 다음과 같은 공약을 국민에게 했다.
"— 젊은이를 가진 어머니, 아버지들에게 나는 다시 한번 약속을 하겠다. 나는 이것을 전에도 말했지만 두 번 세 번 되풀이, 되풀이 하겠다. 여러분의 자식들을 결코 외국의 전쟁에 불러내는 일은 없을 것이다"

히틀러는 미국의 군사적 능력을 경멸하면서도 향후 2년간은 미국이 참전하지 않도록 해야 한다고 생각했다. 그것은 워싱턴에 주재하는 독일 대사관의 주요 임무였다. 국회의원을 매수하고 저술가를 원조해주고 미국 제1위원회를 보조하는 것 등을 포함하여 미국의 고립주의자들을 지지하며 미국이 전쟁에 개입하는 것을 막으려고 매우 고심했다.
그러면서도 히틀러는 언젠가는 미국을 호되게 쳐부수어야 한다는 생각을 하고 있었다. 그 방법은 한 번에 한 국가씩 조처하는 것이다. 그것은 영국과 소련을 타도한 후의 일이었다. 그 시기가 오면 일본과 이탈리아와 협력하여 벼락부자가 된 풋내기 미국을 처치해버린다. 미국은 추축국 앞에 무릎을 꿇고 굴복하는 날이 올 것이라고 믿었다.
독일이 미국을 처치할 준비가 완성될 때까지 일본이 미국을 막아주어야 한다고 생각했다.

독일의 외상 리벤도르프는 일본이 가능하면 빨리 자국의 이익을 위해서라도 세계대전에 참여하여 아시아에 있는 영국 영토를 점령하라고 설득했다. 일본 함대는 힘도 안들이고 미국함대를 격멸시킬 수 있을 것이라고 했다. 그리고 전쟁은 영국과 미국의 몰락에 의해 조속히 종결될 것이다. 이것은 호전적인 일본 대사에게 그럴 듯 하게 들렸다.

일본이 단호하게 나가면 미국은 주춤하고 물러설 것이다. 미국 국민은 자기들의 아들을 전쟁에 희생시키고 싶지 않을 것이며 어떠한 전쟁에도 말려들고 싶지 않을 것이다.

리벤도르프는 그 해 가을 내내 몇 차례에 걸쳐 일본으로 하여금 소련의 배후를 습격하도록 종용했다. 그 때마다 일본 정부는 정중하게 '대단히 유감스럽지만—' 하고 대답하면서 움직이지 않고 있었다.[4]

독일은 소련과의 전쟁에 일본이 협조할 기색이 보이지 않고 있기 때문에 소련이 정복되기 전까지 미국을 참전시켜서는 안 된다고 생각하고 있었다.

루스벨트와 조지 워싱턴

루스벨트 대통령은 실제로 1936년까지는 미국 밖에서 일어나는 일에 별로 신경을 쓰지 않았다. 대통령 초기에 중국에 대해서 감정적으로 친근감을 갖고 있었고 대외정책으로는 필리핀의 독립을 촉진하고 소련을 승인하는 정도에 그치고 있었다. 그의 관심은 국내의 뉴딜정책에 집중하고 있었고 대외관계는 가능하면 국무성에 모두 맡기고 있었다.

루스벨트는 미국의 많은 사람들이 현저하게 고립주의에 매여 있음을 잘 알고 있었다. 미국인은 유럽에서 끊임없이 일어나는 소요에 싫증을 느끼고 제1차 대전을 통해 전쟁에 대한 증오가 매우 뿌리 깊이 박혀 있었다.

고립주의는 과거, 현재, 미래를 통해 미국민의 국민감정을 형성하는 한 면을 올바르게 나타내고 있었다.

미국의 초대 대통령 조지 워싱턴은 1796년 대통령의 자리를 떠나면서 의회에서 고별연설을 했다. 그는 이 연설에서 독립 후 얼마 안 되는 미국 외교의 나갈 방향을 제시했다.

"— 모든 국민과의 평화와 조화를 구하라. — 특정 국민에 대한 영구적인 뿌리 깊은 반감과 특정 국민에의 열정적인 연결을 피하고 그 대신 모든 국민에 대한 올바른 우호적인 감정을 키우는 것처럼 중요한 것은 없다.

세계의 어떠한 국민과도 항구적인 동맹을 피하는 것이 우리나라의 참된 정책이다.

한 국민이 타 국민에 반감을 갖게 되면 — 악의와 원한에 선동된 국민은 정부의 최선의 정책을 요구하는 대신 전쟁을 강요하게 된다.

한 국민이 타 국민과 열정을 쏟아 결합하는 경우에도 같은 여러 가지의 해악이 생긴다.

우호국민에의 공감은 진실에는 있지도 않은 공통의 이익의 환상에 사로잡혀 타 국민에의 증오를 자국민에게 불어넣어 적절한 이유와 동기도 없이 자국을 저버리고 타국의 분쟁과 전쟁에 휩쓸리게 된다."[5]

워싱턴이 남긴 이러한 연설은 시대가 변하고 달라진 정세 아래서 지역적 집단안전보장을 목적으로 한 동맹조약 등이 체결된 오늘날에도 아직

충분히 음미해 볼만한 교훈을 담고 있다.

당시 루스벨트가 전쟁을 원하지 않았던 것은 분명하다. 양식이 있는 미국인으로 전쟁을 바라고 있었던 사람은 하나도 없었다. 그러나 그는 전쟁은 피할 수 없는 것이라고 생각하고 국민이 어떻게 생각하든 미국이 그 와중에 말려들 것은 틀림없으므로 전쟁이 시작되기 전에 준비를 서둘러야 한다고 생각하고 있었다.

그것은 루스벨트가 히틀러의 정체를 간파하고 있었기 때문이다. 그는 히틀러의 배경, 즉 그가 흉악한 천재이고 괴물인 것을 파악하고 있었다. 루스벨트는 방임주의 경제가 실패하고 모든 사람들이 현실의 생활에 커다란 불만을 품고 있어 국가주의와 사회주의를 결합시킨 히틀러를 지지하게 된 정세를 잘 이해하고 있었다. 히틀러는 민주주의의 우둔함과 자기만족과 이기주의에 의존할 수 없다고 판단하고 있음도 이해했다.

영국의 네빌 체임벌린 수상은 속일 수 있어도 자신은 속일 수 없다고 생각했다.

여기에 일본이 가담하여 3국 동맹을 체결한 것이다.

루스벨트는 프랑스가 패배한 직후 영국에의 무기수출을 개시하고 선거전이 진행되던 여름 함령이 지난 50척의 구축함을 영국에 양도하고 서대서양의 해군기지의 사용권을 획득했다.

그는 많은 미국의 장교와 기술자를 영국에 파견하고 영국의 비행사를 미국에서 훈련시키고 영국의 군함을 비밀리에 미국에서 수리하게 했다. 1940년 9월에는 미국 역사상 처음으로 평시 징병제도가 채용되고 해군력을 강화하기 시작했다. 그리고 무기대여법안의 준비도 마쳤다.

맨해튼 계획

1939년 10월, 당시에는 잘 알려지지 않았으나 루스벨트는 새로운 플랜에 대한 그의 상상력과 용기와 이해력을 확실하게 실증하는 일에 착수했다.

10월 11일 뉴욕의 유명한 경제학자이고 과학에 취미를 가지고 있던 알렉산더 삭스가 원자분열에 관한 최근의 연구를 보고하기 위해 루스벨트를 방문했다. 우라늄의 원자를 분열시켜 연속적인 반사운동을 일으키는 가능성에 대해 루스벨트의 지식은 거리에 있는 경관의 지식과 거의 같은 수준이었다. 그러나 그는 즉각 그 연구의 가치를 인식했다. 그는 열심히 귀를 기울일 뿐 아니라 연구의 속행을 명령했다.

삭스 박사는 독일에서의 원자물리학의 발달을 알고 있었기 때문에 대통령을 방문한 것이다. 그는 알버트 아인슈타인 박사의 편지와 어떤 실험에 막 성공한 레오 지라드 박사의 편지도 가지고 왔다. 지라드도 그의 밀접한 협력자 엔리코 페르미도 파시스트에 의해 쫓겨나온 사람들이었다.

루스벨트는 육군과 해군 그리고 과학자들을 포함하여 '우라늄 자문위원회'를 만들었다. 6개월에 걸쳐 장래의 맨해튼 계획의 기초가 만들어졌다. 1940년 6월 15일, 파리가 함락된 다음날 루스벨트는 바네바 부슈 박사에게 모든 지휘를 하도록 했다. 그리고 신기루와 같은 웅대한 이 계획에 20억 달러를 계상했다.[6]

일본의 제로센

일본 해군이 처음으로 비행기를 구입한 것은 1912년으로 그로부터 1930년까지 19년간에 모든 것이 일본인의 손으로 만들어진 비행기는 한 대도 없었다.

처음에는 완성된 비행기를 직수입했고, 그 후 특허를 사서 제작했는데 그것도 거의 전부가 외국인의 설계에 의한 것뿐이었다.

일본이 국산 비행기를 제작하기 시작한 것은 1932년이었다. 해군 항공본부의 기술부장으로 부임한 야마모토(山本五十六)의 구상이 실현된 것이다. 야마모토의 제안을 마쓰야마(松山茂) 본부장이 결재하여 획기적인 방침이 정해졌다. 비행기는 모두 국산이어야 할 것, 기체는 모두 금속이어야 할 것, 비행기는 단엽이어야 할 것이었다.

열국 해군의 비행기도 기체는 모두 목금(木金) 혼합의 복엽기(複葉機)였고 단엽기는 아직 꿈 속의 일이었다.

이러한 시대에 올 쥬라루민의 단엽기를 순국산으로 날도록 결정한 것이므로 이 결정은 획기적인 것이라고 할 수 있다.

야마보토는 기술부의 선임부원 와나(和田操) 중좌와 함께 '실계 3개년 계획'이란 것을 만들어 강력히 그 사업을 추진했다. '설계 3개년 계획'이란 것은 3년 만에 설계를 완성한다는 뜻이 아니었다. 설계한 것을 실시부대에 전하고 실험에 도움이 되도록 한다는 것이다.

이리하여 1933년에는 이미 새로운 전금속 단엽의 전투기가 미쓰비시(三菱) 중공업에서 만들어졌다. 이 비행기의 설계자는 호리코시(掘越三郎)로 이것이 다음 해 개량된 것이 최고 시속 4백 킬로미터 이상의 편특

저익(低翼) 단엽기의 96식 전투기였다. 이 96식 전투기가 다시 1937년 재개량되어 상승력 전투력과 함께 세계의 눈을 의심하게 한 '제로센(零戰)'이었다.

미국과 영국도 올 쥬라루민의 전투기는 일본보다 훨씬 늦게 만들어졌고 그 공격능력도 제로센이 20밀리미터 기관총을 장비한 것에 비해 겨우 7.7밀리미터 밖에 장치하지 못했다.

그리고 일본은 함재공격기 '97식 함공'을 개발했다. 이 '97식 함공'은 어뢰 또는 폭탄 8백 킬로그램을 저장하고 저공에서의 뢰격도 고공에서의 급강하 폭격도 가능한 뛰어난 조정성과 착함성을 가지고 있었다.[7]

이렇게 피나는 노력의 결집으로 일본인은 그 능력에 있어 결코 타국에 뒤지지 않는 비행기를 생산하여 자부심을 갖게 되었다.

미군이 무서워 한 제로센

제로센은 '영식함상(零式艦上) 전투기'가 정식 이름이다. 항공모함에 적재하기 위해 만든 전투기였다. 일본의 연호(年號)인 기원 2600년(1940년)의 끝의 숫자 0을 따서 붙여진 이름이다.

이 전투기를 처음 전쟁에 투입한 것이 중경 폭격이었다. 중국 사천성의 중경은 중국 정부의 임시수도로 장개석 총통을 비롯하여 미국, 영국, 독일 등 각국 대사관이 이전해 있었다.

제로센이 처음 등장한 때가 중일전쟁 3년 째이고 육·해군 항공대가 호남성 한구(漢口)에서 폭격기를 발진시켜 연일 공습을 감행했다. 이곳에서 중경까지는 8백 킬로미터 거리였다. 이 폭격기를 호위하기 위해 출

일본의 제로센 전투기.

격시킨 것이 제로센이었다.

최대 속도 5백 킬로미터, 항속거리 3천 킬로미터 이상, 20밀리미터 기관총을 탑재했다. 제로센은 중경 상공에서 적의 전투기를 순식간에 제압하고 중국 상공에 군임했다.

중경 폭격으로부터 1년 3개월 후에 태평양전쟁이 시작되었다. 중경에는 민간인 자격으로 미국 육군항공대의 장교가 고문으로 주둔해 있었기 때문에 제로센의 정보는 즉각 미국 본토 사령부에 보내졌는데 미국 육군은 전혀 관심을 보이지 않았다. 일본이 그렇게 우수한 전투기를 만들어 낼 리가 없을 것이라는 강한 선입관에 사로잡혀 있었다.

그러나 현실적으로 전쟁이 진행되고 필리핀의 미군 항공대가 개전 초일 궤멸하고 2일 후에는 말레이시아 해상에서 영국의 동양함대 군함 2척이 일본 해군의 항공대에 격침되고부터는 그 심각성을 인식하지 않을 수 없었다.

제로센의 우수함은 그 선회능력에 있었다. 전투기를 격추하기 위해서는 후방에서 사격하게 되어 있었다. 미군의 전투기가 제로센의 후방에 잘 위치했다고 생각하는 순간 제로센은 급각도로 공중회전을 하여 곧 후방으로 붙어 사격을 가해오는 것이다. 미군의 전투기는 이 재빠른 제로센을 당할 수가 없었다.

미군 항공대는 할 수 없이 제로센과 1대 1 대결을 금지시켰다. 2기 1조가 되어 제로센보다 높은 위치를 유지하여 일격을 가한 후 돌아보지도 말고 그대로 도망하라고 지시했다.

이러한 제로센의 우위가 역전된 것은 개전 후 약 2년이 지난 1943년 가을부터였다. 미군은 아류샨 열도의 아크탄섬에 불시착한 제로센 1기를 회수하여 완전히 복원하고 모의 공중전을 되풀이하고 그 약점을 찾아내었다. 그리고 개발 중인 그라망 F6F에 보완했다. 이 F6F가 항공모함에 탑재된 후로 제로센은 그 위력을 발휘하지 못하게 되었다. F6F의 마력은 제로센의 2배이고 기체도 커서 제로센과 같이 가볍게 공중회전은 하지 못했지만 스피드와 고도에 뛰어나 일격 이탈법으로 제로센을 압도했다.[8]

태평양전쟁은 항공기 전투로 대세가 결정되었다. 미국과 일본 양국 모두가 전쟁 전에는 상상도 못한 전투법이 전개된 것이다.

일본과 미국의 군사비 차이

미국의 군사비는 일본의 군사비를 압도하고 있었다. 일본군이 만주에서 활발하게 전쟁을 전개할 때에 미국은 평상시였지만 일본 군사비를 훨씬 상회하고 있었다.

만주사변시 일본은 1억 5천 2백만 달러도 못되는 군사예산으로 정복에 나섰다. 당시 미국은 국내의 군대를 만족시키는 것만으로 6억 6천 7백만 달러를 지출했다.

그리고 일본이 만주와 중국을 침략하기 위해 준비한 군사물자는 거의 미국, 영국, 네덜란드로부터 공급을 받고 있었다. 미국 등 3국은 군수필수품의 85퍼센트를 공급했고 1938년에는 미국만으로 57퍼센트나 공급하고 있었다. 일본이 미국으로부터 공급받은 물품은 비행기 부품, 고철, 석유, 공작기계, 고무, 주석, 동, 면 등이었고 이 수입품의 대금은 미국 달러와 영국 파운드로 지불하지 않으면 안 되었다.

1940년 2월, 일본의 해군은 의회에 7백만 달러의 군사예산을 요구했다. 그러나 미국은 같은 해 7월에 전함 44척, 비전투함 1척을 보강하는 해군확충계획을 승인했다. 총액 5억 5천만 달러였다. 미국에서 보면 일본 해군은 손으로 젓는 보트에 불과했다.

1937년 7월, 중일전쟁이 시작될 때부터 진주만에 이르기까지 4년 3개월 간에 일본은 중국과 만주의 군사활동비로 62억 5천만 달러를 사용했다. 그러나 미국은 당시 전쟁에 참가하지 않는 평상시임에도 1940년 7월부터 1941년 3월까지 1천 6백 10억 달러를 군사비로 지출했다.[9]

미국의 경제 제재

히틀러가 파리를 점령할 무렵인 1940년 6월 루스벨트 대통령은 후버 시절 국무장관이었던 헨리 스팀슨을 육군장관으로 발탁했다. 루스벨트가 스팀슨을 기용하면서 미국의 중립주의 고립외교는 '힘의 외교'로 전환하게 되었다. 미국은 종래의 유화정책을 포기하고 제1차 대전 후 세워진 세계 질서를 흔드는 독재자들을 견제해야 평화를 유지할 수 있다는 생각을 하게 되었다.

이리하여 중일전쟁이 시작된 지 2년이 지난 이 시점부터 미국의 일본에 대한 경제 제재는 시작되었다. 첫번째 단호한 조치가 미일통상항해조약의 폐기였다(1940년 1월 실효). 미국은 이 조치로 일본에 대해 수출금지 상품을 자유로 정하게 되었다.

미국은 이어서 '국방강화촉진법'을 만들어(1940년 7월) 국방상 필요하면 대통령이 자유로 품목을 정하여 수출금지를 할 수 있도록 권한을 주었다. 이때가 독일이 프랑스를 점령했을 때였다.

이후 일본이 3국 동맹을 체결하고 북부 베트남(하노이 부근)으로 진주하자(1940년 9월) 미국은 일본에 고철수출을 중단했다. 일본에 대한 강력한 경고였다.

일본이 일·독·이(日獨伊) 3국 동맹을 맺고 북부 베트남으로 진주한 것을 계기로 미국의 일본 경제 제재는 그 성격을 달리했다. 이제까지는 9개국 조약 위반으로 어디까지나 중국 시장에 대한 일본의 독점에 반대하는 입장에서의 경제 제재 수준이었다. 침략을 당하고 있는 중국에 대한 박애주의적인 동정심에 근거하고 있었다.

그러나 3국 동맹 이후부터는 일본은 미국의 적대국가로 변했다. 일본은 이후 10개월간 미국과 무역정상화를 위한 교섭을 추진했다. 미국은 일본군이 중국에서 철수할 것과 3국 동맹을 휴지화할 것을 요구했다.

일본은 미국에 의존하지 않고 석유 수입을 교섭하기 위해 고바야시(小林一三) 상공대신을 인도네시아로 파견했다. 그가 바다비야에 도착한 것이 1940년 9월이었다. 그러나 네덜란드측은 교묘한 술책으로 고바야시 상공을 9개월이나 끌고 다니다가 아무런 소득도 없이 귀국하게 만들었다. 비록 네덜란드 본국은 독일에 점령당했지만 인도네시아에 있는 네덜란드인은 독일과 한편인 일본을 강하게 만드는 무역에 응할 리가 없다. 그리고 인도네시아 석유 자본은 영국과 미국의 자본이었다. 요컨대 시간만 번 것이다.

일본은 12척의 탱커를 미국을 향해 보냈다. 석유를 구입하기 위해서였다. 그 중 6척이 미국의 석유적출항까지 갔지만 석유 한 방울도 사지 못하고 돌아왔다.

일본이 네덜란드와 석유협상을 진행 중이던 1941년 6월 22일 독일은 소련을 침략했다. 그러자 일본은 기다렸다는 듯이 남부 베트남(사이공 부근)으로 짐령해 들어갔다. 그리고 이곳을 기지로 하여 싱가포르, 밀레이시아, 인도네시아를 공격할 태세를 갖추었다.[10]

1941년 7월 중순 루스벨트 대통령은 집무실에서 일본의 외교전문을 읽으면서 매우 분노하고 있었다. 중국 광동의 일본 총영사가 7월 14일 도쿄로 타전한 것을 수신한 것이다. 당시 미국은 일본의 암호전문을 모두 해독하고 있었다. 루스벨트가 읽은 전문의 내용은 대체로 다음과 같은 것이었다.

'프랑스령 인도차이나(베트남 사이공 부근) 점령 후의 계획은 인도네시아에 대한 최후 통첩의 발송이다. 작전의 주력은 해군이 되겠지만 육군도 싱가포르 점령에 1개 사단, 인도네시아 점령에는 2개 사단을 투입한다. 그 때에 각 기지의 항공대와 잠수함부대로서 미·영의 군사력을 분쇄한다. —'

미국 해군 작전부는 이 전문에 대해 '단순히 희망적 관측일 뿐 직접 군사행동을 일으키는 지령은 아니다'고 판단했다. 그러나 일본이 인도차이나 반도 전역에 야심을 가지고 있고 말레이시아, 싱가포르 외에 필리핀과 미군이 주둔하고 있는 동인도제도에 손을 뻗칠 기회를 노리고 있다는 의도는 간파할 수 있다.

7월에 들어서서는 미국 내 일본에 대한 경제 제재론이 과거보다 훨씬 강하게 일어나고 있었다.

7월 24일 루스벨트는 노무라(野村) 주미 일본대사를 백악관으로 불렀다. 이 자리에서 루스벨트는 노무라 대사에게 잔혹할 정도로 솔직하게 경고를 했다.

'이제까지 석유금수를 하지 않았던 것은 일본이 인도네시아에 진출할 구실을 주지 않기 위해서였다. 그런데 미국은 동부를 중심으로 석유부족이 심각해져서 왜 일본에 석유를 수출해야 하는지 의문을 가지고 있는 국민이 점차 많아지고 있다. 그렇다고 일본이 인도네시아로 진출하게 되면 영국은 네덜란드를 지원하여 반발할 것이고 또한 일본은 미국을 적으로 돌리는 결과가 될 것이다. 만약 그렇게 되면 일본은 미국과의 대결을 각오하지 않으면 안된다.'고 못을 박았다.(찰스 단실 저, '뒷문으로부터 전쟁으로')

노무라 대사는 이날 아침 미국이 내일이라도 일본의 자산을 동결할 것이라는 신문보도를 보고 황급하게 은행으로부터 현금 10만 달러를 인출했다.

자산동결은 실제로 7월 26일에 발표되었고 일본군이 베트남 사이공 부근으로 진주한 8월 1일에 미국은 석유의 전면금수 조치를 단행했다.[11]

당시 일본이 비축하고 있던 석유는 약 6백만 톤이었다. 그것은 약 2년 반 정도 사용할 수 있는 분량이고 일본 해군의 군함도 비행기도 그 후에는 연료가 완전 고갈되는 것이 명백해졌다.[12]

일본이 독일에 거는 기대

1941년 6월 22일, 독일군은 소련을 침략했다. 히틀러는 4백만 명에 달하는 대병력으로 북은 발트해로부터 남은 흑해에 이르는 국경 전 전선에 걸친 대규모였다.

히틀러는 '나는 나폴레옹과 같이 겨울까지 가는 서투른 전쟁은 하지 않는다'고 호언했다. '이 진격 작전은 아마 4주면 끝날 것이다. 이것은 전쟁이라기보다 하나의 경찰조치라고 해야 할 것이다'라고 말했다.

실제로 히틀러는 전격적으로 소련을 공략하여 겨울이 오기 전에 전쟁을 끝낼 심산이었다. 따라서 독일군은 일체 월동준비가 안된 채 진격했다. 물론 동복도 준비하지 않았다.

독일의 대규모 기동부대가 모스크바를 향해 진격해 들어가자 일본은 이제 때가 왔다고 생각했다.

당시 모스크바에 주재하는 일본대사 다데카와(建川)는 7월 4일 본국에 전황을 알리는 전문을 다음과 같이 보냈다.

"소련 정부도 국민도 사기저하가 역력하다. 지난 3일 스탈린은 국민에 호소하는 연설을 했는데 하등 기백도 보이지 않고 모든 생활자원의 소각을 지시하는 등 방위전에 자신을 잃고 있음을 폭로했다. 인민도 전의가 부족하고 아무런 우국적 정열의 발로가 없고 소집된 병사도 대부분은 중국의 쿠리와 같은 복장을 하고 의기소침하여 묵묵히 머리를 떨구고 전선을 향하고 있다. 애국군가의 고창도 없고 마치 도살장에 끌려가는 양떼처럼 보였다. 러시아 특유의 둔중성에 기인한 것이라고는 하지만 승리에 자신이 없고 전쟁에 대한 혐오와 공포를 나타내는 것 같고 패색이 농후하여 모스크바의 함락은 이제 시간문제같이 보여지고 있다."

육군의 소장 장교들은 독일군의 일일 전격속도를 보고
'이미 소련의 붕괴는 결정적이다.'
'길게는 4개월, 짧게는 3개월이면 독일군의 승리는 확정될 것이다.'
'잘 되었다. 일본도 이 기회에 버스를 놓쳐서는 안 된다. 그렇지 않으면 세계는 모두 독일군에 점령되고 말 것이다.'
독일군의 눈부신 진격에 감탄하면서 마치 일본군이 승리하는 것처럼 환희에 들떠 있었다.[13]

미·소의 협력 체제

독·소전이 시작되자 루스벨트는 소련의 실정을 파악하기 위해 측근인 홉킨스를 모스크바로 파견했다. 당시 런던에 체재하고 있던 홉킨스는 1941년 7월 30일 대통령 특사 자격으로 모스크바에 도착했다.

다음날 홉킨스는 스탈린을 만나 미국이 소련을 지원하겠다는 의사를 말하자 스탈린은 감사하다는 말과 함께 즉각 필요한 물자 리스트를 내놓았다. 리스트에는 총포류와 항공기용 연료와 함께 항공기 생산용 알루미늄이 들어 있었다.

홉킨스는 모로토프 외상도 만났는데 모로토프 외상은 '미국은 아시아에서 일본의 전쟁행위를 저지하기 위해 더 강한 자세를 취할 수 없는가?' 고 물었다.

미국은 과거 소련을 회유하여 일본 포위를 도모했는데 이번에는 소련이 미국을 전면으로 끌어내리려고 초조해하고 있었다. 결국 홉킨스의 모스크바 방문은 제2차 대전에 있어서 최대의 전환점이 되었다. 어느 쪽에 가담할 것인가를 확실하게 하지 않던 소련이 독일에 의해 강제되기는 했지만 미국과 영국측에 가담했기 때문이다.

스탈린은 두번째 회담에서 '이 시점에서 독일을 격퇴하기 위해 미국이 참전해야 한다. 우리는 미국의 군인이 우리와 함께 싸워주기를 바란다고 대통령에게 전해달라' 고 말했다.[14]

자포자기의 전쟁인가

1941년 7월 31일, 미국의 석유금수 통고 전날 이 사실을 알게 된 천황은 해군의 나가노(永野修身) 군령부총장을 불러 물었다.

'미국에서 석유의 수출을 금한다는 말이 있는데 해군은 어떠한 방안이

있는가?'

나가노는 '석유의 공급원을 잃게 되면 우리 해군의 석유저장량은 2개년 분에 지나지 않습니다. 전쟁이 일어나면 1년 내지 1년 반에 소진되고 말 것이므로 이 기회에 치고 나갈 수밖에 없습니다.'

천황은 '그렇다면 미국과 전쟁을 해서 승산이 있는 것인가? 만일 전쟁을 해도 일본해 해전(러일전쟁 당시)과 같은 대승리는 곤란한 것이 아닌가?'고 물었다.

나가노는 '네, 일본해 해전과 같은 것은 있을 수 없을 것입니다. 이길 것인가 질 것인가 불안하지만 그렇다고 앉아서 굴복할 수는 없는 일이고 다른 활로는 없는 것 같이 생각됩니다'고 답변했다.

나가노가 나간 후 천황은 '그렇다면 자포자기의 전쟁이 아닌가?'고 감상을 말했다고 한다.

이렇게 해군도 육군도 미국에는 이길 수 없다고 생각하면서 전쟁준비를 서두르고 있었지만 이길 수 없는 전쟁을 스스로 일으키는 것은 국가에 대해 무책임한 것이다. 일본 군부도 그러한 정도의 상식은 있었다.

그러나 전쟁을 피하려면 미일교섭에서 미국이 종시 일관해서 요구한 중국 영토에 진격한 일본군 1백만 명을 철수해야 한다. 이 중일전쟁은 육군이 추진해온 전쟁이다. 일본은 이 전쟁을 '성전(聖戰)이라고 불러왔기 때문에 육군 수뇌부로서는 미국과의 전쟁에 이길 수 없으므로 중국에서 철수할 수밖에 없다고는 말할 수 없었다. 육군 내부에도 설득할 수 없고 더욱이 국민에게는 납득시키기 힘든 일이었다. 이제껏 치른 전쟁에 대해 육군이 책임을 져야 하기 때문이다.

그렇기 때문에 일본의 육·해군에서는 독일의 승리에 기대를 걸고 있었다. 독일이 소련에서 승리하면 영국에도 이길 수 있을 것이고 혹은 영국과 중도에서 협상을 할 수 있을 것이다. 독일이 영국을 굴복시키기만 한다면 일본군은 영국령인 말레이시아, 싱가포르를 점령하고 미얀마를 이반시켜 독립을 촉진하게 할 수도 있다. 그 기회에 영국과도 강화를 한다.

한편 일본은 미국령 필리핀을 점령한다. 필리핀을 잃으면 미국도 전의를 상실하여 미국도 영국같이 강화하게 할 수 있다. 이러한 구상 속에서 일본은 전쟁으로 치닫게 되었고 개전 3일 후 독일, 이탈리아와 '단독불강화'의 협정을 체결했다.

스탈린과 소련의 경제 성장

소련은 1914년의 제1차 대전과 그 후의 혁명 그리고 내란으로 인해 국내 산업이 다른 어느 강국들보다도 심각한 타격을 입었다. 1920년 경에는 1913년 생산량의 13퍼센트 수준까지 감소했다. 해외 무역은 자취마저 감추었고 1인당 국민소득은 60퍼센트 이상이나 감소하여 매우 비참한 지경에 이르렀다.

그러나 레닌의 1921년 신경제정책(NEP)으로 농민들을 집단화에서 개인영농을 허용하여 다시 복구되기 시작했다. 1926년이 되자 농산물 생산량은 전쟁 이전의 수준으로 회복되었고 2년 후에는 제조업 생산량도 전쟁 전의 수준으로 회복되었다. 전쟁과 혁명을 겪으면서 소련은 이제 발전을 재개할 수 있는 태세를 갖추었다.

당장 해외투자를 유치할 수 없는 소련은 대규모의 산업발전과 더불어 적대감이 팽배해 있는 국제관계 속에서 확고한 군사력을 육성하기 위해서 국내 자원을 통해 자본을 동원할 수밖에 없었다.

1926년 소련의 인구 78퍼센트는 농업부문에 종사하고 있었다.

스탈린이 국가수입을 늘리는 방법은 한 가지 밖에 없었다. 즉 농업을 집단화하여 농민들을 콤뮨으로 편성하고 부농을 없애 생산량을 통제하여 농민의 임금과 식료품의 소매가를 조정하는 방법이었다. 이리하여 위협적일 만큼 가혹한 방법으로 정부는 농촌 생산자와 도시 소비자 사이를 가로 막았다. 그리고 제정정부도 엄두도 내지 못할 정도로 엄청난 자금을 양측에서 착취했다.

소련은 국민 총생산량의 25퍼센트라는 엄청난 부분을 산업에 투자하고 교육과 과학, 군사 부문에 상당량 투자했다. 1928년에서 1940년 사이 12년간에 농업 인구가 전체의 71퍼센트에서 51퍼센트로 줄어들고 국민들도 전례없는 속도로 교육의 혜택을 보게 되었다.

1928년에서 1937년 사이 2차에 걸친 5개년 계획 기간에 국민의 소득은 244억 루블에서 963억 루블로, 석탄 생산은 354만 톤에서 1,280만 톤으로 강철생산은 400만 톤에서 1,770만 톤으로 증가했다. 전력생산은 7배로 공작기계는 20배 이상으로 트랙터 생산은 거의 40배 정도로 각각 증가했다. 1930년대 후반에 이르러 소련의 산업 생산량은 사실상 프랑스, 일본, 이탈리아를 훨씬 능가했고 영국도 거의 앞지르게 되었다.

소련은 만주사변과 히틀러의 집권기에 군사력을 증강하여 1934년에 94만 명, 1935년에 130만 명으로 급격히 증강했고 5개년 계획에서 거둔 산업생산량과 국민소득 증가에 힘입어 많은 전차와 항공기를 도입했다.

붉은 군대는 계속 증강되어 1941년에는 432만 명이나 되었다.[15]

히틀러의 새로운 질서

히틀러의 말을 빌리면 유태인과 슬라브족은 하급 인류이다. 슬라브족의 일부는 독일인을 위해 농사를 짓고 광산에서 노동하는 노예로서 필요할지 모르나 그들을 제외하고 나머지 사람들은 생활할 권리가 없다.

동부 유럽에 있는 대도시인 모스크바, 레닌그라드, 바르샤바 같은 곳은 영구적으로 말살시킬 뿐 아니라 러시아인, 폴란드인 기타 슬라브 민족의 문화까지 근절해야 할 것이며 그들에게 정식교육을 할 필요가 없다. 이들 국가의 공장들은 해체하여 독일로 이전시키고 주민들은 농업이나 전념케 하여 독일인을 위해 식량을 생산시키고 그들에게는 간신히 생명을 이어갈 정도의 식량을 배분하면 된다.

히틀러는 1941년 9월 18일 특별성명을 내려 레닌그라드는 '지구 표면에서 말살해야 한다'고 선언했다. 이곳을 포위하여 폭격과 포격으로 송두리째 파괴하여 동시에 주민을 진멸시켜야 힌다고 말했다.

독일군이 최초로 소련으로 침공했을 때 대부분의 지역에서는 오랫동안 스탈린의 폭정으로 압박당하고 공포에 떨고 있던 민중에게 해방자라고 하여 환영을 받았다. 실제로 소련 점령 하에 있던 발틱 지구나 우크라이나에서는 많은 사람들이 소련의 족쇄에서 해방되어 행복을 맛보기도 했다.

만약 히틀러가 진심으로 주민을 대해주고 볼세비키의 행패로부터 구제하여 종교적 경제적 자유를 주고 최종적으로 자치정부의 수립을 허용한다는 약속을 해주었더라면 러시아의 민심을 수습할 수 있었을 것이라고 믿는 사람들이 많았다. 그렇게 했더라면 점령지역의 러시아인이 독일에 협력했을지도 모르며 비점령지구의 주민들까지도 스탈린의 학정에서 해방되려고 앞을 다투었을지도 모른다. 그렇게 되면 볼셰비키 정권 자체가 붕괴되고 붉은 군대는 1917년의 차르의 군대처럼 해체되었을 것이라고 그들은 설명했다.

그러나 나치스 점령의 야만성과 러시아의 토지를 약탈하여 그 주민을 노예화하고 동방을 독일의 식민지로 한다는 공공연한 선언을 한 독일정복자의 명확한 목표는 그러한 발전 가능성을 순식간에 깨뜨리고 말았다.[16]

히틀러는 129년 전 나폴레옹이 러시아를 침공한 같은 달 같은 날에 소련을 공격하면서 '나폴레옹과 같은 서투른 짓'은 하지 않겠다고 호언했지만 결국 나폴레옹과 똑같은 전철을 밟고 말았다.

소련은 미국의 막대한 원조를 받아 강력히 저항했고 나폴레옹 시대와 같이 러시아의 광활한 대지와 추위는 히틀러의 탱크와 폭격기를 동결시켰다. 독일군은 두 번의 겨울을 러시아의 대지에서 견디어 냈지만 재기불능의 손해를 입고 후퇴를 하지 않을 수 없었다.

히틀러는 참혹한 전선생활에서 건강을 해치고 서방으로부터는 연합군의 공격으로 전세를 잃었다.[17]

제9장 진주만 기습공격

개전을 결정하는 어전회의

　일본의 육·해군은 1941년 8월 30일, 10월 하순을 목표로 전쟁준비를 완료한다는 내용의 '제국국책수행요령'에 합의했다. 10월 상순까지 외교 교섭에 의해 일본의 요구가 관철되지 못하게 될 때에는 즉각 미국, 영국, 네덜란드에 전쟁을 개시한다고 되어있다.

　천황은 9월 5일 고노에 수상이 배석한 가운데 육·해군 통수부장을 불러 미국 영국과 치르는 전쟁에 대한 불안, 전쟁준비와 외교를 병행하는 것에 대한 불만, 가능하면 평화적으로 할 것과 외교를 선행시킬 것을 지적했다. 이 자리에서 나가노 군령부장은 '시기를 잃고 수년 후에 자멸할 것인가, 그렇지 않으면 지금 때를 놓치지 않고 국운을 불러 일으킬 것인가입니다. 의사의 수술에 예를 들어 말한다면 아직 7, 8할의 가능성이 있을 때에 최후의 결심을 하지 않을 수 없습니다. 매우 걱정은 되지만 이 큰 병을 고치기 위해서는 결심을 하고 국난배제의 결의를 하지 않으면 안 됩니다. 용단을 내릴 때에는 서슴치 말고 내려야 합니다'라고 말했다.

천황은 '절대로 이길 수 있는가?'라고 질문했고, 나가노는 '절대라고는 단정지을 수 없습니다. 일이란 단순히 인력만으로 되는 것이 아니고 하늘의 힘도 작용해야 하고 승산이 있으면 단행해야 합니다. 반드시 이길 수 있다고 말할 수는 없지만 전력을 다하여 매진할 수밖에 없습니다'라고 말했다.[1]

그러나 천황의 불만스러운 발언은 육군 수뇌부에게는 큰 쇼크였다.

대서양헌장

1941년 8월 9일, 캐나다 뉴펀들랜드섬의 조그만 항구에서 루스벨트 대통령은 영국의 수상 처칠과 회담을 가졌다. 대서양회담으로 알려진 이 자리에서 미국과 영국은 공식적인 동맹관계를 세계에 과시했다.

미국과 영국의 수뇌들은 이 회담에서 소련을 지원하여 독일을 동서에서 압박하기 위해서는 우선 일본과의 대결은 피해야만 한다는 데는 합의했다. 그런데 일본의 계속되는 침략을 어떻게 억지하는가 하는 방법에는 서로의 의견이 달랐다. 미국은 외교 교섭을 하면서 시간 끌기를 주장한 반면 영국은 미국의 강력한 경고만이 일본을 억지할 수 있다고 주장했다.

루스벨트는 처칠의 일본에 대한 강력한 경고만이 효과적이라는 주장을 받아들여 일본에 경고를 하기로 했다. 8월 17일 루스벨트 대통령은 노무라 일본 대사에게 다음과 같은 문서를 전달했다.

'일본군이 이 이상 군사행동을 일으킨다든지 군사적 위협을 각국에 준다든지 하면 미국 정부는 미국민과 미국 자신의 합법적이고 정당한 권리와 권익을 보호하기 위해 즉각적으로 필요한 수단을 취하지 않을 수 없다.'⁽²⁾

미·일 수뇌회담의 좌절

루스벨트가 노무라 대사를 불러 경고를 하던 1941년 8월 17일 노무라 대사는 미·일간의 긴장상태를 타결하기 위해 미국과 일본의 수뇌회담을 열 것을 일본측 제안으로 말했다.

노무라 대사는 '고노에 일본 수상은 미·일 관계를 우호적으로 유지할 것을 진정으로 희망하고 있으며, 지리적으로 중간지점에서 수뇌회담을 갖고 평화적 정신으로 제문제를 해결할 것을 바라고 있다.'고 말했다.

노무라 대사는 다시 8월 28일 헐 국무장관 자택을 방문하여 회담 장소를 알래스카 주노로 정한다면 고노에 수상이 회담에 출석할 것이다'라고 말했다.

고노에 수상이 군함으로 가면 10일 정도에 도착할 것이다. 날짜는 우리쪽에서 9월 21일에서 25일로 제안하겠다. 고노에 수상이 갈 때에는 외무성, 육군, 해군, 대사관 등 모두 20명이 수행할 것이다. 군인들을 동반하는 것은 합의 사항에 대해 군이 책임있게 준수하기 위함이다. 일본은 3국 동맹을 단순히 명목적인 것으로 생각하고 있고 독일을 지원하기 위해 미국과 전쟁을 할 생각은 없다고도 말했다.

이에 대해 헐 국무장관은 '수뇌회담에서는 일본군의 중국 철수문제와 3국 동맹 문제에 대해 합의가 이루어지지 않으면 양국 관계는 회복 불능

상태로 될 것이다' 고 의견을 말했다.

그런데 6일이 지난 9월 3일, 루스벨트는 '이러한 문제는 미·일 양국뿐 아니라 영국, 중국, 네덜란드와도 협의하지 않으면 안 된다' 고 한발 후퇴했다. 여러 나라와 협의해야 한다는 것은 사전협의가 얼마든지 시간을 끌게 된다는 것을 말한다. 일본측으로 보면 시간을 마냥 끈다는 것은 그동안 석유금수조치로 어려워진 상황이 계속된다는 딜레마를 의미했다.

석유금수 조치가 실시된 8월 1일부터 일본의 석유비축량은 날로 감소되는 상황에 직면했고 일본은 이 문제 해결을 위한 미·일 교섭기간을 10월 15일로 설정해놓고 있었다. 루스벨트의 다국간 협의를 전달받은 일본은 9월 6일 어전회의에서 '10월 상순을 기하여 전쟁준비를 완료한다' 는 내용의 제국국책수행요령을 만들어 전쟁에의 결의를 다졌다.[3]

도조(東條英機) 수상의 등장

일본이 일·독·이(日獨伊) 3국 동맹을 체결한 이후 미국이 일본에 대해 석유수출을 금지하는 조치까지 약 10개월이 걸렸다. 그동안 일본은 미국과 무역정상화를 위한 교섭을 추진했지만 미국은 일본군이 중국에서 철수할 것과 3국 동맹의 유명무실화를 요구하면서 물러서지 않았다.

이제 일본은 미국과의 전쟁을 피하기 위해서는 단계적이든 일거에든 1백만 명의 군대를 중국에서 철수해야 한다. 그러나 일본 육군으로서는 10년간 막대한 희생을 치르면서 확보한 중국 대륙을 포기할 수는 없었다.

고노에 내각의 최후의 정례각의에서 도조 육군대신은 다시 한번 강력히 중국에서의 철수를 거부했다. 1941년 10월 14일 열린 이날 각의에서 도조는 '육군의 중국 주둔은 심장과 같다. 이것을 양보하면 항복하는 것이다' 라고 하면서 이렇게 되면 일본은 어디까지 양보해야 할지 모르기 때문에 '만주국도 위태롭게 되고 조선 통치도 위태롭게 된다' 고 강하게 말했다.

이에 앞서 10월 12일 고노에 수상 관저에서 열린 5상 회의(수상, 외상, 육상, 해상, 기획원총재)에서 오이가와 해군대신은 '외교로 추진할 것인가, 전쟁수단에 의할 것인가의 기로에 섰다. 기일은 절박하게 되었다. 그 결정은 총리가 판단해야 할 것이다. 만약 외교로 가고 전쟁을 하지 않는다는 결정을 내려도 좋다.'

해군이 총리 일임으로 나오자 고노에 수상은 매우 곤혹스러워졌다. 고노에 수상은 '지금 어느쪽으로 갈 것인가 하고 선택하라면 외교로 가는 것뿐이다. 나는 전쟁에는 자신이 없다. 자신이 있는 사람에게 맡길 수밖에 없다' 고 말했다.[4]

결국 10월 16일, 고노에 내각은 총사직하고 18일 도조가 대장으로 승격하여 수상을 맡게 되었다.

도조 최후의 협상노력

도조 수상은 조각의 대명을 받을 때 기토(木戶) 내대신으로부터 천황

도조 일본 수상.

의 의견이라고 하여 9월 6일의 정책을 백지 환원하고 다시 국책을 재검토하라는 지시를 받았다.

도조 내각에는 새로이 도고(東鄕茂德) 외무대신과 가야(賀屋興宣) 대장대신이 임명되었다. 도고 외상은 본래 외교관 출신으로 실력을 인정받아 발탁되었는데 본인은 대미 교섭을 지속한다는 조건으로 취임을 했다. 이 도고 외상은 임진왜란 때 일본으로 끌려간 조선인 도공의 후예로 알려져 있다. 육·해군 통수부는 이제와서 국책을 재검토할 시간적 여유가 없다고 하여 도조 수상의 외교 교섭 재개에 불만을 갖고 있었다.

쓰카다(塚田) 참모차장은 다음과 같이 말했다.

'미국의 태도는 이미 명백하다. 그들은 일본의 석유 비축량을 계산하면서 시간을 벌고 있다. 이대로 늦추기만 하면 그들의 술수에 빠지는 것으로 우리들은 손을 놓고 항복하는 비경을 맞게 된다. 이미 외교교섭의 여지가 없는 것은 수상이 잘 알고 있지 않은가?'

나가노(永野) 군령부총장은 다시 결의를 촉구했다.

'이미 협상을 할 때가 아니고 행동으로 나갈 때이다. 해군은 한 시간에 4백 톤씩의 석유를 소모하고 있다. 하루라도 빨리 결정을 내리지 않으면 안된다.'

연일 회의를 거듭하여 10월 30일 도조 내각의 대미외교의 기초 조건이 결정되었다. 갑안과 을안이다.

도고 외상은 미·일 협상을 재개하기 위해 구르스(來栖三郞) 전주미대사를 워싱턴으로 파견하여 현지에 있는 노무라(野村) 대사와 협력하여 대미 협상에 임하도록 했다.

구르스 대사가 워싱턴에 도착한 것이 11월 15일이었다. 이들 두 대사는 11월 20일 헐 국무장관을 만나 일본측의 을안을 제시했다.

그러나 헐 장관은 22일 이들을 불러 냉정한 태도로 일본측 제안을 전면 거부했다. 헐 장관의 거부 이유는 다음과 같다.

1. 장개석 정부에 대한 원조를 단절하는 것은 영국에 대한 원조를 단절하는 것과 같다.
2. 베트남에 침입한 일본군의 철수는 남부에 있는 병력을 단지 북부로 이동하는 것뿐으로 미국을 비롯한 관계국의 병력을 여전히 남서태평양에 못박아 두는 것이므로 의미가 없다.
3. 일본의 평화적 의도를 믿게 할만한 아무것도 제시하지 않고 있다.
4. 인도네시아의 물자를 획득하는 것이나 석유의 공급을 하는 것 등은 영국, 네덜란드, 중국 등의 관계국이 각각 본국의 청훈을 필요로 하는 것이고 또한 미국측에도 여러 가지 국내사정이 있는 것을 고려하지 않고 일본측이 회답을 독촉하는 것은 협박같은 감을 주는 것이다.

헐 노트의 수교

미국 정부는 이미 11월 7일 각의에서 '미국은 현재의 정책을 그대로 속행하여 일본이 공격으로 나오든지 후퇴하든지 결단은 일본에 맡긴다'는 방침이 결정되어 있었다. 미국 정부는 일본 정부가 현지 대사와 교환하는 모든 전문을 해독하고 있었기 때문에 일본이 어떠한 내용의 제안을 언제 누가 해오는지를 모두 사전에 알고 있었다.

　루스벨트 대통령은 11월 25일 전쟁자문위원회를 비밀리에 열었다. 이 자리에는 헐 국무장관, 스팀슨 육군장관, 녹스 해군장관, 마샬 참모총장, 스타크 작전부장 등 6명이 참석했다.

　이 자리에서 루스벨트 대통령은 '일본은 경고 없이 공격하는데 악명이 높은 나라이므로 다음 월요일(12월 1일)에는 우리를 공격해올지 모른다. 문제는 우리가 이것을 예측하고 무엇을 해야 할 것인가이다. 우리에게 과대한 위험을 주지 않고, 그리고 일본이 첫 발을 발포하는 것 같은 상황을 유도하는 데 어떻게 하는 것이 좋은지 그 의견을 말해 보라'고 말했다.

　이러한 미국측의 움직임을 연계하여 보면 미국이 일본측 제안인 을안을 거부한 것은 일본을 자극하여 도전하게 만들어 미국이 참전의 구실을 찾은 것이 아닌가 하는 의구심을 갖게 한다는 해석도 나온다.

　그리고 다음날 11월 26일 헐 국무장관은 구르스, 노무라 양대사를 불러 사상 유례없는 거친 외교문서인 '헐 노트'를 수교했다.

　이 안에는 미국의 새로운 제안이 10조로 들어 있었다.

1. 만주국을 포함한 중국 및 베트남에서 일본의 육·해군과 경찰의 전면철수.
2. 중일 특수이익 관계의 포기.
3. 3국 동맹의 사문화.
4. 중국에서 장개석 정권 이외 일체의 정권의 부인.[5]

이상을 요약해보면 일본은 중일전쟁의 완전 패배를 인정하고 중국 영토는 물론 만주국까지 포기하고 철수하라. 베트남에서도 철군하고 3국 동맹을 탈퇴하고 금후 일체 타국에는 접근하지 말라. 그렇게 하면 그것과 교환으로 자산동결을 해제하고 새로운 통상조약을 맺게 해주겠다는 것이었다.

일본은 4월부터 8개월에 걸쳐 평화를 위한 교섭을 진행해 왔으나 이제 모든 것이 완전히 좌절되었다. 12월 1일이라는 마감일을 5일 앞두고 모든 협상을 중단하게 되었다.

전쟁으로 몰린 일본

일본의 전면 굴복을 강요하는 헐 노트의 원안은 대일 강경파 모겐소 재무장관의 특별보좌관 해리 덱스타 화이트가 기초한 것이었다. 헐 노트를 수교받은 일본에서는 11월 29일 저녁 대본영과 정부의 연락회의가 소집되고 이 자리에서 전원 이의없이 대미, 영, 네덜란드 개전을 의결했다. 헐 노트는 전쟁을 반대하던 도고 외상과 가야 재상 그리고 대미전쟁에 소극적이었던 해군수뇌부에게도 더 이상 협상의 기대를 갖지 못하게 했다.

12월 1일 천황의 재가를 받기 위한 어전회의가 열렸다. 이 날 회의에는 이례적으로 전각료가 출석했다.

의제는 '대 미·영·란 개전의 건'

'11월 5일 결정의 '제국국책수행요령'에 근거하여 진행된 대미교섭은 결국 성립되지 못했다. 일본제국은 미·영·란에 대해 개전한다' 는 내용이었다. 의안은 가결되고 천황의 재가를 받았다.

이리하여 육·해군의 작전명령은 내려졌다. 해군의 진주만 공격부대는 남지시마섬과 마샬군도를 출항하여 이미 작전지점인 진주만 근방으로 출동했다.

진주만 기습 공격

1941년 12월 7일 새벽(현지시간) 일본 해군의 항공모함 6척에서 발진한 비행기 350기가 하와이 진주만(펄 하버) 군항을 기습공격했다. 이날은 마침 일요일이어서 미국 태평양 함대의 주력이 항만에 정박하고 있었다. 공격을 당한 미국 함대는 거의 응전할 사이도 없이 어뢰와 폭탄의 명중으로 전함 8척 중 4척이 침몰하고 3척이 큰 손상을 입었으며, 근처 6개 비행장에 있던 비행기도 거의 날 시간이 없어 570기 중 475기가 완전히 파괴되었다. 공습으로 죽은 미군은 2,334명이고 시민 68명이 사망했다. 이 중 해군장병은 2,008명이었고 피해를 당한 군함과 전사한 인원은 제1차 세계대전에서 미국 해군이 입은 손실을 훨씬 상회했다.

일본의 항공부대 총지휘관으로 진주만 상공에 있던 후지다(淵田美津雄) 중좌가 '우리는 기습에 성공했다'고 전한 암호전문이 '도라 도라 도라' 였다.[6]

일본은 이 기습공격으로 미국의 태평양 함대는 결정적 타격을 입고 적어도 향후 6개월은 태평양 방면에서 위력을 발휘하지 못할 것으로 계산하고 있었다. 진주만 공격은 일본 군사상 가장 빛나는 성과 중 하나라고

진주만 기습 공격.

스스로 만족하고 있었다.

그러나 미국측의 견해는 전혀 달랐다. 체스터 니미츠 제독은 후에 '위대한 전쟁'이란 저서에서 다음과 같이 말하고 있다.

'미국측의 관점에서 본다면 진주만의 참패는 그 정도가 당초 생각했던 것보다 크지 않았고 상상했던 것보다 훨씬 경미한 것이었다'고 평했다.

진주만에서 침몰한 2척의 구식 전함은 일본의 새로운 전함에 대항하기에도 그렇고 미국의 고속 항공모함과 행동을 같이 하는데도 너무 속력이 낮았다. '아리조나'와 '오클라호마' 이외의 구식 전함은 인양 후에 수리되었다. 이 수선된 구식 전함의 주된 임무는 전쟁 최후의 2년간 육상

목표에 대한 포격이었다.

　구식 전함을 일시적으로 잃은 것은 한편 당시 매우 부족했던 승무원을 항공모함과 수륙 양용부대에 충당할 수가 있게 되어 전화위복이었다. 그것은 미국으로서는 획기적인 항공모함 전법을 채용하게 된 계기가 되었다.

　니미츠는 이어 '공격 목표를 함선에 집중한 일본군은 기계공장을 무시했고 수리시설에는 사실상 공격을 하지 않았다. 일본군은 진주만 가까이 있었던 연료탱크에 저장되어 있던 450만 배럴의 중유를 보지 못했다. 오랫동안 비축한 연료의 저장은 대단히 중요한 물자였다. 이 연료를 공격당해 잃고 말았다면 태평양 함대는 수개월에 걸쳐 태평양 해상에서 작선하는 것이 불가능했을 것이다'고 말했다.

　미국측이 더욱 행운이었던 것은 항공모함이 위기를 모면한 것이다. '사라토가'는 미국 본토 서해안에 있었고 '렉싱턴'은 미드웨이에 비행기를 수송 중에 있었고 '엔터프라이즈'는 웨이크에 비행기를 수송하고 돌아오는 길이었다. 그 외에 손해를 본 순양함과 구축함은 극히 적었다. 이렇게 하여 제2차 대전에서 가장 효과적인 해군 무기가 된 고속 항공모함 공격부대를 편성하기 위한 함선은 별로 손해를 보지 않았다.

　니미츠 제독의 피해상황 보고는 일본측과 다소 차이가 있었다. 해군기는 80기를, 육군은 231기를 잃었고 공격이 끝난 후 사용가능한 비행기는 79기에 불과했다. 일본군은 목표 상공에서 29기를 잃었을 뿐이고 나머지 몇 기가 항공모함 착함 때 잃었다.

　미국측의 인원 손실은 합계 3,681명이었다. 그 중 해군과 해병대의 전사자가 2,112명, 부상자 981명, 육군의 전사자는 222명, 부상자가 360명

이었다.[7]

그러나 이러한 손해를 상쇄하고도 남을 정도로 미국측에 다행스러웠던 것은 참전을 하지 않겠다는 미국민의 전의를 불러일으키고 전쟁을 강력하게 수행할 미국민의 통합을 이룬 데 있었다.

고립주의의 포기

미시간주의 상원의원 아더 반덴버그는 공화당의 유력한 고립주의자였다. 고립주의라는 것은 해외분쟁에 개입하지 않는 것을 기본으로 하는 미국의 전통적인 외교 자세로 유럽전쟁에서 영국을 지원한 루스벨트 외교에 정면으로 반대한 사람들이다. 그러나 간섭을 통해서라도 민주주의를 확산하고 자유무역을 넓히려는 루스벨트의 생각을 국제주의라고 했다.

반덴버그가 그러한 자신의 신조를 포기하기로 결정한 것은 일본의 진주만 공격으로 전쟁이 불가피해지고 '비상사태에서 이미 반대는 할 수 없게 되었기' 때문이었다. 반덴버그는 '모든 수단을 사용해서라도 전쟁에 승리하지 않으면 안 된다'는 성명을 내고 화이트 하우스에는 '의견이 다른 점은 있지만 일본 문제에 관한 한 대통령을 전면 지지한다'고 전했다.

실제로 12월 8일, 미 상원에서 루스벨트의 대일 선전포고 요청에 대해 고립주의자들은 대거 찬성표를 던져 불과 30분 만에 선전포고는 의결되었다.

진주만 직전까지 미국 여론의 태반은 전쟁에 반대였다. 초대 대통령

조지 워싱턴이 '해외의 분쟁에 개입하지 말라'고 고별연설을 했고 그 후 토머스 제퍼슨과 제임스 몬로 등 역대 대통령에 의해 강조된 고립주의자들은 일본의 진주만 공격 이후 급속히 모습을 감추었다.[8]

그러나 미국 국민은 루스벨트의 지속적인 설득으로 어느 정도는 참전이 불가피하다는 여론이 조성되고 있었다. 루스벨트는 노변담화를 통해 국민에게 호소하고 있었다. 1941년 4월에 실시한 갤럽 여론조사에 의하면 거의 다른 수단으로 제재할 방법이 없다면 참전에 찬성한다는 것이 4분의 3이었고 5분의 4가 즉각 참전하는 것은 찬성하지 않지만 미국이 참전하는 것은 피할 수 없다고 답변하고 있었다.[9]

육군장관 스팀슨이 1941년 11월 7일 각의에서 '일본이 태평양의 영국 혹은 네덜란드의 영토를 침략한다면 미국은 참전해야 할 것인가'라고 의견을 물었을 때 미국 정부의 각료 전원은 참전을 주장했다고 한다.

전쟁의 원인

일본이 진주만을 기습공격할 정도로 미국과 영국을 상대로 전쟁을 하지 않을 수 없었던 배경에는 여러 가지가 있었지만 직접적인 원인은 미국이 일본에 석유금수 조치를 취했기 때문이다. 석유가 금수된 지 4개월 만에 일본은 진주만을 공격한 것이다. 일본에게 석유금수가 얼마나 충격적인가를 알 수 있다. 일본은 미국 해군을 제압하고 석유가 있는 인도네시아를 점령하기 위해서였다.

그리고 미국이 일본에 대해 석유금수 조치를 취한 것은 일본이 만주를 점령하고 중국대륙에 진출했기 때문이다.

아무리 일본이 생존을 위해서라고 하지만 4천만 명의 인구를 갖고 일본열도의 3.5배에 달하는 중국의 영토인 만주를 무력으로 점령하는 행위를 중국이 묵인할 리도 없고, 중국에서 권익이 침해된 미·영·불 등이 이를 묵과할 리가 없다.

일본은 그것도 모자라 1937년 중일전쟁을 일으켜 불과 1년 반 만에 북경, 상해, 남경, 서주, 한구, 광동 등 주요 도시를 중심으로 국토의 47퍼센트를 점령했다. 점령지구의 인구는 전인구의 약 40퍼센트나 달했다. 중국 대륙으로 일본군 약 1백만 명이 진군했다.

이러한 일본의 침략적 군사행동에 최초로부터 브레이크를 건 것이 미국이었다. 그리고 브레이크의 내용이 경제 제재였다.

1931년 만주사변 때만 해도 미국은 일본에 대한 경제 제재를 할 의사도 없었고 실제로 힘도 없었다. 후버 정권은 여러 가지를 검토해본 결과 일본과 전쟁을 하면 질 수도 있다는 결론을 내렸다. 후버는 할 수 없이 뒤로 물러서지 않을 수 없었다.

그러나 만주사변 2년 후에 등장힌 루스벨트는 일본에 대한 경제 제재를 단행했다. 아시아에서 일본이 날뛰는 것을 그대로 허용한다면 제1차 대전 이후 세워진 국제 질서가 붕괴되고 혼란이 야기될 수 있다고 판단한 것이다.

이러한 루스벨트의 판단을 일본은 백인의 우월주의이고 유색인종에 대한 멸시라고 주장했다. 그들이 약간 먼저 나침반과 화기를 손에 넣었다고 해서 모든 유색인종의 생활을 마음대로 파괴하고 마음에 들지 않으면 학살해도 좋다고 누가 정한 것인가?고 주장했다. 그리고 약 5백 년에 걸쳐 이 지구상에서 백색인종은 얼마나 많은 유색인종을 살육했는가, 그들이 말하는 인도주의라고 하는 것은 도대체 무엇인가?[10]

'만주는 일본의 생명선', '중국문제에서는 한 발도 양보 못한다'는 생각에 빠져 있는 일본 민중에게 이를 허용할 수 없다는 미국의 저지 정책은 일본의 생명을 위협하는 것으로 비추어지게 되었다.

'미·영을 쳐부수어야 한다', '그들은 유색인종의 적이다' 불같은 민중의 분노는 헐 노트에 의해 걷잡을 수 없이 확산되어갔다. 애국, 충정, 일본정신 등 감정적인 분노가 일본에서 일어났지만 강대한 힘을 바탕으로 한 세계 질서를 뒤흔들 수는 없는 것이다. 결과적으로 냉정한 두뇌로 계산을 하지 못하는 소장 군인들과 이를 부추기는 무식한 군중은 천황을 비롯한 도고 외상 등 몇 사람의 평화주의자를 압도하고 비참하고 참혹스러운 비극의 늪으로 빠져들게 하고 말았다.

권한이 없는 천황

일본은 미국과 전쟁을 계획하면서 1~2년은 대등하게 전쟁을 수행할 수 있다는 전제를 세우고 있었다. 그러나 미·일 양국의 국력의 차이로 그 후에는 어떻게 될지 예상하기 어렵다는 것이 공통된 생각이었다. 즉 장기전이 되면 승산이 없다는 말이다. 그렇다면 전쟁 기간 중 유리하든 불리하든 어느 시기에 전쟁을 종결지을 수 있는 능력이 있어야 한다. 그런데 일본의 구조상 일본의 국익을 위해 어느 정도 희생을 감수하더라도 시기를 포착하여 매듭을 지어야 하는데 그럴 사람이 없었다. 정치적 전권을 가지고 판단을 내릴 수 있는 체제가 아니다. 육·해군 통수부와 정부를 조정 통제할 수 있는 기능은 헌법상 천황뿐이다. 그런데 천황에게는 결정을 내릴 수 있는 권한이 없다. 천황은 통수부와 정부의 제안을 듣고 의심나는 부분에 대해 질문을 하는 것이 전부이다. 의견을 말할 권한도 없다. 천황을 신같이 모시면서도 천황에게 정치적 권한을 주지 않은 것이 명치헌법이다.

전쟁이 진행되는 중요한 국책의 결정을 할 때에 궁중에서 천황 임석하에 연락회의가 열렸다. 이것을 '어전회의(御前會議)'라고 불렀다.

천황은 거의 회의를 청문하고 또 하문하는 것이 통상적이었고 1937년 이후 어전회의는 15차례 열렸으나 천황 자신의 의지와 발언에 의해 의사가 결정된 일은 없었다. 단지 포츠담 선언 수락을 둘러싸고 회의 구성원 간에 화평 항전 양론이 백중한 가운데 천황이 명확하게 그리고 단호하게 전쟁 종결을 결정한 두 차례의 회의가 있었을 뿐이었다.[11]

일본에서 총리대신은 군사문제에 대해서는 전적으로 법적으로 무력하고 오직 천황만이 육·해군의 사이를 소정동세할 수 있는 헌법상 지위에 있었는데 천황은 그 절대적 권한을 한 번도 행사한 적이 없었다.

일본 국가운명은 내각, 육군, 해군의 3각구조 또는 총리 육군대신 해군대신의 정부측과 육군 참모총장, 해군군령부총장의 3각구조로 운영되고 있었다. 따라서 한 사람에 의한 독재의 위험은 전혀 없었지만 결단과 사무의 정체, 시간과 정력의 낭비, 타협에 따른 모순과 불통일, 무원칙, 무목적의 폐풍을 피할 수 없게 되어있다. 실로 명치헌법 하의 일본처럼 그 국가권력이 분산견제되고 집중통일성을 결여된 체제는 다른 나라에서는 찾아보기 어렵다.

암호해독

미국은 일본인 사이에 교환하는 모든 암호를 해독하고 있었다. 일본 정부와 각국 대사관으로 보내는 암호는 물론 군사령부에서 부대로 보내는 모든 암호까지 가로채어 해독하고 있었다. 미국에서는 이것을 '매직 정보'라고 불렀다.

일본은 전쟁 당사국인 미국에게 모든 정보를 미리 알리면서 전쟁을 치른 셈이다. 도저히 상식으로는 납득할 수 없는 일이 벌어진 것이다.

1941년 12월 7일, 일본 외무대신이 주미 노무라 대사에게 보내는 최후통첩이 타전되었을 때도 일본측보다 빨리 오전 8시 미국 해군성에서 이것을 해독하고 있었다.

과거 일본은 1921년 워싱턴 군축회의 때 도쿄와 현지간의 주요 암호를 모두 해독당하고 있었다. 이것을 사후에 알게 된 일본 해군이 고심 끝에 만들어낸 '절대로 해독할 수 없는 암호기계'가 미국의 손에 넘어갔다.

일본 외무대신이 노무라 대사에게 최후통첩인 대미각서를 7일 오후 1시에 전달하라고 지시했다. 미 육군은 즉각 전쟁이 시작될 것을 감지하고 '태평양의 어느 미군 시설에 대해 공격을 감행할 것'이란 결론을 내렸다. 그리하여 해군의 스타크 작전부장에 전화를 하여 즉각 하와이, 필리핀, 파나마 기타 전초기지에 경계전보를 보내도록 했다.

그런데 이 매직정보도 진주만 공격에서만은 효력을 보지 못했다. 그것은 만일의 경우를 우려하여 야마모토 사령관이

독일의 암호를 해독한 영국의 코로사스.

진주만 공격을 '니타카야마 노보레(新高山 登れ)'라는 은어를 사용했기 때문이다. 사실 이것이 진주만을 가르키는 말인지는 도고 외상도 모르고 있었다.

이러한 암호해독이 미드웨이 작전에서 치명적인 패전의 원인이 되기도 하고 또한 야마모토 사령관이 탑승한 비행기가 격추된 원인이기도 한 것은 세상이 다 아는 일이다.[12]

미국 육·해군 첩보부는 대량의 통계기와 계산기를 암호해독과 해석에 투입하여 성과를 올렸다. 일본은 외교암호기 '97식영문인자기'를 1937년 이후 사용하고 있었는데 미국 육군통신부의 암호 천재 윌리엄 프리드먼이 1년 반 걸려 이것을 해독하는데 성공하여 드디어 '퍼플'로 불리우는 정교한 모조기를 제작했다.

1941년 초 영국에 전달된 이 '퍼플암호기' 2대가 런던 북방 70킬로미터 떨어진 프레치리에 있는 '정부통신본부'에 설치되었다. 이곳은 세계

최대의 통신수신해독센터였다. 초기에는 2백 명 정도로 출발했지만 전쟁 말기에는 1만 명으로 늘어났다. 이러한 사실을 독일을 포함한 구축국에서는 모르고 있었다.

이 센터에서 만들어낸 '코롯사스'는 독일이 절대로 해독할 수 없을 것이라고 장담하던 '에니그마 암호기' 그리고 더 복잡하게 만든 '로렌츠 암호기'를 사용하여 나온 암호전보를 전문 해독하는 위력을 발휘했다.[13]

주독일 일본대사 오시마(大島浩)가 외무성으로 보낸 보고를 해독하여 연합국측은 귀중한 정보를 입수했다. 서방측 암호전문가들은 '오시마 정보는 독일의 붕괴를 2년 앞당겼다'고 말하기도 했다. 오시마 대사는 A급 전범으로 복역 후 1975년 89세로 사망했는데 그는 자신의 암호전보가 해독되었다는 사실을 끝내 모르고 죽었다.

루스벨트는 하와이 공격을 사전에 알았는가

하와이가 공격을 받을 것이라고는 누구도 예상하지 못했다. 일본에서 6천 마일이나 떨어진 이곳으로 일본이 기습공격을 하리라고 상상도 못했다. 따라서 하와이는 방비가 부실했고 미국 육·해군은 전적으로 불의에 당했다는 것은 진실이다.

미국은 11월 26일 헐 노트로 사실상 일본과 협상을 종결시켰지만 미국 정부의 최고간부들은 대서양에 관심을 집중하고 있었고 태평양에는 등한시하고 있었다.

일본의 힘을 낮게 평가하고 있었기 때문이다. 만일 일본이 공격을 하더라도 말레이시아나 인도네시아로 공격해 올 것으로 예상하고 있었다. 진주만을 공격하여 미국이 참전을 하도록 하는 자살행위로 나오리라고는 생각지 않았다.

따라서 루스벨트 대통령이 일본의 공격을 사전에 알고도 미국민에게 충격을 주어 참전에 동의하도록 유인한 것이 아닌가 하는 의문이 일게 되었다. 루스벨트 반대파는 '대통령은 그의 지위를 유지할 야심으로 그리고 그 자신이 전쟁을 원하고 있었기 때문에 전부터 일본에 대해 미국에 적의를 품도록 만들고 그리고 모든 모략이 실패하자 최후의 수단으로 미국의 아시아함대의 주력을 마치 잠자는 오리처럼 진주만에 집결시켜 일본군의 공격을 유도했다.'고 주장했다.

이러한 진주만에 대한 의문을 해소하기 위한 사문회가 3회나 열렸다. 사건 직후 자스티스 로버트에 이루어진 사문회가 최초의 것이다. 로버트 보고서는 1942년 1월 25일 공표되었다. 그 다음이 진주만 육군사문위원회와 해군사문위원회의 합동사문회가 1945년 8월 29일 있었다. 그리고 1946년 7월에 보고서가 만들어진 의회의 합동사문회였다.

이 세 사문위원회는 대체로 같은 결론에 이르고 있는데 그 내용은 다음과 같다.

1. 정부는 일본과의 전쟁을 피하기 위해 할 수 있는 노력을 하였고 공격에 관해서는 일본군에 책임이 있다.
2. 워싱턴에서의 누차 경고가 있었음에도 불구하고 하와이지구 사령관은 당연히 취해야 할 경계를 게을리했다.
3. 하와이 현지의 연락의 불비, 태만, 통솔력의 결여가 있었다.

4. 워싱턴에서 지휘를 하는 사람은 더욱 명료한 명령을 내렸어야 했고 또 그 명령이 효과적으로 실시되었는가를 감독했어야 했다.⁽¹⁴⁾

제10장 일본의 승전과 패전

일본, 서전 승리에 도취

일본의 군부가 미국과 영국을 상대로 전쟁을 일으킨 전략적 구상은 무엇이었는가?

일본 군부가 아무런 성공의 예측도 없이 맹목적으로 국가를 전쟁에 끌고 들어갔으리라고는 생각할 수 없다. 그들은 그들 나름대로 숙고를 거듭했고 최악의 경우도 상정하는 위험계산노 고려했다고 본다. 비록 그들의 계산이 잘못된 전제위에 세워진 것이고 불충분한 정보수집과 예측에 의한 것이기는 했을지는 모르지만 오늘날 사람들이 생각하는 것처럼 비합리적인 것만은 아니었을 것이다.

일본 군부가 계산하고 있던 희망적 관측 중에는 다음과 같은 사항이 포함되어 있었다.

1941년 겨울까지는 독일은 소련을 격파할 것이다. 소련은 패배하고 미국과 영국은 유럽에서 독일의 우위를 인정하게 될 것이다. 또 일본군이 진주만과 필리핀 기습에 성공하여 미국의 해·공군력을 약화시킬 수만 있다면 수개월 안에 남방 점령도 가능하다고 판단했다. 미국은 유럽전선을 우선 작전지역으로 대처할 것이므로 일본이 남방지역에 필요한 지반을 굳히고 해·공군 기지를 완성할 때까지는 공세로 나오지 않을 것이다.

그리고 일본이 남방 점령지역에서 필요한 물자인 석유, 고무, 보크사이드 등 금속자원과 식량을 확보하게 되면 1~2년 안에 미국의 전의를 약화시키고 타협적 화평을 이끌어낼 수도 있을 것이다. 교섭에 의해서는 일본은 상당한 수확과 동아시아에서의 지배적 지위를 확보할 수 있을 것이라고 예상했다.

이러한 상정이 무조건 비현실적 전략이라고 일축할 수는 없었다. 이렇게만 전개된다면 미국의 일방적인 제재를 감수하는 것보다 훨씬 명예로운 방책일 수도 있기 때문이다.

개전 당시 일본 육군은 현역사단 51개, 예비사단 7개, 혼성여단 58개, 장병 2백만 명 기타 동원예비병력 4백만 명, 공군 151개 중대, 항공기 약 2천 5백 기, 탱크 1천 8백 량이란 대진용이었다.

일본의 군사력은 바다와 육지에서 세계 3대국에 들어가 있었고 더욱이 해군과 육군의 양면 겸비면에서는 미국, 영국, 독일, 소련 등 어느 나라보다도 우세했다.

일본군은 개전 후 반 년 만에 남방지역의 구미 식민지 전체를 전격적으로 점령해 나갔다. 이 지역의 미국, 영국, 네덜란드 군은 퇴각을 하던

지 일본군의 포로가 되었다. 작전의 성공은 그들이 예상한 것보다 컸고 용이했다. 당시 일본인은 크게 흥분했고 정말로 그들이 주장해오던 '대동아공영권'이 실현될 수 있다는 환상을 갖게 되었다.

일본의 싱가폴 점령.

일본군의 자카르타 점령.

전쟁이 시작된 이래 6개월도 안 되어 남방 모든 곳에 대한 진공작전이 기대 이상의 전적을 올리고 막을 내렸다. 싱가포르, 마닐라, 바타비야(자카르타), 랑군의 4대 도시에서 일본인 총독은 호화스러운 관저에 앉아 이 지역을 통치하게 되었고 항상 부르짖던 대동아공영권은 손 안에 있었다.

전쟁이란 이렇게 간단히 승리할 수 있는 것인가? 이렇게 광활한 지역을 점령하면서 희생은 1만여 명에 지나지 않았다. 전쟁을 한 것은 참 잘한 것이다라는 만족감이 대다수 국민의 가슴을 벅차게 했다.[1]

그러나 본격적인 전쟁은 이제부터 시작된다. 이제까지의 승리는 제1라운드의 득점에 지나지 않는다. 준비한 자가 준비 안한 자를 패하게 한 데 불과하다. 이제부터가 본격적인 전쟁이다. 이렇게 생각을 한 사람은 일본 육·해군은 물론 식자 중에서도 극히 드물었다. 모두가 의외의 승리에 도취되어 있었기 때문이다.

전략물자 수송문제

태평양전쟁은 석유에서 시작되고 석유로 끝났다고 할 수 있다. 일본군에게 석유는 남방에서 가장 먼저 획득해야 할 전략물자였다. 일본은 석유자원의 확보를 최중요 작전과제로 설정했다.

1941년 12월, 북보르네오의 미리를 점령하자 일본군과 행동을 같이 하는 석유기술자들은 즉시 파괴된 유전의 복구작업에 착수하고 42년 2월 육군 낙하산부대에 의해 급거 점령된 바렌반에도 점령 직후에 채유부대가 들어가 파괴된 제유소를 복구했다.

그리하여 자바의 최대의 가우엔간 유전과 4월 미얀마의 석유거점을 확보한 일본군은 석유시설을 관리하는 기관으로 42년 5월 육군성 안에 남방연료창을 설립했다. 그 운영에는 일본석유, 미쓰비시석유, 제국석유 등 대석유회사가 협력했다.

석유시설의 복구작업은 순조롭게 진행되어 원유생산은 궤도에 올랐다. 1942년 점령지에서 원유생산은 2,594만 배럴이고 피크를 보인 43년에는 4,963만 배럴이나 되었다. 그리고 44년에는 3,693만 배럴을 생산했다. 여기에서 생산된 원유는 일본으로 42년 3월부터 수송되기 시작했다. 이리하여 42년에 생산량의 40퍼센트가 수송되고 43년에는 생산량의 29퍼센트가 일본으로 수송되었다. 그런데 수송에 문제가 생겼다. 43년에 들어서자 연합군에 의한 탱커 공격이 격심해져 일본으로의 수송이 매우 어렵게 되었다.

일본 해군의 해상호위총사령부에 근무하던 오이(大井篤) 중좌는 전후 '해상호위전-태평양전쟁의 전략적 분석'이라는 저서에서

"— 인도네시아를 점령하면 점령 후 1년 정도는 적이 파괴한 유전과 송유장치의 보수가 끝날 것이다. — 그러나 자원이란 말에 대해 우리는 종종 착각을 한다. 자원이라는 것과 그 자원을 필요로 하는 장소에 운송한다는 것은 전혀 다른 개념이다. 인도네시아를 점령하면 제2년차부터는 석유를 수입할 수 있다고 예상했다. 그러나 수송에 문제가 있다면 자원은 없는 것이나 다름없다. 가장 어려운 문제가 수송이었다."

점령지로부터 획득한 물자를 확실하게 일본으로 수송하지 못한다면 물동계획은 그림의 떡이고, 일본은 당초 이 수송문제의 곤란한 것을 예상하지 못하고 있었다.

오노(小野塚一郎)의 '전시조선사'를 보면

"선박의 손실 상황을 보면 개전 후 42년 9월까지는 매월 평균 6만 톤 정도로 그다지 큰 타격은 없었다. 그런데 10월경부터는 아연 급증하여 월 10수만 톤에 이르러 점점 곤란해졌다."[2]

'대동아공영권'을 하나의 몸체라고 비유한다면 해상수송은 동맥이다. 이 혈관이 혈관으로서 기능하지 못하면 대동아공영권은 '권(圈)'으로서의 의미가 없다. 개전 1년이 못되는 42년 10월부터 기능부전이 시작되었다면 대동아공영권 그 자체가 허상이었음이 분명히 드러난 것이다.

수송로 확보를 위해 일본 해군이 해상호위총사령부를 설치한 것이 개전 후 2년이나 지난 43년 11월이나 되어서였다. 일본 해군이 해상호위에 얼마나 무관심했는가를 알 수 있는 대목이다. 그러나 때는 이미 늦었다. 함정, 지휘관, 승무원이 모두 부족했기 때문이다.

미드웨이 해전의 패전

일본군이 초전의 승리로 전승의 만끽감을 만끽한 것도 불과 6개월이었다. 1942년 6월 일본 해군은 이 미드웨이 해전에서 패배함으로써 치명적인 타격을 입고 다시는 그 위용을 떨치지 못하는 대전환점이 되었다.

미드웨이섬은 하와이 서북서 약 2천 킬로미터, 도쿄에서 약 4천 2백 킬로미터 동쪽에 위치해 있는 섬으로 미국과 필리핀의 중간에 있는 중요한 거점이었다.

일본 해군은 정규 항공모함 6척 중 4척을 이 해전에서 잃고 1척당 80기 이상의 비행기도 함께 해저로 침몰당하는 참패를 맛보았다. 따라서 미드웨이섬을 점령한 후 하와이섬을 점령하려던 연합함대사령관 야마모토 사령관의 전략은 물거품이 되고 말았다.[3]

니미츠 제독은 일본 해군의 이 해전의 패전은 일본으로서는 16세기 말의 조선의 이 순신 장군에게 격파된 이래 최초의 대패배였다고 기술했다. 미국 항공모함 요크타운과 구축함 핸만의 손실에 대

미드웨이 해전에서 대패한 일본 주력 함대.

해 일본은 4척의 항공모함과 1척의 중순양함을 잃었다. 미국은 150기의 비행기를 잃었지만 일본은 항공모함과 더불어 전 승무원을 잃고 비행기 상실은 322기에 달했다. 미국의 전사자 307명에 대해 일본은 3천 5백 명이 희생되었다. 이 중 백전연마의 파일럿 손실은 치명적인 것이었다.[4]

이 해전은 태평양전쟁에서 대 전환점을 이루었다. 일본의 우세한 해군은 더 이상 공세로 전환하지 못했다. 미국은 이제까지의 수세의 국면을 전환하여 주도권을 쥐고 모는 전선에서 공격하는 기회가 되었다.

일본군은 일본 국민뿐 아니라 대본영에도 이 해전의 패배를 감추었다. 전쟁의 일지와 보고에서 패전의 기록을 삭제했다. 그러나 일본 해군은 이 해전의 결과를 원상대로 환원시킬 수는 없었다.

육군의 대묘지가 된 과달카날

호주의 동북쪽 솔로몬군도의 최남단에 있는 과달카날도에 대해 일본 육군은 물론 미국 호주에서도 아는 사람이 별로 없었다. 동서 80마일, 남북 25마일의 전체가 정글로 뒤덮인 이 섬에는 원주민인 폴리네시아인 약 4천 명이 원시생활을 하고 있었다. 호주의 한 상사(商社)가 이 섬에 야자수를 심어놓고 연 1~2회 수확을 위해 도항해 오는 것이 문명인을 접촉하는 유일의 미개간의 땅이었다.

태평양 군도에 대해 잘 아는 미국의 해병대조차도 라바울이 있는 뉴브리틴도, 솔로몬군도 안에서는 트라기도 정도에 관해서 알고 있었을 뿐 과달카날도에 관해서는 전혀 알지 못하고 있었다. 이 섬의 소유자인 호주의 해군성도 이 섬에 군함을 보낸 일도 없었고 그 지형에도 전혀 지식

과달카날 전투에서 혈투끝에 전사한 일본군 시체.

이 없었다.

　1942년 5월 2일, 일본 해군은 이 섬을 점령했다. 일본 해군의 정찰기가 이곳 주변을 날다가 우연히 남쪽 큰 섬의 북안에 비행장의 적지가 있는 것을 발견했다. 일본 해군은 즉각 공병대를 파견하여 공사에 착수하고 8월 초부터는 비행기의 발착이 가능할 정도로 만들었다.

　미국 공군의 정찰기가 트라기 상공을 정찰하고 돌아가는 길에 이 비행장 공사를 발견한 것이 7월 4일이었다. 미국은 크게 놀랐다. 이 곳에 일본의 공군이 진출하게 되면 다음은 남동쪽의 에스피리트 세인트와 크마크 기지로 진출할 것이고 이곳에서 호주에 대한 폭격으로 발전할 것이다. 그리고 미국과 호주의 연락이 차단되어 전쟁에 중대한 위협이 된다고 보았다.

　미국의 니미츠 태평양함대 사령관은 7월 7일 지체말고 이 과달카날이란 섬을 점령하라고 명령했다. 8월 7일 호주에 집결해 있던 미 해병대 2만 명은 반데크리프트 사단장의 지휘하에 다수의 함정과 항공기의 엄호하에 이 섬에 상륙했다. 일본 수비대 240명과 공병대 1친 6백 명은 정글속으로 도망치고 모처럼 건설한 비행장은 한 시간도 못되어 미군에 점령당하고 말았다. 그리고 미 해병대 일부는 트라기로 상륙했다. 일본 항공대 4백 명과 육전대 2백 명은 한 나절도 못되어 전투 끝에 옥쇄하고 통신은 두절되고 말았다.

　일본군이 이곳에서 허를 찔려 미군의 기습공격을 당한 것은 대본영의 작전 미스였다. 대본영은 미군이 반격해오는 시기를 1943년 후반 이후로 보고 있었다. 미군의 반격이 일본 대본영의 예측보다 1년 반이나 앞서 진행된 것이다. 초기 대승에 취해 있던 일본군은 미군의 신속한 움직임을 전혀 탐지하지 못하고 1년 뒤에나 공격해올 것으로 오판하고 있었다.

그래도 일본군은 미군을 가볍게 보고 있었다. 1개 부대만 보내면 하루 정도면 쉽게 탈환할 수 있다고 믿었다. 이찌기(一木淸直) 대좌가 이끄는 보병 1개 대대 공병 1개 소대 9백 명이 상륙하여 미군을 공격했다. 우수한 무기로 무장한 미군 3천 명을 경무장한 일본군이 당할 수가 없었다. 참패를 당한 이찌기 대좌는 스스로 연대기를 불태우고 자결하고 말았다. 연대기를 불태운 것은 연대기를 빼앗기는 것은 제국 육군의 최대의 치욕이기 때문에 최후의 경우 불태워 없애는 것이다.

미국은 이 일전을 미국의 육상전투에서 첫 승리라고 크게 취급했다.

1942년 8월 21일 이찌기 지대가 전멸에 가까운 참패를 당한 후, 일본군은 이곳을 탈환하기 위해 가와구치(川口)지대, 제2사단, 제38사단 등의 병력 합계 3만 2천 명을 차례로 투입했다. 일본 육군은 이 중 전사자 1만 4천 550명, 병사자 4천 3백 명, 행방불명 2천 350명 등 모두 2만 2천 명을 잃고 남은 패잔병도 거의 폐인이 되다시피 하여 기적적으로 생환하는 비참한 종말을 고했다. 그래서 일본은 과달카날이 단순한 섬의 이름이 아니라고 한다. 제국 육군의 묘지라고 말한다. 해군의 첫 패전은 1942년 6월 5일 미드웨이 해전이었고 육군의 패전은 제1막이 과달카날에서 이루어졌다.

과달카날은 육군만의 묘지가 아니었다. 희생된 양으로 보면 해군이 더 심했고 전후 6차례의 해전이 이 섬 주변 해역에서 벌어져 전함 24척, 13만 5천 톤을 잃었다. 미 해군도 이 해전에서 전함 24척 12만 6천 톤을 손실했다.

해군 공군기의 피해도 막심했다. 과달카날 결전의 6개월간 893기를 잃고 탑승원 2,362명의 목숨을 잃었다. 항공기 손실보다도 백전연마의 항공 조종사 2천 3백 명을 잃은 것이 이후 대미 공중전을 치르는 데 회복할 수 없는 치명적 타격이 되었다. 과달카날섬을 잃은 후 솔로몬 상공의 항공전이 격화되어 1개년 사이에 6천 2백 기를 잃어 패전을 확정지었다.[5]

이제는 방문하는 사람도 없는 무인도에 가까운 과달카날도. 이 정글 안에 또는 초원에 또는 해변에 철모를 쓴 백골이 옆에 총검을 쥐고 룽가 비행장을 향해 누워있는 광경을 상상해 보라.

이 적막한 고도에서 일본과 미국은 처음으로 조우하여 결전의 제1일을 맞이했지만 이것이 태평양전쟁 육전 중 가장 비참한 전투가 될 줄은 당초 양군 모두가 예상하지도 못했다.

미·일 국력의 차이

일본의 군사예산은 만주사변 이래 착실하게 증가되고 있었다. 일본의 국가예산의 규모로 보면 매우 높은 신장률이었다. 그러나 미국 달러로 환산하여 미국 군사비 증가와 비교하면 그렇지도 않다.

1941년 일본의 연간 군사비는 13억 3천 4백만 달러였지만 미국의 국방비 지출은 60억 달러까지 늘어났다.

미일 관계가 급속도로 악화되어 가던 1941년 11월 중순 양국정부는 각기 의회에 군사비 예산의 증액을 요구했다. 일본 정부는 9억 8천만 달러의 증액을 요구했는데 루스벨트 대통령은 70억 달러의 증액을 요구했다.

1943년 1월의 미국 대통령의 예산교서에 의하면 진주만 직후부터 미국은 매월 20억 달러의 군사비를 지출했다. 일본이 당시 1년간 지출한 군사비를 미국은 거의 1개월에 사용하고 있었다.

일본의 군사예산은 1944~45년에 3백 80억 엔을 추가계상하여 피크에 달했다. 이것은 거의 90억 달러에 해당하는데 일본은 이미 공업생산 성장이 정지되어 있었고 기본 물자의 부족 때문에 감소하기 시작하여 이것은 단순한 기대치에 불과했다.

이에 대해 같은 시기에 미국은 9백 70억 달러의 국방예산을 승인받고 있었다.

만주사변으로부터 1945년 일본이 항복할 때까지 14년간 일본의 총군사비는 4백 80억 달러를 밑돌았다. 이것은 미국이 무기대여법으로 동맹국에 제공한 액수를 약간 상회하는 숫자이다. 전쟁의 전기간을 통해 미국이 지출한 군사비는 3천 3백억 달러에 달했다.

진주만 공격 당시 일본의 육·해군이 보유하고 있던 비행기는 2,625기였다. 미국을 비롯한 연합국이 태평양 기지에 배치하고 있던 비행기는 1,290기에 지나지 않았다. 한 눈으로 보면 일본이 압도적으로 유리하게 생각되었다. 그러나 일본의 비행기는 만주에서 남태평양까지 널리 느슨하게 배치될 수밖에 없었다.

일본이 월간 생산한 비행기는 642기였고 1944년 9월에는 월간 생산량이 최고 2,572기에 달했지만 원재료의 부족으로 생산은 급감했다. 물론 훈련된 파일럿과 정비병, 연료도 부족했다.

미국은 1941년 6월 월간 1,600기의 비행기를 제조했다. 이후 생산량은 급속하게 늘어나 1943년에 월간 8천 기를 넘어섰고 1944년에 월간 9천 기에 달했다. 1945년 미국이 1년간 제조한 비행기는 일본이 1941년부터

45년까지 제조한 비행기의 2배에 달했다. 그리고 일본은 미국의 1기에 대해 10기의 비율로 비행기를 잃고 있었다. 또한 미국은 항속거리가 먼 거대한 '하늘의 요새' 폭격기를 생산하고 있었지만 일본은 취약한 제로센과 가미카제 비행기를 생산하고 있었을 뿐이었다.

그리고 일본은 127만 1천 톤의 함정으로 전쟁을 시작했다. 전쟁 중 일본은 새로이 104만 8천 톤의 함선을 건조하여 총톤수 231만 9천 톤이 되었다.

1941년 미국이 새로 건조한 함선은 93만 5천 톤이었다. 1942년 미국은 일본 해군의 총톤수에 상당하는 함선을 증강했다. 1944년 미국은 일본이 전쟁 개시로부터 종결까지 보유한 전함선의 3배에 달하는 톤수를 새로 만들었다. 그런데 일본 해군은 침몰과 연료부족으로 형태뿐인 방위전력으로 전락하고 있었다.

일본의 수송선은 바닥이 나 있었다. 전후 미전략폭격조사에 의하면 '일본은 전쟁을 시작할 때에 수송선단은 불과 600만 톤이었고 간신히 최저한의 요구를 충족할 정도였다. 일본의 건조량은 손실량을 따르지 못했다. 일본이 보유하고 있던 수송선수는 88퍼센트가 전쟁 중에 격침되었다'고 한다.

전쟁 종결시 미국은 수송선 5천 5백만 톤을 보유하고 있었다.

철강생산만 보더라도 상황을 충분히 알 수 있다. 철은 어떠한 군사계획에도 중심이 되는 물자이다. 1939년 미국은 5천 250만 톤의 철을 생산했다. 생산은 계속 증가하여 1942년에는 8천 800만 톤에 이르렀다.

일본의 생산량은 1934년에 333만 톤, 대전 중인 1943년에 780만 톤이었고 1944년에는 오히려 590만 톤으로 감소했다. 원료가 부족하고 해상 수송에 문제가 있어 1945년에는 150만 톤을 생산하는 데 그쳤다.(6)

일본 육·해군의 작전 미스

일본 해군이 미드웨이 해전에서 참패를 당하고 일본 육군이 과달카날에서 비참하게 격퇴당한 것은 군사력의 우열에서 판가름 난 것이 아니었다. 이때까지만 해도 일본군은 미군과의 대결에서 화력이나 병력의 양적 면에서 결코 뒤지지 않았다. 육·해군의 작전이 문제였다.

야마모토(山本) 사령관은 미드웨이 해전에서 항공모함 4척을 기간으로 하는 나구모(南雲) 중장의 기동부대를 선행시키고 자신은 전함 야마토(大和) 이하 전함단을 이끌고 3백 해리나 떨어진 후방에 진을 치고 있었다. 후에 미국 해군이 대규모로 한 것처럼 전함을 선두에 세우고 항공모함의 호위를 시켰다면 적기의 공격을 전함이 사전에 방어하고 항공모함의 공격력을 배가했을 수도 있었다.

만일 일본군에 승리의 기회가 있었다면 일본과 미국의 해군 함정비가 4대 3으로 일본이 우세했던 이때가 유일의 기회였을 것이다.

그리고 일본이 잠수함작전에 실패한 것도 패전의 원인 중 하나이다. 개전 당시 일본은 65척의 잠수함이 있었고 많은 숫자가 장거리 항해가 가능한 대형이었다. 그 위력은 급조한 독일의 잠수함대의 2배에 해당하는 것인데 그 전과는 5분의 1 밖에 안되었다.

미드웨이 해전에 이 잠수함대를 집중 투입했다면 전세는 역전될 수도 있었다. 미드웨이 해전의 패전은 결코 일본의 군사력이 미군보다 약했기 때문은 아니었다.

또한 잠수함에 의한 수송선 공격으로 다대한 성과를 올리고 있던 독일의 해군은 독일의 잠수함보다 훨씬 강력한 잠수함을 가진 일본 해군이 수송거리가 먼 태평양에서 수송선 공격을 결행하면 큰 효과가 있을 것이라고 재삼 권고했지만 일본 해군은 듣지 않았다. 일본의 수송선이 미국의 잠수함의 공격으로 막대한 피해를 보면서도 작전을 개선하려고 하지 않았다.

육군도 러일전쟁 당시 백병전으로 성공한 예에서 벗어나지 못했다. 이번 전쟁에서도 보병의 총검돌격으로 승리할 수 있다고 믿고 보병 부문을 우선시하여 총검돌격 전법만을 되풀이했다. 그러나 이 전법은 화력과 기동력이 뛰어난 미군에게는 전혀 통하지 않았다. 이러한 상황은 1939년 노모한 사건에서 증명이 되었는데도 당시 군인들은 심각하게 고려하고 개선하려고 하지 않았다.

카사블랑카 회담

1943년 1월 22일, 전세가 호전되자 루스벨트는 처칠과 전쟁상황을 점검하고 사후 대책을 협의하기 위해 카사블랑카에서 회담을 가졌다. 이 자리에는 런던에 있던 드골도 참석했다. 루스벨트는 이 회담에서 전후

카사블랑카 회담 때의 참전국 수뇌들.

영국과 프랑스는 그들이 획득하여 통치하고 있는 식민지를 해방시킬 것을 내심 바라고 있었다.

루스벨트의 일관된 주장은 세계적 레벨에서 식민지 해방을 의도하고 있었다.

1943년 1월 22일 밤 카사블랑카에서 드골과 처음 회담한 루스벨트 대통령은 아들 엘리엇에게 다음과 같이 말했다.

'드골은 일본과 독일이 패배하면 프랑스령 식민지를 모두 프랑스에 반환해야 한다고 요구했다. 바보같은 말이다. 일본군이 프랑스령 인도차이나를 쉽게 점령한 것은 가혹한 프랑스의 지배보다는 낫다고 주민이 생각했기 때문이다. 태평양에서 일본군과 싸우는 미해군과 해병대원은 프랑스와 영국, 네덜란드의 식민지를 탈환해주려고 죽어가는 것은 아니다.'

루스벨트는 말하면서도 흥분했다. 엘리엇이 '그러나 결국은 그들의 식민지는 반환해야 하지 않습니까?' 고 반문하자 대통령은 '처음부터 누가 프랑스령이라고 정했는가? 식민지를 이대로 두면 다시 전쟁이 일어난다' 고 강한 어조로 불만스럽게 말했다.

카사블랑카 회담에서 루스벨트는 드골을 싫어하는 말로 처칠에게 강한 경고를 보냈다. 루스벨트는 드골을 매우 싫어했다.

그는 식민지 문제로 드골과 처칠이 공모하고 있다고 생각하고 있었다.

루스벨트가 이처럼 식민지 문제에 집착했던 이유에 대해 대통령 측근인 찰스 도시크는 '대통령은 11억 명에 달하는 유색인종의 반란을 우려하고 있었다. 그들은 백인을 증오하고 있다. 미국의 적이 될 가능성이 있는 그들을 해방하는 것이 중요한 전쟁의 목적으로 대통령은 생각하고 있었다' 고 증언하고 있다.[7]

루스벨트의 무조건 항복 요구

1943년 1월24일, 카사블랑카에서 루스벨트와 처칠은 50명 정도의 전쟁 특파원들 앞에 나타났다. 루스벨트 대통령은 이 기자회견에서 특파원들에게 독일과 일본에게 '무조건 항복'을 촉구하는 폭탄선언을 했다.

'여러분이 알아야 할 것은 독일과 일본의 전쟁능력을 완전히 파괴하기 전까지는 결코 평화는 오지 않는다는 것이다. 우리는 독일, 이탈리아, 일본에 대해 무조건 항복을 촉구한다.'

독일과 일본이 무조건 항복을 하지 않으면 그들이 최후의 한 사람이 남을 때까지라도 싸우겠다는 결의를 확고히 하는 루스벨트의 이 선언은 이렇게 해서 전세계에 퍼져나갔다. 루스벨트의 갑작스러운 이 발언은 미국 간부를 포함하여 누구도 예상하지 못했던 일이었다.

옆에 앉아 있던 처칠도 이러한 사실을 사전에 전혀 모르고 있었다.

'처칠은 분노에 차 얼굴이 창백해져 있었다. 이것으로 오히려 독일군의 결의를 강하게 만들었을 뿐이다'고 못마땅하게 말했다고 후에 주소련 미국대사 해리먼은 전했다.

처칠 자신도 그의 저서에서 '무조건 항복 요구에는 놀랐다. 공동성명에는 그러한 말이 없었기 때문이다. 그러나 그 자리에서 이의를 말할 수는 없었다. 양국의 전쟁 노력에 심각한 영향을 줄 것이기 때문이다.'고 쓰고 있다.(처칠저 '운명의 경첩')

무조건 항복 요구의 발상은 그 때까지의 전통적 개념을 크게 바꾸어 놓는 것이었다. 무조건 항복이란 적의 '전면적 포기' 또는 '죽음'을 의미하는 전쟁을 말하는 것이다.[8]

카사블랑카 회담에 동행하지 않았던 미국무장관 코델 헐은 미국에서 이 선언을 전해 듣고 할 말을 잊었다. 만일 무조건 항복을 글자 그대로 적용한다면 미국 외교정책의 근본을 다시 수정해야 한다고 생각했다.

헐은 '독일 등 구축국이 냉정한 판단을 하지 않고 절망적인 전쟁을 전개하여 결과적으로 완전히 파괴된다면 후에 부흥을 할 수 없게 되고 최종적으로 미국이 그 책임을 지지 않을 수 없게 될 것이다'고 그의 회고록에서 이 선언의 결점을 지적했다.

헐뿐 아니라 동맹국인 영국, 소련으로부터도 이러한 점을 지적받았으나 루스벨트는 원칙을 수정할 수 없다고 강경하게 정정을 거부했다.

카이로와 테헤란 회담

루스벨트 대통령은 1943년 1월 카사블랑카 회담 이후 2월에 스탈린그라드에서 소련군이 독일군을 대패시켰다는 승전 소식을 전해 듣고 유럽전선에서는 이제 전망이 섰다고

카이로 회담.

판단했다. 남은 것은 태평양전쟁에서의 대일전략의 재평가가 필요하다고 생각하고 이를 위해 스탈린과 장개석이 대면하여 협의할 필요성을 통감했다.

그러나 스탈린은 일본을 자극하는 것이 두려워 장개석과 공식적으로 대면하는 것을 거부했다. 장개석도 스탈린을 만나는 것을 별로 탐탁하게 생각하지 않았다.

따라서 루스벨트는 1943년 11월 22일 미국, 영국, 중국의 카이로 회담을 먼저 열고, 이어서 11월 28일 미국, 영국, 소련의 테헤란 회담을 열어 스탈린과 장개석이 직접 대면하지 않고도 실질적인 4개국 회담이 되도

록 고육지책을 생각해냈다.

카이로에서 루스벨트와 장개석은 무릎을 맞대고 협의했다. 통역은 장개석의 부인 송미령이 맡았다. 그 외에는 아무도 참석한 사람이 없어 공식기록은 남기지 않았다. 그러나 역사가 손튼은 대만 당국이 제공한 자료를 토대로 두 사람이 요동반도의 대련과 여순을 미국 중국의 공동관리의 자유항으로 할 것에 합의했다고 한다.(손튼 저 '중국, 그 정치사')

중국은 그렇게 하는 것이 외국세력의 간섭을 방지할 수 있다고 생각했던 것 같다.

루스벨트는 또한 강한 중국 건설을 위해 90개 사단을 무장하고 훈련시킬 것을 약속했다. 장개석은 그 대신 중국 공산당을 정부로 끌어들여 전후에 민주화 추진을 약속했다.

그리고 루스벨트는 테헤란으로 향했다. 미국 대통령이 취임 중에 이렇게 멀리 여행을 한 일은 없었다. 그리고 미국 대통령이 미국 대사관이 아니고 외국의 저택에서 잠을 잔 일도 없었다. 그는 테헤란에서 러시아 대사 관저에서 숙박을 했다. 러시아 대사관이 경비가 철저하게 이루어져 안전이 보장된다고 생각했다.

스탈린도 그가 국외로 여행을 한 것은 30년 이래 처음이었고 그가 비행기 여행을 한 것도 이때가 처음이었다고 한다.

루스벨트는 이 회담에서 스탈린을 처음 만났다. 스탈린은 미국의 원조와 무기가 아니었다면 러시아군은 승리를 획득할 수 없었을 것이라고 말하면서 루스벨트에 건배했다.[9]

회담이 거의 끝나가는 11월 30일, 처칠은 소련의 광대한 영토가 화제가 되자 '그렇게 큰 나라이므로 당연 부동항을 가질만 하다'고 말을 꺼냈다. 처칠의 뜻을 알아차린 스탈린은 '그러면 극동에서 어떠한 것을 기대해도 좋은가? 블라디보스토크는 완전한 부동항이 아니고 쓰시마(對馬) 해협을 통해 항상 일본에게 봉쇄당하는 위치에 있다'고 응답했다.

루스벨트는 '대련을 소련이 상용할 수 있는 자유항으로 하는 것은 어떤가?'고 말했다. 스탈린은 '중국이 싫어하지 않을까?'고 말하자 루스벨트는 '국제적 보증이 있으면 중국은 오히려 찬성할 것'이라고 답변했다.[10]

테헤란 회담에서 가장 중요한 의제는 미국과 영국의 프랑스 상륙작전이었다. 처칠은 전후 러시아의 영향을 배제하기 위해 노르만디 상륙작전과 동시에 발칸지역에서도 공격할 것을 요구했다. 그러나 미국과 소련은 노르만디에 전력을 집중할 것을 강조했다. 처칠의 노르만디 지중해 양면작전은 루스벨트와 소련측 주장에 밀려 좌절되고, 44년 노르만디 상륙작전에 최종합의 했다.

얄타 회담

1945년 2월, 미·영·소 3국 거두가 모인 얄타 회담에서 미·소 양국의 밀약이 다시 확인되었다. 스탈린은 이 회담에서 몽골공화국을 소련의 세력권에 포함하는 대신에 중국의 독립을 인정하고 모택동이 아닌 장개석을 지지하겠다고 몇 번이나 루스벨트에게 약속했다. 또한 루스벨트가 죽은 지 3개월 후인 7월 중순의 시점에서도 스탈린은 중국 정부 외교부

얄타회담 때 3개국 수뇌들 (왼쪽부터 처칠, 루스벨트, 스탈린).

장 송자문에게 장개석 지지를 약속했다. 그러나 소련이 만주를 점령한 후 이러한 약속은 지켜지지 않았다.[11]

얄타 회담은 후에 많은 논란의 여지를 남겼다. 루스벨트와 처칠이 스탈린에 너무 많이 양보했다는 것이다. 그러나 실제로는 소련도 큰 양보를 안한 것은 아니다. 소련은 전후 독일로부터 천문학적 숫자의 배상을 받으려 했으나 미·영은 이것을 받아들이지 않았다. 또한 전후 독일 관리에 프랑스의 참가를 거부했지만 그것도 성공하지 못했다. 그리고 폴란드 국경에 관해 미국안을 대부분 수락했다.

그러나 소련은 동유럽에서 미·영·소가 합의한 협정을 분명히 파기하기 시작했다. 루마니아에 괴뢰정권을 세우고 폴란드의 자유선거의 약속을 지키지 않았다. 그리하여 루스벨트는 분노했다. 그는 3월 27일 처칠에게 전보를 보내 소련의 태도변화에 우려와 관심을 전했다. 4월 1일에는 스탈린에게 '얄타에서 정해진 정치적 결정 특히 폴란드 문제에 관한 결정이 수행되지 않고 있다'고 실망을 표했다.

미국의 전후 독일과 일본 처리안

1944년 9월 20일 독일의 패전이 가시화되어가던 무렵, 미국 정부는 전후 독일 처리문제를 검토하는 특별 각료회의를 열었다. 이 자리에서 재무장관 헨리 모겐소는 독일을 다시는 전쟁에 나서지 못하도록 하기 위해서는 '원시적 목축농업국가로 만들어야 한다'는 모겐소안을 제시했다.

모겐소는 독일을 3분할하여 공업지대를 철저히 파괴 혹은 철거하여 독일인은 목축이나 농업에만 종사하게 하여 두 번 다시 전쟁을 일으킬 수 없는 나라로 만들어야 한다고 주장했다. 이때문에 생기는 2천만 명의 실업자는 중앙아프리카로 보낸다는 극단적이고 과격한 제안을 했다.

이 안에 대해 당시 신문들은 '모겐소가 유태인이기 때문에 유태인 학살에 대한 보복'이라고 비난했고 정부 각료들도 이 안에 반대하여 결국 철회되고 말았다.

한편 모겐소안이 검토되고 있던 때에 국무성은 일본의 천황을 어떻게 처리할 것인가를 연구하기 시작했다. 이때에 장개석 총통의 정치고문으로 파견되었다가 후에 미국 전시정보국의 극동부주임의 요직에 있던 오웬 래티모어가 일본의 전후처리 문제를 다룬 안을 발표했다.

이 안에서 래티모어는 '독일과 같이 일본도 침략능력을 박탈해야 한다. 일본은 본토에 자원이 없고 일본의 공업은 독일과 달리 자급이 불가능하여 밸런스가 취해지지 않고 있다. 그러나 수백만 명의 사람들을 굶어죽게 할 정도는 아니다. 자동차, 항공기의 엔진 제조를 금하고 군공장 군함의 조선소는 철거하여 파괴해야 하지만 다른 공업은 살려도 좋다. 남겨놓더라도 시장경쟁에서 살아남을 것인가도 의문이고 일본은 자원이 없기 때문에 원재료의 수입을 감시할 수 있기 때문에 우려하지 않아도 된다'

래티모어는 일본의 천황과 그 후계자가 될 수 있는 황족을 모두 중국에 감금하고 일본을 공화국으로 만들어야 한다고 주장했다. 그는 이 안을 '아시아의 해결'이란 제목으로 44년 3월 발표하고 45년 2월 얄타 회담에 맞추어 출판했다.

래티모어는 종전 후 천황을 감금해야 한다는 주장에 대해 그 배경을 다음과 같이 설명했다.

'천황은 군국주의자들에 의해 이용당했을 뿐이고 그런 의미로 전쟁범죄인은 아니었다. 그런데 왜 감금해야 한다고 했는가 하면 나폴레옹을 세인트 헬레나섬으로 유폐한 것을 20세기에 적용하려는 생각에서였다. 군국주의자에 의해 다시는 이용당하지 않게 하기 위해서였다. 감금장소를 중국으로 택한 이유는 적어도 중국을 대국의 지위로 위신을 세우기 위해서였다.' (래티모어 '회고록' 90년, 콜럼비아대학)

소련의 위협을 감지한 미국무성

루스벨트 대통령이 만주의 권익을 소련에 양보하면서까지 소련의 대일 참전을 열망한 것은 순전히 군사적 이유에서였다. 1944년 가을 육군성 정보국의 보고에서 일본의 옥쇄 작전으로 미군의 피해는 날이 갈수록 늘어나고 일본 본토의 상륙은 1946년 이후나 가능하다는 비관적인 견해와 더불어 미군의 희생을 줄이려면 소련의 참전이 필요하다고 강조하고 있었다. 따라서 얄타 회담에서의 밀약은 미군의 희생을 최소화하고 전쟁을 조기에 종결시킬 수 있는 전략으로 마샬 참모총장 등의 적극적인 지지 속에서 이루어진 것이다.

그러나 전쟁이 막바지에 이르면서 소련의 횡포가 날이 갈수록 심해지는 것을 목격한 주소대사 해리먼은 전후의 문제는 독일과 일본에 국한된 것이 아니라는 결론을 내렸다.

1945년 4월 12일, 루스벨트 대통령은 백악관에서 80마일 떨어진 웜스프링 휴양지에서 뇌일혈로 사망했다. 그의 나이 63세였다. 해리먼은 루스벨트 대통령이 죽은 지 7일 후인 19일 워싱턴으로 돌아와 대통령직을 승계한 트루먼 대통령을 만났다. 해리먼은 트루먼 대통령에게 '대통령, 지금 유럽에서는 새로운 야만에 의한 침략이 이루어지고 있다. 소련에 대한 환상을 버리지 않으면 안된다.'고 말했다.

해리먼은 얄타 회담 이후 소련이 횡포가 심해지고 유럽해방 선언에도 불구하고 소련 점령지대에서는 괴뢰정부가 수립되고 가차없이 공산화가 진행되고 있다고 보고했다.

해리먼은 다시 5월에도 귀국하여 5월 12일 국무 육군 해군 3성 조종회의에서 다음과 같은 질문을 했다.

'소련의 대일본 참전은 그렇게도 필요한 일인가? 처음부터 우리의 대일전의 목적은 무엇인가. 일본의 완전 파괴인가. 아니면 일본을 살아남

게 하는 것인가.'

해리먼의 질문은 소련군이 동유럽 공산화의 원흉이 된다는 것을 정부 내에 심어주었다.

조셉 그루가 소련 참전 전에 일본을 항복시켜야 한다고 통감하고 무조건 항복 권고에 '천황제를 유지한다'는 항목을 넣어야 한다고 주장한 동기는 여기에 있었다.

1945년 5월 8일, 독일이 항복한 후 공산주의의 위협의 소리가 나오기 시작하자 국무장관 대행 조셉 그루는 잠을 이루지 못했다. 19일 새벽 5시 그루는 자신의 생각을 정리하는 메모를 쓰기 시작했다.

'이 전쟁은 미국에 관한 한, 순전히 독일과 일본의 침략으로부터 자신을 지키기 위한 목적이었다. 자위를 위해 싸우지 않을 수 없었다. 그러나 두 번 다시는 전쟁을 일으키지 못하도록 하기 위한 전쟁은 되지 못하고 오직 전체주의 독재를 구축국으로부터 소련으로 옮기는 꼴이 되고 만 것이 아닌가? ― 한번 소련이 일본에 참전하게 되면 몽골, 만주 더욱이 조선반도가 소련의 손에 들어갈 것이다. 그리고 언제인가는 중국과 일본도 같은 운명에 놓이게 될 것이다'

다음날 그루는 이 메모를 주소련 대사 해리먼과 러시아 전문가 보렌에게 보여주었다. 두 사람은 즉각 그루의 뜻을 이해했다.

5월 28일 그루는 백악관으로 트루먼 대통령을 방문했다. 그루는

'우리의 전쟁목적은 일본이 두 번 다시 세계평화를 위협하는 일이 없게 하는 것이다. 그것은 일본 군국주의를 뿌리 뽑는 일이다. 그 목적에

타협이 있어서는 안 된다. 그러나 무조건 항복 요구에 의해 광신적인 일본 군대는 최후의 한 사람까지 싸울 것이다. 그에 따른 미군의 희생은 얼마가 될지 모른다. 만일 일본에 대해 패전 후 스스로 미래를 결정하는 것을 보장해 준다면 항복을 앞당기고 희생을 최소한으로 줄일 수 있을 것이다.'(월터 존슨 저, '조셉 그루-40년의 외교기록')

태평양전쟁이 시작되기 전까지 주일본 대사였던 그루는 천황이 전쟁에 대한 책임이 없다고 생각하고 천황제 유지를 이 시점에서 약속하면 조기 전쟁종결이 가능하다고 보았다.
트루먼은 '이론의 여지가 없다. 다만 군의 지도층이 어떻게 생각하는가를 알 필요가 있다.'고 말했다.
다음 날 펜타곤에서 열린 군수뇌부 회의에서 스팀슨 육군장관은 그루의 안에 찬성을 했지만 현재 오키나와에서 사투를 전개하고 있는 중에 화해적인 성명은 오히려 역효과를 낸다고 말하고 대세가 이를 지지할 때까지 시기를 기다리는 것이 좋겠다고 말했다. 몇 사람이 그루의 의견을 이해는 했더라도 그루의 이같은 천황제 유지론은 당시 미국에서는 '이단'으로 불릴 정도로 인기가 없었다.[17]

제11장 전시하의 조선인

임시정부 승인요구의 좌절

미국과 일본이 전쟁에 돌입하자 임시정부는 때가 왔다고 생각했다. 1941년 이승만은 헐 국무장관의 극동담당 비서 아더 히스와 혼백 극동국장을 만났다. 이승만은 조선이 사보타지와 게릴라 활동으로 대일전쟁에 가담할 수 있도록 임시정부를 승인하고 군사원조와 경제원조를 해달라고 요청했다.

이에 대해 히스는 '잘 알겠다. 그러나 만일 미국이 조선의 임시정부를 승인한다면 북아시아에 커다란 이해관계를 가진 러시아의 감정을 상하게 하는 일이 될 수도 있다. 러시아가 아직 일본과 전쟁상태에 있지 않은 현 시점에서 그 지역에서의 어떠한 정치적인 문제가 야기되는 것은 바람직하지 않다고 생각한다'고 말했다.

이승만은 이어 1942년 3월 6일 미국인 친구들로 구성된 한미우호협회로 하여금 임시정부의 승인과 연합국에 가담시켜줄 것을 촉구하는 장문의 성명서를 루스벨트 대통령에게 보냈다. 그러나 그의 이러한 노력에도 불구하고 미국 정부는 냉담했다. 혼백 국장은 말하기를 이승만은 한국에서 전혀 알려져 있지 않으며 임시정부는 일부 망명인사들 사이에서 한정된 멤버십을 지닌 자치 클럽이라는 것이 국무성의 견해라고 밝혔다.

미국무성은 1942년 5월 임시정부 승인을 거부하는 입장을 정식으로 밝혔다. 국무성이 이러한 결정을 하기 2개월 전에 서머 웰스 국무장관서리는 임시정부에 관해 중국 주재 미국대사에게 다음과 같은 지시문을 보냈다.

1942년 2월 10일, 국무성은 주영 미국대사에게 우리 정부가 미국 내에 있는 여러 한국인 단체들의 접근을 받고 있음을 영국 정부에 알릴 것을 지시했다. 미국에 있는 한국인 단체들은 한국 독립과 태평양전쟁 참전에 관심을 갖고 있다. 우리 정부(미국)는 구축국에 반대하는 세력의 지지를 얻고자 하지만 일본의 탄압에 저항하는 한국인들의 어떠한 단체도 현재로서는 '승인'하려 하지 않으며, 장차 한국을 승인하겠다는 공약도 하지 않는다. 우리는 일본의 탄압에 항거하는 한국인들의 노력에 관해 우리 정부의 관심을 표명하는 총괄적인 성명을 신문에 공개할 것을 생각 중이다. 그리고 우리 정부는 승인문제와 관련하여 영국 정부의 견해를 받아들이고자 한다.

1942년 2월 28일, 영국 외무성은 대사관에 비망록을 보낸 바 있다. 이 비망록에 따르면 대영제국 내에는 하나의 조직을 만들 만큼 한국인들이 많지 않다는 것이며 대전 발발 이후 중경의 한국 임시정부의 조소앙(趙素昻)을 비롯한 대표들이 중경주재 영국대사관에 접근하여 미국대사관에 요청한 것과 똑같은 것을 제시했다고 한다. 그 때 중경주재 영국 대사는 현지 한국인들 간에는 상당한 분열이 내재하고 있는 것으로 판단했고 중국 외무부도 한국인들이 정치적으로 서로 견해 차이를 보이고 있다고 보았다.

중국 당국도 한국인들이 반일행동을 하는 데 유용하다고 보면서도 한국인들 간의 파벌이 해결될 때까지는 한국 해방운동을 승인할 수 없다고 선언했다고 한다.

중국 당국은 한국인들의 파벌을 화해하도록 하는데 거중조정을 맡아줄 의사가 있음을 밝혔다.

영국 외무성은 일본이나 한국에서 한국인들이 일본에 효과적으로 저항할 가능성은 아주 적다고 판단하고 있다. 다만 만주와 점령당한 중국 지역에서의 저항 세력은 보다 효과적이라 할 수 있다.

현재와 같이 전세가 일본에 유리하게 전개되고 있는 한 미국이나 영국이 한국 임시정부를 승인한다고 해도 그것이 일본 지배 하에 있는 한국인들을 항일전선에 떨쳐나서도록 자극하지는 못한다. 그러므로 전세가 일본에 불리하게 전개될 때까지 기다렸다가 시간을 맞추어 승인을 선언한다면 효과를 얻을 수 있을지도 모른다. 현재로서는 일본밖의 한국인들이 접근해올 경우 그들의 독립과 자유에 대한 열망에 관해 동정을 표하는 것으로 그쳐야 한다는 것이 영국 정부의 견해이다.'[1]

1943년 5월 15일, 이승만은 미국의 전쟁활동에 협력하겠다는 임시정

부의 전문을 동봉한 공한을 루스벨트 대통령에게 다시 보냈다. 이 공한의 내용은

'—현재의 전쟁 노력을 촉진하고 태평양 장래의 평화를 안전화하기 위해 임시정부를 승인하고 우리의 공동의 적인 일본과의 싸움에 한국인이 정식 가입함으로써 미국에 실질적인 봉사를 할 수 있도록 모든 원조와 고무를 해주기 바란다'고 되어 있다.

이 공한을 임병직으로부터 수교받은 미 국무성의 혼백 국장은 '이 서한을 대통령에 전달은 하겠으나 이승만 박사를 한국 임시정부나 한국 국민의 대표로서는 받아들일 수 없음을 명백히 하니 이해하기 바란다'고 말했다.

그리고 며칠이 지난 후 이승만은 루스벨드의 비서 왓슨 소장으로부터 짧은 답신을 받았으나 그것은 아무런 실효를 거둘 수 없는 내용이었다. 이 답신을 받은 이승만은 크게 실망하지 않을 수 없었다.

1943년에 개최된 태평양전쟁 이사회에서 루스벨트 대통령은 중국 외교부장 송자문(宋子文)에게 한국인의 활동가치에 대한 견해를 물었다. 송자문의 보좌관 호세택은 이승만에게 분열된 힘을 모으기 위해 당시 국무성 일부의 신임을 받고 있는 한길수와 합작할 것을 권고했다. 그러나 이승만은 그 제의를 단호하게 거절했다. 한길수는 극히 일부의 한국인으로부터 지지를 받고 있을 뿐이고 그와의 합작은 오직 공산당을 이롭게 할 뿐이라는 그의 신념을 밝혔다. 그러나 이러한 그의 행동은 분파작용으로 받아들여졌고 송자문은 이러한 사실을 들어 루스벨트에게 한국인들은 너무 파쟁이 심해서 효과적인 힘을 결속하지 못한다고 말했다.

1943년 4월 12일, 국무성 극동국장 해밀턴은 헐 국무장관에게 다음과 같은 보고서를 올렸다.

'중경 주재 대리대사 존 커터 빈센트가 보낸 1943년 3월 17일자 전보에 의하면 중국 외교부 동아국장은 중국에 있는 한국인은 두 분파로 나뉘어져 있다고 한다. 주로 보수적인 한국인들로 구성된 임시정부와 급진적이고 투쟁적인 혁명당이 그것이다. 중국 정부는 이 두 분파가 단합할 수 있다면 중국 정부는 그 승인문제를 고려하고 이 문제를 미국 정부와 협의하도록 할 것이라고 빈센트 대리대사에게 말했다. 그러나 빈센트는 이 두 분파의 화합은 아직 요원하다고 시사하고 있다.'[2]

미국 정부에 대해 임시정부를 승인받으려는 노력은 계속 좌절되었는데 1945년 6월 8일에도 미국 국무차관 그루는 '한국 임시정부는 한국 내 어느 지역도 통치한 적이 없으며, 따라서 오늘날 한국 인민의 대표로 볼 수 없다'는 성명을 냈다.

이처럼 이승만은 미국 정부에 대해 임시정부 승인을 받아내려고 지속적인 외교활동을 벌였으나 실질적인 효과를 거두지 못하고 내외의 격렬한 비판까시 불러 일으켰다.

이승만은 자기를 하와이로 초청해준 박용만과 다투고 실력향상을 위해 애쓰는 안창호와 불화하고 침체한 독립운동에 활력을 일으킨 김구의 테러행위를 비난했으며 이청천 등의 무장유격행동도 비판했다고 사람들은 그를 비난했다.[3]

하지만 이승만은 청원외교로 미국의 지원을 받아내려는 노력을 포기하지 않았다. 그의 이 불굴의 정신은 종전 후 건국을 이루는 토대가 된 것으로 보인다.

만주와 연안 중경의 무력투쟁

1939년 11월 1일부터 만주지역에서는 관동군을 주축으로 하는 일본군경이 빨치산 잔존부대가 집중해 있던 동북 3성 치안숙정공작이라고 하는 1년 6개월에 걸친 장기작전을 실시했다.

이 작전으로 양정우를 비롯한 많은 간부와 부대원이 죽고 오성륜 등이 투항하여 대부대에 의한 빨치산 활동은 점차로 어렵게 되었다.

그리하여 1941년부터 항일연합군의 잔존부대가 소련 연해주로 탈출했고 기타 일부는 소그룹으로 나뉘어 일본의 군사시설의 파괴와 수송의 방해, 정보활동 등 지하공작을 진행하고 있었다.

만주로부터 소련으로 탈출한 조선인 빨치산은 소련의 대일전에 대비하여 하바로프스크 제88정찰여단에 소속되어 1942년 6월부터 하바로프스크 부근의 바츠코에 야영하고 정치교육과 군사훈련을 받았다.

이 제88정찰여단에는 항일연군 출신의 중국인과 조선인 빨치산뿐 아니라 소련적 조선인과 소련군도 참가했다고 하는데 조선인으로서는 최용건, 김책, 김일성, 최현 등을 비롯하여 여성이 포함되어 약 1백 명이 있었다고 한다.

만주뿐 아니라 또 하나의 무장투쟁의 거점이 있었다. 중국의 연안이었다. 1941년 1월에 제8로군 전방총사령부가 있는 연안의 동부 산서성 태행산맥의 안에서 화북조선청년회가 결성되었다. 그 중심인물은 무정(武

亭), 최창익, 이유민 등이었다. 그리고 그 무장부대로 6월에 조선 의용군이 생겨 중국 공산당 제8로군과 연대작전을 취했다.

그 중심인물은 총사령에 무정, 부사령에 박효삼, 정치위원에 박일우 등이었다. 그 후 조선청년연합회는 1942년 7월에 조선독립동맹으로 발전했는데 위원장에 김두봉, 부위원장에 한빈과 최창익이었다.[4]

또한 중경을 중심으로 한 광복군이 있었다. 장개석의 국민당 정권이 일본군에 쫓기어 중경으로 이전할 때에 상해의 임시정부도 중경으로 옮겼다. 임시정부는 1940년 9월에 무장부대로 김원봉의 조선의용대를 합류하여 광복군을 창설했다. 총사령은 이청천이었다. 그러나 이 광복군은 무장투쟁의 준비단계에서 해방이 되었다.

인적 물적자원의 동원

1942년 5월 29일, 미드웨이 해전에서 일본이 참패하기 1주일 전 고이소(小磯國昭) 총독이 부임했다. 전임 미나미(南次郞) 총독은 중일전쟁 개전 1년 전인 1936년 8월에 부임하여 6년 8개월에 걸친 재임기간 중 당시 조선 전역에서 '황국신민화 정책'과 '전시체제 구축'으로 조선 민족을 압박해오던 인물이다.

후임으로 온 고이소 총독은 전임 총독이 다져놓은 체제를 바탕으로 태평양전쟁 개전 이후 조선을 '결전체제'로 끌어올린 역할을 했다. 이 시기가 조선인들로서는 일제통치 전시기를 통해 가장 고통스러운 시기였다.

군산항에서 일본으로 수출되는 쌀.

고이소 총독의 재임 중 그의 가장 주요 임무는 식민지 조선에서 태평양전쟁 수행에 필요한 인적, 물적자원의 최대한 동원에 있었다. 전쟁동원의 제1차 대상은 우선 병력자원의 동원이었다. 총독부는 징병제 실시에 앞서 42년 10월부터 조선 전역에 대한 호적조사를 실시했다. 그리고 이해 11월 일본각의는 조선징병제 실시요강을 확정 발표했다.

이리하여 43년 8월1일 징병제를 실시했고 1944년 1월 20일 학도특별지원병을 동원하여 대학이나 전문학교에 재학 중인 조선청년들을 강제로 입영시켰다. 이로써 조선 내의 대학 전문학교 재학생 1천여 명 중 90퍼센트가 그리고 일본 유학생 2,700명 중 조선에 귀국한 1,500명의 대부분이 일본의 침략전쟁에 끌려갔다.

1938년 2월 '육군특별지원령'으로 1943년까지 모두 1만 7천 6백여 명을 끌어내갔고 새로운 징병제로 1945년 5월까지 20여만 명을 징병검사하여 90퍼센트를 합격시키고 차례로 군문에 입영시켰다.

이 병력동원 외에 일제는 1941년부터 1945년까지 15만 명이 넘는 군속을 끌어갔다. '이들 군속들은 군인보다 가혹한 조건하에서 각종의 작업과 경비 등을 담당했으며 그 중에는 직접 전투에 참가하여 사망한 자가 많았다.' (김대상, '일제하 강제인력수탈사' 정음사, 1975)

이렇게 일제는 불과 4~5년 사이에 40만 명에 가까운 조선 청년들을 군인 군속 등의 전투요원으로 동원했는데 이 중 약 15만 명은 1953년 현재까지 귀환하지 않고 있어 사망한 것으로 간주되고 있다.[5]

일본은 전쟁 중 자원조달이 어려워지자 조선에서 광산물 생산강화에

징용된 조선인 노동자 작업현황.

박차를 가했다. 이리하여 조선 내 주요 광산물 생산량은 1943년에 236만 톤, 1944년에는 550만 톤이나 되어 1939년의 생산량보다 5.5배나 증가시켰다.

또한 일제가 쇠붙이에 대한 회수령을 실시한 것이 43년부터였다. 9월 1일부터 시행된 '금속류회수령'에 의해 각 가정에서 제기와 놋그릇을 비롯한 각종 금속류를 모두 회수하여 전쟁물자로 사용했다.

애국반의 활약

이러한 조선에서의 인적 물적 동원을 강압에만 의해 실행할 수는 없는 일이고 더욱이 이로 인한 주민들의 불만을 일방적으로 억누르는 것은 불가능했다. 총독부는 일제에 협력하는 조선인 단체를 확장하고 그 단체를 최대한 이용하는 노력을 강화했다.

그리고 사상개조작업을 하기 위해 민족주의자들과 교육받은 지식층을 앞세우기 시작했다. 일제는 '일본의 패전소식을 믿지 말고 물질적 어려움을 참아내라. 또한 일본인과 동등한 권리를 가진 성원으로서 모든 인민의 동원에 협조해달라'고 의식전환을 시도하면서 반일분자, 특히 공산주의자들과 투쟁할 것을 요구했다.

많은 조선인들이 일본의 승리가 자유를 가져오지 않더라도 생활의 향상을 가져다줄 것이라고 믿기 시작했다. 일제가 주창한 '내선일체'는 말 그대로 조선인들의 의식을 몽롱하게 만들고 일제의 선동과 선전에 동조하는 모습이 눈에 띄게 나타났다.[6]

당시 서울에 와있던 소련 영사의 부인 파냐 샤브쉬나는 다음과 같이 회상했다.

'일본의 패배는 있을 수 없는 일이며 만약 그러한 사태가 발생한다면 조선 인민들에게 비극이 초래될 것이라고 일본 당국은 주민들에게 조직적으로 세뇌시켰다.

식민지 시기에 내가 대화를 나눌 수 있었던 사람들의 부분적인 이야기를 조립해보면 당시 애국반이 지향하는 두 가지의 기본적인 목표가 정확히 나타난다.

첫번째 목표는 전쟁에 필요한 모든 것을 가능하든 불가능하든 총동원하는 것이다. 두번째 목표는 일본의 정책과 전쟁에 불만을 품은 불온사상자들을 적발해내는 것이다.[7]

이러한 총독부의 활동이 주효하여 사상범의 전향이 1938년에 들어 급격히 증가했다.

1937년 중일전쟁 전까지의 전향자는 감옥에 있는 사상범 1,298명 중 349명, 요시찰 요주의인 7,790명 중 1,316명으로 그 비율은 약 20퍼센트 내외였으나 1938년 말이 되자 감옥에 있는 사상범 중 60퍼센트, 요시찰 요주의인 중 63퍼센트가 전향을 했다는 통계가 있다.[8]

독립투사를 고문하는 조선인 경찰들

일본이 조선을 합방한 이래로 조선인의 민족의식을 말살하고 선량한 일본의 백성으로 만들려는 동화정책을 본격적으로 시행한 것은 1936년 미나미 총독 부임 이후였다. 일본은 조선인 중 협력자, 비협력자, 적극 저항하는 자를 구분하여 관리했지만 총체적으로 조선인을 불신하고 식민지 통치에 이용은 했지만 관리를 맡기는 일은 없었다.

조선인에 대해서는 항상 거리를 두고 언제든 배신할 수 있다는 전제에서 조선인을 관리하고 있었다. 그 하나의 예로 총독부 10국의 중앙부서에서 조선인이 국장에 임명되었던 자리는 학무국 단 하나에 불과했다. 이 자리도 이진호(24.3~29.2), 엄창섭(44.8~) 두 사람에 불과했다. 그리고 신임을 얻어 영달한 관리 중 42명의 도지사가 있었다. 그러나 조선인이 아무리 높은 직급을 차지해도 차석은 일본인으로 임명하여 감시했고 일본인끼리의 별도의 지시라인을 형성해놓고 있었다.

그러한 상황 속에서도 일본인 이상으로 천황에 충성을 하는 조선인도 있었다. 이러한 부류는 특히 경찰계통에 많이 있었다. 일제의 경찰기구는 식민지 통치의 첨병이자 특히 독립운동가 탄압으로 악명을 떨쳤다. 이 경찰기구가 미나미 총독 부임 이후에는 조선인 황민화에 앞장섰다. 전쟁물자의 수탈을 위해서 군 면서기와 함께 공출독려를 다녔고 야밤에 민가를 습격하여 청장년들을 징용노무자와 보국대로 끌어가기도 했다.

1만 명이 넘는 일제시 조선인 경찰 중에서 입이 열 개라도 변명의 여지가 없는 자들이 바로 '고등계 형사'들이었다. 민족운동가들을 잡아들이고 민족문화운동을 탄압하는 것이 주요 업무였던 고등계 형사들은 '고등계 형사'라는 존재 그 자체로 친일 민족반역자의 범주에서 벗어날 수 없다. 더구나 일본인은 독립운동가에 대한 직접 고문을 조선인 형사들에게 시켰기 때문에 단죄의 대상에서 벗어날 수는 없다.

순사로 경찰에 입문하여 경시(현재 총경)까지 진급한 최연, 최운하, 노덕술, 노주봉 등이 그 대표적 인물들이었다.

현재의 행정시험 사법시험에 해당하는 고등문관시험에 합격한 우수한 인재들 중에서 경찰에서 활약한 자들도 있다. 고문시험 출신자들은 초기에는 총독부 중앙관서나 도의 고위직 또는 지방군수 등에 주로 배치되었고 1930년대 이후에는 경찰계통으로까지 확대되었다.

규슈 제국대학 출신의 고문합격자 최경진(1934), 경성제대 출신으로 고문에 합격한 전봉덕(1939), 1942년에 고문에 합격한 박주식 등이 있었다.[9]

그리고 규슈 제국대학을 졸업하고 고문에 합격한 후 경찰에 투신한 김동조(金東祚)가 있다. '김동조는 동족인 조선인을 감시하고 죄인으로 몰아 검거하는 데 조금도 주저하지 않았다. 그는 전쟁 중 일본과 한국을 빈번히 오가면서 일본에 징용된 수많은 조선인들 사이에서 일어나는 저항을 일본에 밀고했다. 후에 일본인은 그를 승진시켜 조선인들에게 식량과 기타 지급품을 배급하는 전시 책임자로 임명했다.'[10]

해방 후 미군정 3년 동안 경찰 내에서 친일경찰문제가 본격적으로 제기된 것은 조병옥과의 불화로 경무부 수사과장직에서 물러난 최능진(崔能鎭)이 친일경찰관 및 부패경찰의 총퇴진을 요구하는 성명서를 발표(1945.11)한 것이 처음이고 마지막이었다.

최능진은 이 성명에서

'일제의 주구들이 해방 후 오히려 경찰 고위층으로 발탁된 것은 민족감정이 용서치 못할 일이다. 애국지사들을 투옥, 고문했던 고등계 형사들이 수도청 사찰과장 등 요직에 남아 있으니 어찌 그들의 마수에 숨겨 간 애국지사들이 지하에서 편안히 눈을 감을 수 있겠는가? 간부급 일경 출신들을 모두 제거하더라도 비간부급 경찰기술자들만으로도 치안 유지

는 충분하다'고 주장했다.[11]

친일 문인들

일본의 조선 식민지 정책에 대해 많은 문인들이 협력했다. 물론 소수의 극단적인 친일 문인을 제외하면 연명하기 위해 마지못해 협력을 한 사람들도 있다. 그러나 이들 문인들은 대중들과 가장 가까이 호흡을 같이 하고 있었기 때문에 이들의 이탈적인 행위가 민중의 실망을 초래한 것도 사실이다.

김동환은 1941년 9월 4일 임전대책협의회 결성식에서 개회사를 통해 다음과 같이 말했다.

'― 황군 장병 11만 명이 죽었는데 조선 사람은 겨우 세 사람이 죽었고 국채소화도 내지의 한 현(縣)만도 못하다.

이번 성전에 우리는 세 가지 단계를 밟아야 한다. 제1기는 사상전, 즉 우리 2천 4백만 명의 조선인이 다 황도정신을 파악한 일본 국민이 되는 것이고, 그러기 위해서는 우리들 일부가 종래 가지고 있던 민족주의와 사회주의를 깨끗이 청산하고 한 사람도 빠지지 말고 내선일체의 길에 들어서야 한다.

제2기로 우리는 우리가 가지고 있는 돈과 땀을 바쳐야 한다. 돈으로 애국공채를 사고 전쟁에 필요한 놋그릇, 금, 동, 쌀을 바쳐야 한다.

그리고 마지막으로 피를 바쳐야 한다. 우리의 생명을 전장에 바쳐야 한다. ― 지금은 결전의 시기이다. 아시아의 흥망을 결정하고 우리 나라 일본의 만년 국운을 결정하는 최후의 결전마당이 당박하고 있다.'(삼천

리 41년 11월 호)

이광수는 1940년 9월 4일자 매일신보에 다음과 같이 썼다.

'나는 지금에 와서는 이러한 신념을 가진다. 즉 조선인은 전연 조선인인 것을 잊어야 한다고. 피와 살과 뼈가 일본인이 되어 버려야 한다고. 이 속에 진정으로 조선인의 영생의 유일로가 있다고. 그러므로 조선인 문인 내지 문화인의 심적 신체제의 목적은 첫째로 자기를 일본화하고, 둘째로는 조선인 전부를 일본화하는 일에 전 심력을 바치고, 셋째로는 일본의 문화를 앙양하고 세계에 발양하는 문화 전선의 병사가 됨에 있다. 조선문화의 장래는 여기에 있는 것이다. 이러하기 위해서 조선인은 그 민족감정과 전통의 발전적 해소를 단행할 것이다. 이 발전적 해소를 가리켜서 내선일체라는 것이라고 믿는다.'

많은 문인들이 일제에 찬양하는 글을 발표하는 중 끝까지 지조를 지키며 단 한편의 친일 문장을 남기지 않은 작가들도 있었다.

후쿠오카 감옥에서 옥사한 시인 윤동주, 폐허파의 변영로, 오상순, 황석우, 조선어학회에 관계하면서 시와 수필을 쓴 이병기, 이희승, 젊은층으로 조지훈, 박목월, 박두진들의 청록파 세 시인과 박남수, 이한준의 문장 출신, 제일 먼저 붓을 꺾었다는 홍로작과 김영랑, 이육사, 한흑구 등에서는 단 한 편의 친일문장을 발견하지 못했다.[12]

항일문학

3.1운동을 전후하여 새로운 문학활동이 활발하게 일어나 '창조', '폐

허', '백조' 등의 동인지가 발간되었다. 이들 동인지를 중심으로 하는 문학활동은 대체로 민족적 현실과는 일정한 거리를 둔 자연주의 낭만주의 문학을 지향했다. 또한 민족의 현실적 조건에 관심을 가졌다 해도 그것을 저항주의적 측면에서가 아닌 낭만과 상징, 그리고 퇴폐와 탐미적인 방향에서 표현하는 경향이 있었다. 일제의 간섭을 의식해서였을 것이다.

1920년대의 이와 같은 문학적 분위기 속에서 현진건(玄鎭健)의 '빈처(貧妻, 1921)', 염상섭(廉想涉)의 '만세전(萬歲前, 1924)' 등은 민족의 현실에 어느 정도의 관심을 표현한 작품들이었다.

한편 저항주의 노선이 선명한 작품들은 한용운, 심훈 등과 신경향파 문인들에게서 나왔다.

민족해방운동에 투신했던 불교지도자이며 시인이었던 한용운(韓龍雲)은 '님의 침묵(1926)'에서

'그러나 나의 길은 이 세상에 둘밖에 없습니다./ 하나는 님의 품에 안기는 길입니다./ 그렇지 아니하면 죽음의 품에 안기는 길입니다./ 그것은 만일 님의 품에 안기지 못하면 다른 길은 죽음의 길보다 험하고 괴로운 까닭입니다' 고 하여 죽음으로 사랑하고 싶은 조국을 노래했다.

심훈(沈熏)은 시 '통곡 속에서(1926)'에서 1920년대의 민족적 현실을 다음과 같이 노래했다.

'큰 길에 넘치는 백의의 물결 속에 곡성이 일어난다/ 총검이 번득이고 군병의 말굽소리 소란한 곳에/ 분격한 무리는 몰리고 짓밟히며/ 땅에 엎디어 마지막 비명을 지른다/ 땅을 두드리며 또 하늘을 우러러/ 외치는 소리 느껴 우는 소리 구소(九霄)에 사무친다'

신경향파 문학에서는 최학송(崔鶴松)의 소설 '기아와 살육'에서 가난한 농민들의 생활고와 지주에 대한 반항이 그려졌고, 이상화(李相和)의

시 '빼앗긴 들에도 봄은 오는가'에서는 민족의 현실문제에 대한 인식과 식민지 통치자에 대한 적개심을 담았다.

1930년대 후반기 이후의 '암흑기'에도 저항문학 활동은 비록 그 폭은 넓지 못했지만 계속 이어져갔다. 중국 북경대학과 의열단 혁명간부학교를 나와 민족해방운동에 투신함으로써 여러 번 투옥되었던 육사 이원록(李源綠)은 시집 '청포도'를 내고(1940) 중국으로 탈출했다가 그곳에서 일본 경찰에 체포되어 옥사했다.

북간도 출신의 저항시인 윤동주(尹東柱)도 '죽는 날까지 한점 부끄럼 없기를' 바라며 남의 나라 육첩방에서 '등불을 밝혀 어둠을 조금 내몰고 / 시대처럼 올 아침'을 기다리다가 그 아침을 보지 못한 채 사상범으로 옥사했다.[13]

반민특위의 활동과 좌절

해방이 된 후 일제의 통치 하에서 민족의식을 망각하고 오로지 개인의 영달만을 위해 일본에 아부 협력했던 민족반역자 친일파들을 일소해야 한다는 여론이 높아졌다. 그러나 미군정의 소극적 태도로 실현되지 못하다가 1948년 9월 22일 온갖 우여곡절 끝에 전문 3장 32조의 반민족행위처벌법이 이승만 대통령에 의해 법률 제3호로 공포된 후 그 해 12월 23일까지는 특별재판부 및 특별검찰부와 중앙사무국이 구성되고 각 시도에도 조사지부 등이 설치되고 반민특위는 본격적인 조사업무에 들어갔다.

우선 정부로부터 7천 4백만 원의 예산을 타내고 중앙청 205호실에 사무실을 차린 반민특위는 일제시에 발행된 신문, 잡지를 비롯한 출판물과 조선 총독부 등 일제 통치기관의 문서를 토대로 반민족행위자 일람표를 작성했다.

예비조사를 끝낸 반민특위는 1949년 1월 8일 화신재벌의 총수 박흥식 검거를 개시로 본격적인 활동에 들어갔다. 10일에는 관동군 촉탁이었던 이종영(李鍾榮)이 체포되고 13일에는 일본군에 비행기를 헌납한 방의석(方義錫)과 33인의 한 사람이었던 최린(崔麟), 강우규 의사를 체포했던 일제 경시출신의 김태석(金泰錫) 등이 검거되었다.

14일에는 창씨개명에 앞장 섰던 친일변호사 이승우(李升雨)와 작위까지 받은 친일귀족 이풍한(李豊漢)이 검거되었고, 18일에는 일제경찰 경시출신으로 도지사를 지낸 이성근(李聖根)과 자작 이기용(李琦鎔)이 체포되었다. 20일에는 중추원 부의장까지 지낸 친일파의 거두 박중양(朴重陽)이 검거되었고 중추원 참의와 만주국 명예총영사를 지낸 재계의 중심인물인 김연수(金秊洙)가 붙잡혔다.

22일에는 고등계형사 하판락(河判洛), 국제신문 편집국장 정국은(鄭國殷), 중추원 참의 김우영(金雨英)이 각각 검거되었고, 24일에는 수배 중이던 전수사과장 노덕술(盧德述)과 동화백화점 사장 이두호(李斗浩) 등이, 26일에는 일본 헌병출신의 현직 경찰간부 유철(劉澈)과 악질 왜경출신 노기주(魯璣柱) 등이 피검되었다.

2월에 들어서서 7일에는 독립선언문을 쓴 최남선과 이광수도 반민특위에 의해 체포되었다. 그리고 특위에 검거된 유명인사로는 조선항공업 사장이던 신용욱(愼鏞項), 고등계형사 김극일(金極一), 군수업자 백낙승(白樂承), 수도청고문 최연(崔燕), 김제경찰서장 이성엽(李成燁), 전북도경

사찰과장 이안순(李顔淳), 악질 왜경출신 김성범(金成範) 등이었다. 2월 18일에는 이토(伊藤博文)의 양녀이자 일제 밀정이었던 배정자(裵貞子)와 황국신민서사를 지은 것으로 알려진 김대우(金大羽), 중추원 참의 장헌식(張憲植), 고등경찰 양재홍(楊裁弘), 항공업자 김정호(金正浩) 등도 검거되었다.

재판일정 및 피고인 별로 기일이 정해지자 특재 재판관장 김병로(金炳魯)는 반민특위의 특재는 민족의 총의로 엄정한 재판을 수행하겠다는 재판부의 결의를 다음과 같이 밝혔다.(3월 12일)

"— 본인은 이러한 사건을 처단함에 있어 첫째로 전국적으로 반역자의 낙인이 찍힌 자를 주로 하고, 둘째로 각 지방별로 반역자의 낙인을 받은 자를 주로 할 방침이다. 결국 순정한 민족의 총의를 반영하여 결정될 것이고 처단될 것으로 믿는다. 따라서 개인의 사감이나 편파한 관념에 흐르는 것은 절대 금물이요, 만일 그러한 피해가 있어서 이 중대한 사무수행에 혼란을 야기해서는 안 된다."

반민재판에서 가장 먼저 최고형인 사형이 구형된 반민자는 일제 고등계 경시를 거쳐 중추원 참의까지 지냈던 김태석이었다. 당시 67세인 김태석은 많은 반민법 해당사 중에서도 가장 악질로 손꼽히던 인물로 조선총독 사이토에게 폭탄을 던진 애국투사 강우규 의사를 체포하여 사형을 받게 한 자이다.

그러나 반민특위의 의욕적인 활동으로 친일파가 단죄될 것이란 기대는 여러 가지 우여곡절 끝에 점차 사라지고 1949년 9월 22일 처벌법 중 개정안이 국회에서 통과되어 파란 많던 반민자에 대한 숙청작업은 별로 성과도 없이 종지부를 찍었다.[14]

결국 반민특위의 활동은 용두사미로 끝났고 이러한 사실은 오늘날까지 대한민국 건국의 정통성 시비로 남게 되었다.

박정희와 만주군관학교

1917년 11월 14일, 경북 선산군 구미면 상모리에서 태어난 박정희는 9세 때 구미보통학교에 입학했고 1932년 봄 16세 때 대구사범학교에 입학했다. 1937년 3월 대구사범을 졸업한 박정희는 문경보통학교 교사로 부임하고 3년 째 되던 1939년 가을 교사생활을 정리하고 사임했다. 그 후 그는 만주에 있는 신경군관학교에 들어가 1942년 3월 졸업했다.

신경군관학교를 졸업한 박정희는 이한림, 김재풍, 이섭준 등과 더불어 일본 육군사관학교 3학년에 편입했다. 일본 육사 편입은 당시 만주계 및 조선인 생도 중에서 성적이 좋은 사람에게 베풀어주는 일종의 특전이었다.

주위 사람들의 말에 의하면 일본 육사 시절 그는 감정이 없는 사람처럼 보였다고 한다. 말도 없고 표현도 없었으며 속에 무언가 생각하는 것 같았는데 도대체 그것이 무엇인지 알 수 없는 그러한 사람으로 비추어졌다.

박정희는 1944년 4월 일본 육사를 졸업하고 소만(蘇滿) 국경지대인 치치하얼에 있는 관동군 635부대에서 3개월 동안 사관 견습을 받고 7월 경 만주군 보병 제8단에 배치되어 일제가 패망할 때까지 그 부대에서 근무했다.

제8단이 주둔하고 있던 지역은 만리장성 북쪽 변경 산악지대인 열하성 흥륭현 반벽산이었다. 제8단은 그곳에서 중공군 제8로군을 토벌했고 박정희는 당시 단장의 부관으로 있었다.('다큐멘터리 박정희')

만주군관학교 출신들

당시 만주군관학교는 처음 봉천에 있다가 후에 신경으로 이전했다.

봉천 5기에 정일권, 김백일, 김석범, 7기에는 최남근이 있었고 신경으로 옮긴 후 1기에 박임항, 이주일, 김동하가 있고 2기에 박정희, 이한림, 5기에 강문봉이 있었다.

1941년 12월 제9기로 졸업한 백선엽은 만주 동북부의 '간도특설대'의 조선인 부대로 배치되어 약 3년간 근무했다. 백선엽이 이 부대에서 어떤 일을 했는지 분명하게 밝혀지지 않고 있다. 당시 이 부대에는 김백일, 김석범 외에 송석하, 신현준, 이용, 임충식, 윤춘근, 박창암 등이 근무했다.

만주군 장교로서 정일권의 존재는 만주에 있는 모든 군인과 조선 청년들에게 선망의 대상이었다. 봉천군관학교와 일본 육사에서 수석을 한 후 만주군 사령관의 전속부관으로 배속되었고 일본 장교들도 들어가기 어려운 만주군 육군대학에서 근무할 때, 그는 화려한 견장에 백마를 타고 출퇴근했다. 그 때 그의 계급은 대위였고 이같은 견장이나 승마 출퇴근은 만주군 육군대학 출신에게만 주어지는 명예였다. 만주군 육군대학은 일본 본토의 육군대학과 같은 격의 현역장교 교육기관이고 그곳을 졸업하면 중장까지 진급은 보장되는 것이 관례였다.

일본이 전쟁에 패망하자 박정희는 신현준 대위, 이주일 중위, 방원철 중위 등 제8단 소속의 장교들과 함께 북경으로 갔다. 당시 북경에는 일본군에 편입되어 있던 조선인과 학병으로 끌려갔던 사람들 약 4백 명이 있었다.

동북판사처장 최용덕 장군은 이들을 김학규 지대장이 지휘하는 광복군 제3지대에 편입시켰다. 최장군은 중국군 공군소장으로 장개석의 전용기를 조종했던 사람이다.

1946년 5월 박정희는 미군이 제공한 LST를 타고 천진을 출발, 부산에 도착했고 그 때 그의 나이 29세였다.

종전시 만주군 헌병대위였던 정일권은 시대의 흐름에 따라 재빨리 변신했다. 교민을 보호한다는 명목으로 '만주교민보호대'를 만들어 사령관으로 활약했다. 이 보안대에는 이한림, 최창언, 최주종, 김석범 등 만주군 출신이 가담했으며 며칠 후 만주군의 중좌인 원용덕도 참여했다.

정일권은 소련군에 의해 체포되어 호송 중 포로열차에서 극적으로 탈출하여 서울로 오게 되었다. 그리고 1946년 1월 군사영어학교에 입교했다. 군사영어학교는 1945년 12월 5일 미군정에 의해 해방 후 최초로 설립된 군사교육기관이었다.[15]

최규하와 대동학원

최규하는 어릴 때 조부로부터 한학 교육을 받았다. 1932년 14세 때 경성제일공립보통학교(현 경기중학)에 입학했다. 졸업한 후 도쿄고등사범학교로 진학했다. 도쿄고등사범은 최규하가 재학할 당시 1천 2백 명의 재학생 중 조선인은 단 두 명에 불과한 정도로 일본에서도 알아주는 일류학교였다. 그럼에도 불구하고 최규하는 다시 6개월 과정의 만주대동학원에 진학했고, 그는 이 학교를 최종학력으로 자랑스럽게 내세우고 있다.

만주대동학원은 1932년 만주국 건국과 동시에 신경에 세워진 만주국

정부 관리 양성기관이다. 교육기간은 6개월 밖에 안되지만 교육생 전원을 기숙사에서 생활시키고 교육생 상호 간에 깊은 인간적 유대가 이루어지도록 했다. 이 학원에는 이미 제국대학이나 게이오 등 전문학교 출신들이 많이 입교했는데 이들은 일단 대동학원에 입학하면 일체 과거의 학력을 묻지않고 대동학원의 동창생으로 대했다고 한다. 그만큼 만주대동학원에 대한 일체감과 자긍심이 높았다.

만주대동학원은 1945년 8월에 일본이 패망할 때까지 총 19기의 졸업생을 배출했다. 이 중 해방 후에도 정치와 관계에서 활동한 사람은 3기생 황종률, 10기생 권일, 그리고 15기생 최규하가 대표적이다.

최규하는 1943년 7월 5일 대동학원을 졸업하고 1945년 8월 해방될 때까지 2년의 기간을 이력서에 공백으로 남겨놓고 있다. 따라서 그가 어디서 무엇을 했는지 분명치 않다. 그러나 미군정 당시 작성된 보고서인 'G-2 보고서의 부록 중 최규하 항에는 그가 이 기간 만주국 관리를 했다고 기록되어 있다.[16]

장면과 노기남

장면(張勉)은 1899년 인천세관에서 근무하던 장기빈의 장남으로 태어났다. 그는 인천 박문학교를 거쳐 수원농림학교를 마치고 YMCA 기독교 청년학관 영어과에 입학했다. 그리고 천주교 소신학교에서 교편을 잡고 있던 중 3.1운동을 맞게 되었다. 이후 장면은 미국으로 유학을 떠나 5년간을 수업하고 1925년 귀국했다.

1929년부터 가톨릭 재단의 동성상업학교에서 교직 생활을 시작한 장면은 1936년에서 1945년까지 교장직을 역임했다.

당시 상황을 유동진 씨는 다음과 같이 썼다.

'내가 동성학교에 갔을 때 일본인들이 학교에서 판을 치고 있었다. 일본인 교사 10여 명에 조선인 교사는 서무까지 합쳐서 4~5명 꼴이었다. ─ 장면 박사가 서무주임으로 들어온 것은 재단측이 장차 그 분을 중히 모시기 위한 것이었다. 그러나 학교의 교육방침이나 기타 모든 것은 일본인들에 의해 이루어지고 있었다. ─ 당시 동성의 교무주임에는 '사이고'라는 일본인이 근무했는데 그는 총독부에서 비밀리에 보낸 사람으로 학교 운영을 마음대로 했다.

장박사는 교장이 되자 그를 학교에서 내쫓아버렸다. 당시 일본인 천하에서 더우이 총독부가 보낸 사람을 조선인이 쫓아내기란 여간 어려운 일이 아니었다.(유동진, '한알의 밀알이 죽지 않고는')

장면은 1938년 조선지원병 제도 실시 축하회에 조종국과 더불어 천주교측 발기인으로 참가했다. 이때 발기인은 모두 73명이었다. 그는 같은 해 10월 국민정신총동원 조선연맹 산하인 비상시 국민생활개선위원회 제1부 위원에 선임되었다. 다음해 5월 명동성당 천주교회는 교회 이사인 라리보 주교로 하여금 국민정신총동원 천주교연맹을 결성케 했다. 연맹 이사장은 라리보 주교였고, 이사는 노기남, 구로가와 등 5명이었고 간사는 장면과 이와타니 등 7명이었다.

장면의 이러한 친일행위의 과정은 무엇보다도 노기남 주교와의 친분이 그 근거가 된 듯하다. 노기남 주교와 장면은 소신학교 시절 선생과 제자 사이로 만났다. 같은 평안도 출신인데다가 나이 차이도 세 살에 불과했던 두 사람은 사제관계를 넘어서 인간적으로 매우 친숙하게 지냈다.[17]

여운형의 전후 준비

일본군이 남양 각지에서 후퇴를 거듭하고 패색이 점차 짙어지자 여운형은 항일 군사행동을 준비할 시기가 온 것으로 판단했다.

여운형은 우선 만주에 유격대를 조직하여 백두산을 넘어 국내로 진입시킬 계획을 세웠다. 그리고 연안에 있는 조선의용군 사령관인 무정(武亭)으로 하여금 만주의 전 유격대를 총지휘하게 한다는 데 의견을 모으고 이영선을 북지 방면 연락책임자로 보냈다.

1945년 5월에는 중경 임시정부에도 국내정세를 전달하고 그 쪽과 항일협동전선을 형성하기 위해 최근우를 파견했는데 그는 북경까지 갔지만 중경으로 가는 데는 실패했다.[18]

1944년 8월, 여운형은 동지를 규합하여 비밀결사를 조직했는데 이 항일 지하조직체가 조선건국 동맹이었다. 8월 10일 여운형이 주동이 되어 조동우, 현우현, 황운, 이석구, 김진우 등 노장 독립운동가들이 전쟁의 종말을 예견하면서 서울 시내 경운동 삼광의원에 모여 일제의 패망과 이에 따른 조국 광복에 대비할 목적으로 조선건국 동맹을 조직했다.

이들은 일체의 조직활동을 비밀로 하기 위해 이름을 말하지 않는다(不名), 거처를 말하지 않는다(不居), 문서를 남기지 않는다(不文)의 3불맹서를 철칙으로 삼아 나가기로 했다.[19]

그리고 일부 희생이 생겨도 연루의 피해가 없게끔 체제를 분리하여 관리하면서 친일분자와 민족반역자만을 제외하고 민족적 양심이 있는 인사를 총망라하여 회사, 학교, 대중단체, 농촌, 공장 등에 하부조직을 두기로 했다.

중경 임시정부와 김구

1919년 3.1운동과 더불어 결성된 상해의 임시정부는 초기에는 활발한 활동을 전개했으나 날이 갈수록 위축되어 갔다. 그 첫째 원인은 일제의 파괴공작 때문이었다. 일제는 형사나 밀정을 침투시켜 임정의 내부를 정탐하고 임정요인의 암살이나 체포에 혈안이었다.

그리고 임시정부는 재정난이 심했다. 국내의 애국성금도 1921년 말 연락망이 파괴되면서 두절상태가 되었다. 미국과 하와이에서의 공채모집도 한 때 있었으나 그것도 제대로 이루어지지 않았고, 특히 1925년 3월에 이승만 대통령에 대한 탄핵안이 의결된 후로는 미국으로부터의 송금은 단절되었다.

이러한 상황에서 임정은 정부청사의 월세 30원(元), 심부름꾼의 월급 20원도 제대로 지불할 수 없게 되고 임정요인들은 생활난으로 각각 흩어져 밥벌이를 하거나 교포들 집을 몰래 찾아다니며 걸식을 하는 형편이 되어 버렸다.

그리고 임시정부에는 국내와 중국, 만주, 러시아, 미국 등의 독립투사들이 집결하여 처음부터 내부가 복잡했다. 더욱이 좌우 합작의 연합정부였기 때문에 민족주의와 공산주의의 이념대립이 있었고, 또한 독립운동의 방략에도 주장을 달리했다. 선전 외교활동을 위주로 생각하는 이승만, 김규식 등이 있는가 하면 군사활동에 치중해야 한다는 이동휘, 박용만 등 그리고 점진주의를 표방하는 안창호의 노선이 갈등을 빚고 있었다.

이러할 때 이동령의 강권으로 국무원 주석에 등장한 것이 김구(金九)였다. 김구는 이 난국을 타개하는 방법을 이동령과 함께 주야로 궁리했다. 그 방법의 하나로 미국 교포들에게 호소하여 자금지원을 받는 일이고 다른 하나는 충격적인 사건을 일으켜 임시정부의 존재를 널리 알림과 동시에 독립운동의 정열을 소생시키는 일이었다. 이리하여 발생한 것이 이봉창 의사와 윤봉길 의사의 거사였다.

김구는 43세가 되던 1919년 3.1운동이 일어나자 상해로 건너가 임시정부에 가담했다. 우선 안창호 내무총장 밑의 초대 경무국장에 취임하여 부하 20여 명을 거느리고 임정을 지키며 일본 영사관 경찰들과 사투를 벌였다.

그 후 1923년에 내무총장이 되었고 1930년에 한국독립당을 조직했다.

1932년 1월 8일 이봉창 의사의 의거는 실패했으나 이에 굴하지 않고 4월 29일에는 윤봉길 의사로 하여금 상해 홍구공원의 의거를 단행하여 대단한 성공을 했다. 이때 백범의 나이는 56세였다.

그리고 1933년 임시정부의 국무령에 취임했다.

김준엽, 장준하 등 학병 50명이 일본군을 탈출하여 중경에 도착한 1945년 중경임시정부에는 주석 김구, 부주석 김규식을 비롯하여 조소앙 외무, 신익희 내무, 조완구 재무, 김원봉 군무, 엄항섭 선전부장 등이 있었으며 이청천 장군이 광복군 총사령관으로 지대장에 이범석 장군이 재임했다.

임시정부는 이미 1941년 12월 정식으로 대일 선전을 포고했다.

윤봉길 의사의 의거 이후 장개석 국민당정부는 비록 흡족한 것은 아니더라도 꾸준히 임시정부에 대한 원조를 계속했다.

그 내용은 1941년에 매월 6만 원(元), 42년 매월 20만 원, 43년 매년 50만 원, 44년 매월 100만 원, 45년 매월 1천만 원이었다. 당시 중국 법폐와 달러의 환율은 공정환율이 1달러 대 20원으로 고정되었으나 암시세는 계속 상승하여 43년에 1달러에 대해 85.4원이었고 44년 12월에는 1달러 대 542.2원이었다.[20]

미국은 제2차 대전에 참전한 후 영국의 권고로 OSS라는 전략기구를 조직했다. 이 OSS(Office of Strategic Service)는 적의 후방지역을 교란시키고 정보활동과 유격활동을 병행하는 기구였다. 미국은 이 공작기구를 이미 유럽 전선, 아프리카 전선, 태평양 전선 그리고 중국 전선 등을 무대로 활동하는 광범한 조직으로 운영하고 있었다.

본부는 워싱턴에 두었는데 총지휘관은 유명한 도노반 소장이었고 중국 전선에는 지부 본부가 곤명에 있었고 그 책임자는 홀리웰 중령이었다.

이 OSS 요원으로 학도병 장준하, 김준엽을 비롯하여 50명을 차출하여 1945년 5월부터 3개월간 훈련시켜 제1기생을 한국으로 파견키로 결정했다. 이들이 훈련을 마치고 파견 일정을 정하는 과정에서 8월 10일 일본의 항복소식을 듣고 모두 취소되었다.

제12장 일본의 패망

본토 결전

1945년 봄 일본의 본토에는 2류 수준의 육군 8개 사단이 있을 뿐이었다. 만약 미군이 본토로 공격해 온다면 도쿄(東京)도 오사카(大阪)도 하루에 점령당하고 말 것이다.

해상에도 해군의 전함 1척, 구축함 22척, 잠수함 35척이 전부였다. 상륙군을 격퇴하기 위한 주력 무기인 항공기는 육·해군 합쳐서 626기에 불과했다.

이러한 상태에서 일본군은 본토결전(本土決戰)의 계획을 수립했다. 이 본토결전을 위해서는 적어도 50개 사단이 필요하다고 계산하고 참모본부는 육군성에 50개 사단 동원계획을 요구했다. 육군성의 군무국은 놀라 자빠졌다. 금년에 4개 사단을 증원한다는 계획을 세워놓고 있는 터에 그 십 배도 넘는 50개 사단을 6개월 내에 실행해야 한다는 것이다.

육군성에서는 참모본부가 정상이 아니라고 생각했다. 동원은 국민의 생활형편, 생산력의 실태, 국가 행정력 등을 감안하여 이루어지는 것으로 탁상에서 되는 것이 아니다.

그러나 참모본부는 극도로 분노했다. 나라가 망하는데 그 무슨 평상시적인 구태의연한 태도인가. 지금은 초비상수단을 필요로 하는 절체절명의 본토결전에 임하는 때이다.

결국 육군성은 타협을 하여 전투원 150만 명, 병참요원 50만 명, 해군 50만 명, 합계 250만 명을 동원한다는 협의를 했다. 그러나 육군 150만 명의 신병에 대해 소총은 전국 창고에서 구식총까지 끌어모아 70만 정밖에 없고 기관총은 소요수의 23퍼센트, 보병포는 28퍼센트뿐이어서 신병의 절반은 맨손으로 싸워야 하는 실정이었다.

문제는 모든 무기의 원동력이 되는 석유의 부족이었다. 1945년 2월 이래로 남양과의 교통이 차단되어 석유는 감소되기만 했고 7월에는 육·해군의 보유량이 불과 8만 킬로리터 뿐이었다. 이 숫자는 오키나와전이 신행뇌는 동안 1개월에 5만 6천 킬로리터가 소비되었던 것을 감안하면 얼마나 적은 양이란 것을 알 수 있다. 무기가 아무리 많아도 석유가 없으면 움직일 수가 없다. 석유가 절대적으로 부족하다는 것이 본토결전에 최대의 애로였다.

5월 31일, 스즈키(鈴木) 수상의 주재로 솔직한 의견교환을 위해 6상 간담회를 열었다. 아나미(阿南) 육군상은 적을 본토에 끌여들여 일격을 가한 후 강화해야 한다고 말하고, 요나이(米內) 해군상은 그 일전은 희망이 없고 하루라도 속히 강화에 들어가지 않으면 안된다고 주장했다. 아나미는 이에 대해 이러한 상태로 강화를 하게 되면 크게 양보를 해야 하고 그렇게 되면 국민을 납득시킬 수 없을 뿐아니라 그보다도 육군의 중견층을 제어할 길이 없다. 다시 한 번 분발해야 한다고 역설했다. 그러나 요나이는 이미 분발해봤자 효과는 없고 종국에는 국체의 유지조차도 어렵게 된다고 반박하여 3시간이나 열띤 토론을 했지만 결론은 내지 못했다.[1]

오키나와에서 일본군 18만 명은 거의 전멸하고, 미공군의 무차별공습으로 도쿄를 비롯한 주요 도시는 모두 불타 잿더미가 된 상태에서 1945년 6월 8일 천황 임석하의 어전회의에서 '본토결전의 방침'이 결정되었다.

대본영의 육군 참모본부는 천황에게 '전군이 특공하여 일본군 한 사람이 미군 한 사람씩을 찔러죽이면 반드시 승리할 수 있다'고 설명했다.

미국의 스팀슨 육군장관은 일본이 항복하지 않을 경우 11월 1일 일본의 남규슈(南九州)로 상륙할 계획을 세워놓고 준비하고 있었다.

일본은 이미 그로키 상태

1944년 5월, 일본은 이미 미군과 전쟁을 수행할 힘을 잃고 있었다. 태평양 전역에서 제해권과 제공권을 모두 상실하고 남은 것은 고도의 섬에서 옥쇄할 날을 기다리고 있는 굶고 있는 병사들 뿐이었다.

1944년 5월 포레스탈 해군장관은 '미군은 태평양에 있는 적의 영해 2천 4백 킬로미터 지역에서 마음대로 작전행동을 할 수 있다. 그리고 기동함대의 적극 공격에 일본 해군의 방해를 전혀 받지 않고 있다'고 말했다.

1944년 5월 14일자 뉴욕 타임즈의 제목은 '미국이 태평양의 제해권을 장악하고 있다'고 보도했다. 1944년 8월까지 전투는 거의 종결되고 남은 것은 '소토작전' 뿐이라고 했다.

두셰인 중좌는 1944년 2월 모리스 매키 기자와의 인터뷰에서
'그들은 이미 그로키 상태였다. 5일간의 폭격으로 한 잠도 자지 못하고 화염에 둘러싸여 있었기 때문에 참호에 들어앉아 화염방사기에 타죽기보다 총탄을 맞아 죽는 것이 낫다는 생각에서인지 전원 참호 밖으로 나왔다'고 말했다.

1945년 3월 21일, 조지 C. 케니 중장은 '일본 공군은 완전 궤멸되었다. 이미 위협이 되지 않는다'고 말했다. 이 회견에서 장군은 가령 우리가 일본에 비행기를 준다고 해도 그것을 조종할 파일럿도 유지점검할 정비병도 없다고 했다.

1945년 3월 이후에는 일본 공군의 거의가 가미카제 자폭기였다. 그것도 도저히 비행기라 말할 수 없는 것이고 자포자기의 공격무기로 밖에는 쓸 수 없는 일종의 인간어뢰였다. 출격하면 틀림없이 모두 잃는 자멸행위였고 도저히 본격적인 전쟁이라고 할 수가 없는 것이었다.

미국은 문자 그대로 일본군은 죽을 때까지 싸우는 인종이라는 일본인관을 정책의 기조로 하고 있었다. 그리고 그것은 광신적 군국주의자라는 의미로 해석하고 있었다.

이러한 미국의 의식기조는 1945년 포춘지가 실시한 여론조사에 나타나 있다. 미국 국민의 대다수는 얼마나 많은 희생을 치르더라도 일본을

점령해야 한다는 의견이었다. 일본이 '일본 본토를 점령하지 않는 것을' 항복조건으로 화평안을 제안한다면 거부해야 한다는 의견이 84퍼센트에 이르고, 일본을 점령하지 않고도 항복을 받아들여야 한다는 의견은 10퍼센트에 불과했다. 전시 중 미국인이 얼마나 일본인을 두려워하고 증오하고 있었는가를 보여주고 있다.

그러나 많은 일본 병사들이 최후의 일병까지 절망적인 상황에서도 광신적인 공격을 해온 에너지는 승리의 희망에서 나온 것이 아니다. 오히려 히스테리 증상에서 나온 용기였다고 미아즈 여사는 그의 저서에서 말했다.(2)

스스로 익사를 한다든지 압도적으로 우세한 적에 대해 무익한 공격을 가한다고 하는 집단적 자결행위는 분명히 히스테리와 절망의 결과이다. 이러한 집단자결의 동기는 많은 경우 항복하면 어떠한 취급을 당할지 모른다는 공포이기도 했다.

B29와 일본공습

미군이 하늘의 요새로 불리우는 B29 폭격기로 처음으로 일본 본토를 공습한 것이 1944년 11월 24일이었다. 이 B29의 특징은 무착륙으로 장거리(5천 킬로미터) 비행이 가능한 것과 더불어 고공(高空)을 난다는 것이다. 1만 미터의 상공을 쉽게 비행했다.

이 B29가 처음으로 일본 본토 상공에 출현했을 때 이를 저지할 일본의 방공전투기는 한 대도 없었다. 일반의 전투기로 1만 미터 상공에 도달하는데 약 1시간이 걸린다. 이 시간에 B29는 이미 반은 폭격을 완료한다. 그리고 고사포의 포탄도 1만 미터 상공까지는 도달하지 못한다. 미국은 이 장거리 폭격기를 개발하는데 25억 달러를 투자했다.

미군은 1945년 3월 10일 도쿄 대공습부터 이 B29를 대거 투입하여 무차별 폭격을 단행했다. 이 날 하루에 도쿄시 강동구의 태반이 순식간에 잿더미가 되었고 26만 7천 채의 가옥이 소실되고 1백만 명의 이재민을 내었다. 사망자는 8만 3천 명에 이르렀고 부상자는 11만 명이나 되었다.

이후 계속된 B29의 무차별 공습으로 일본 전체의 이재민 수는 약 1천만 명이나 되었고 당시 인구 약 7천만 명의 14퍼센트가 집을 잃었다. 이 공습으로 사망한 일본인은 51만 명이 넘었다.

가미카제(神風) 특공대

특공(特攻)은 적의 군함에 폭탄을 적재한 비행기 몸채로 공격을 하는 전법을 말한다. 9.11 테러의 자살공격으로 이미 널리 알려진 이 전법을 전쟁에서 최초로 이용한 것이 일본군이었다.

특공출격을 최초로 창안하여 명령한 것은 제1항공대 사령관 오니시 중장이었다. 1944년 10월 25일 필리핀 마바라카트 비행장에서 9기의 특별공격대가 레이테섬 주변의 적을 찾아 발진했다. 전원이 흰 머플러를 두르고 머리에는 흰 머리띠를 매고 떠났다. 이 중 4기는 엄호하는 역할을 맡고 5기가 자살 특공대였다.

10시 53분, 미국 항공모함 세인트 로를 발견한 1기가 비행 갑판 중심

미 전함으로 뛰어드는 가미카제 특공대.

선에 격돌했다. 이어 갑판 밑에 있던 가솔린 탱크에 인화되어 항모는 삽시간에 불덩이가 되어 21분 만에 침몰하고 말았다. 이어 3척의 항모가 시속 수백 마일로 돌진해 오는 특공기에 의해 크게 파손되었다. 특공기 5대에 의해 4척의 항공모함이 공격당해 1척이 침몰하고 3척이 크게 손상을 입은 것이다. 이렇게 가미카제 특공대의 최초 공격은 대성공이었다.

　1945년 3월, 일본 본토에서 불과 350마일 떨어진 오키나와 주변에 미군의 움직임이 활발해진 것을 일본군이 탐지했다. 당시 도쿄의 대본영에서는 특공대에 의해 전황이 호전될지도 모른다는 생각을 했다.
　6월까지 3개월 간 계속된 오키나와 전투에서 특공기가 미군에 입힌 손해는 함정 격침 36척, 손상 278척에 이르렀다. 이에 참가한 특공기는 해군 983기, 육군 932기 합계 1,915기였다. 일본군의 희생은 해군 2,545명, 육군 1,844명 합계 4,379명이었다.
　미군의 희생도 커서 해군 장병 4,907명이 소모되었고 격추된 항공기는 768기에 이르렀다. 미군은 태평양전쟁 중의 총 손해의 7분의 1을 오키나와에서 입었다.

　작전으로서의 특공은 용병의 원리에 반하는 사도(邪道)이고 기계 대신에 인간을 소모한 비문명의 진법이다. 물론 그 사도를 알면서도 채용할 수 밖에 없었다는 단말마의 전황이었다는 것은 누구나 잘 알고 있다. 벼랑 끝으로 몰린 약한 나라가 승세에 올라 있는 강국에 대해 최후의 일전을 시도해 보는 수법은 특공 이외에 다른 방법이 없다는 것이 대본영의 결론이었다.
　특공대의 발진으로 한 때 미군을 혼란에 빠뜨린 것은 사실이지만 이미 기울어진 전세를 만회하는 수단은 되지 못했다. 미군의 압도적으로 우세한 군사력은 일본의 특공대를 저지해가면서 유유히 일본 본토를 향해 진군하고 있었다.

소련에 매달리는 일본

1945년 4월 5일, 소련은 일본과 맺었던 일본과의 중립조약을 연장하지 않겠다고 통고했다. 일본은 미국과 생사를 결단하는 전쟁을 치르고 있는데 소련의 공격을 받으면 모두가 끝난다고 생각했다. 일본은 어떻게든 소련과 우호관계를 유지하여 소련의 대일참전을 막아야 하는 외교적 노력을 해야 했다. 그리하여 미국과의 화평안을 소련에 중재요청한다는 안이 나오게 되었다.

그러나 소련이 일본을 공격하기로 미국, 영국과 합의한 것은 1943년 가을 이미 결정된 사항이었다. 1943년 10월 미국의 헐 국무장관, 영국의 이든 외상, 소련의 모로토프 외상 3자는 모스크바에서 회동하고 독일에 대한 전략에 관해 협의했다. 이 회담이 끝난 날 밤 스탈린 수상이 주최하는 만찬 석상에서 스탈린은 헐 국무장관에게 '소련은 독일을 굴복시킨 후 미국, 영국의 전선에 가담하여 일본을 공격할 심산이다. 절대 극비사항으로 루스벨트 대통령에 전해달라'고 귓속말을 했다.

그리고 같은 해 테헤란에서 열린 미·영·소 3서두 회담에서 스탈린은 루스벨트에게 '소련은 현재 독일과의 전쟁에 전력을 쏟고 있어 도저히 대일전쟁에 가담할 여력이 없는 것은 유감이지만 머지않아 독일문제가 처리되면 미·영의 공동전선에 참가하여 일본 타파에 일역을 담당할 것'이라고 밝혔다.

다시 1944년 10월 처칠 수상이 모스크바를 방문했을 때 스탈린은 '현재 시베리아 소련군은 30개 사단 정도이나 일본을 공격하기 위해서는 60개 사단이 필요하다. 그만한 병력을 증강하려면 독일을 굴복시킨 후 3개월의 시간이 필요하다'고 더 구체적인 일정을 말했다.

 소련의 대일참전과 그 보상에 관한 정식 약정은 45년 2월 얄타 회담에서 이루어졌지만 그 확약은 이미 43년부터 결정된 사안이었다.

 이러한 사실을 전혀 모르는 일본이 종전공작을 소련에 의뢰하여 급박한 현상을 타결하려고 한 것이니 일본은 상대를 헛짚은 것이고 매우 비참한 전사의 일면을 보여주는 것이다.

 동아시아에서 고립되어 세계의 정보가 차단된 일본이 전쟁에서도 외교에서도 커다란 핸디캡을 가지고 있는 좋은 예로서 아무리 그렇다고 하더라도 소련이 일본 공격을 눈앞에 둔 시점에서 그에 의탁하여 패전의 고통을 빗어나려고 했던 것은 일본의 슬픈 현실이 아닐 수 없다.

 일본 정부는 1945년 6월 하순, 주소대사 사토(佐藤)에 훈령을 내려 고노에 전수상이 사절이 되어 스탈린과 모로토프 외상을 만나 강화조건을 제시하겠다고 소련 정부에 협의하도록 했다. 사토 대사는 훈령을 받고 모로토프 외상을 만난 것이 7월 11일이었다. 모로토프는 냉정하게 거절했다. 사토 대사는 다시 모로토프 외상에 회견을 신청했지만 외상은 포츠담으로 출발할 예정이어서 시간이 없다고 거절했다.

포츠담선언

 1945년 7월 26일자로 발표된 포츠담선언은 일본에 대해 무조건 항복을 요구한 것이다. 미국, 영국, 중국의 3국 이름으로 발표한 이 선언문은 전문 13개 조로 되어있고 그 주요 내용은 다음과 같다.

일본 군국주의의 영구 제거(6조), 일본 국내 점령(7조), 일본의 영토를 혼슈(本州), 북해도, 규슈, 시고쿠 및 그 인근 도서로 한다(8조), 군대를 완전 무장해제 한 후 각자의 평화생활로의 복귀를 허용한다(9조), 전쟁범죄인의 처벌, 민주주의 부활에 대한 장애의 제거, 언론 종교 및 사상의 자유 그리고 기본 인권의 확립(10조) 등이다.

이를 수락하지 않을 경우 일본이 선택할 수 있는 길은 완전한 파멸뿐이라고 끝을 맺었다.

7월 28일, 스즈키 수상은 기자회견에서 포츠담선언에 대해 '이번 선언은 카이로선언의 복사판으로 정부로서는 하등 중대한 가치가 있는 것으로 생각하지 않는다. 다만 묵살할 뿐이다. 우리는 어디까지나 전쟁 완수에 매진할 것이다.'고 말했다.

이 회견이 8월 6일 원자폭탄이란 회답으로 나타날 것이라고는 스즈키 수상을 비롯하여 육·해군 수뇌 어느 누구도 예상하지 못했다.[3]

천황의 결단

1945년 8월 6일 오전 8시 15분, 원자폭탄 제1발이 인구 34만 명의 히로시마(廣島) 시에 투하되었다. 이 도시는 한 순간에 잿더미가 되었다. 일본 정부의 무반성을 경고하는 정치폭격으로서 너무도 잔학무도한 조치였지만 이것이 대전쟁의 종말기의 모습이었다.

트루먼 대통령은 다음 날 성명을 통해 '히로시마에 투하한 것은 원자

천황이 참석한 어전 회의.

폭탄이다. 일본이 항복하지 않으면 또 다시 제2탄을 투하할 것이다'고 말했다.

소련의 스탈린 수상은 대일전 참전의 기회를 엿보고 있다가 히로시마에 투하된 것이 원자폭탄이라는 사실이 알려진 순간 공격개시의 명령을 내렸다. 8월 9일 새벽 바시레프스키 원수를 총사령관으로 하는 소련 극동군은 3방면으로 노도와 같이 만주 국경을 돌파했다. 130만 명으로 구성된 50개 사단이 항공기 4천 8백 기, 탱크 3천 5백 대를 동원하여 기습을 했다.

그리고 8월 9일 오전 10시 58분 경 나가사키(長崎)에 제2탄이 투하되었다.

일본의 운명을 최종적으로 결정짓는 어전회의가 8월 10일 오전 0시 스즈키 수상의 발언으로 시작되었다. 천황을 정면으로 하여 6명의 구성원과 추상(樞相)이 양측에, 그리고 4명의 간사역이 뒷좌석에 앉았다. 항복인가 일전인가를 결정하는 역사적 대회의였다.

스즈키 수상과 도고 외상 그리고 요나이 해상이 포츠담선언을 수락하자는 측이고, 아나미 육상, 우메츠 참모총장, 도요다 군령부장이 일전을 주장했다. 3대 3의 팽팽한 대립으로 회의는 결정을 내리지 못하고 시간을 끌고 있었다. 드디어 천황이 결정을 해야 했다.

천황은 군부에 대한 불신으로 말문을 열었다.

'육·해군 통수부의 계획은 실정에 맞지않은 것이 많고 또한 시기를 놓쳐 대동아전쟁은 거의 계획과 다르게 되었다.'고 지적했다.

'만약 적이 본토에 공격해오면 국민은 어떻게 되겠는가. 이미 공습의 격화로 심한 고통을 받고 있다. 그 위에 본토결전이 이루어지면 국민은 모두 죽는 것이 아닌가'라고 일전론을 일축한 후,

원폭에 잿더미가 된 히로시마.

'충성한 군대의 무장을 해제하고 또 어제까지 충성을 다한 사람들을 전쟁범죄인으로 만드는 것은 진심으로 참을 수 없는 일이지만 나라의 장래를 생각하면 참을 수 없는 것도 참지 않으면 안 된다. 지금은 과거 명치 대제의 3국 간섭을 당하여 보인 어진 마음을 가지고 임해야 할 것이다'라고 결론을 내렸다.[4]

전쟁은 군부가 천황을 강요하여 시작했지만 종전은 천황이 군부를 강제하여 이루어졌다. 이렇게 하여 천황은 나라와 국민을 구했다.

8월 10일 오전 3시, 포츠담선언 수락의 성단(聖斷)이 내려지고 계속된

각의에서 전각료의 서명이 끝난 것이 오전 4시였다. 그리하여 외무성에서 재스위스 가세(加瀨) 공사, 재스웨덴의 오카모토(岡本) 공사를 통해 미·영·소·중 4개국에 통지되었다.

아나미(阿南) 육상의 자결

8월 14일 밤 11시, 관저로 돌아온 아나미(阿南) 육상은 '죽음으로 대죄를 대신한다'는 유서를 써놓고 천황이 있는 황궁을 향해 앉아 할복자결했다.

그는 무모한 군인은 아니었다. 요나이(米內) 해상 정도로 패전의 감각을 갖고 있지는 않았으나 대국을 전혀 몰랐던 것은 결코 아니었다. 그런데도 전쟁을 계속 주장하고 무조건 항복을 거부하고 최후까지 버틴 것은 어떠한 이유에서 일까? 그것은 그가 '육군의 의사를 대표해서였기 때문'이다.

아나미는 태평양전쟁에서 일본이 승리하리라고는 생각지 않았다. 그러나 한 번이라도 좋으니 회전(會戰)에서 승리해보고 화평을 강구해보자는 육군의 총의를 반대할 수 없었고, 그 자신도 회전에서 한 번은 승리할 수 있었다고 생각한 것은 아닐까?[5]

태평양전쟁 3년 반 동안 일본군은 단 한 번도 이렇다 할 회전의 승리를 해본 일이 없었고, 비참하게 패퇴를 거듭하다가 본토결전의 국면까지 몰리게 되었다. 당초부터 일본은 미국과 해서는 안 될 전쟁을 한 것이다.

자결로 사죄

아나미 육상에 이어 대장(大將)들의 자결이 이어졌다.

제1군총사령관 스기야마(杉山元), 동북군관구 사령관 요시모도(吉本貞一), 대만군사령관 안도(安藤利吉), 전관동군사령관 혼쇼(本庄繁) 등이다. 스기야마는 중일전쟁 발발 당시 육군대신, 미·일 개전 때에는 참모총장이라는 경력으로 보아 군을 대표하여 사죄자결의 길을 가는 것이 자연스러운 일이었지만 그 외의 요시모도, 안도, 혼쇼의 3장군은 전쟁의 발기와는 전연 관계가 없는 현지 지휘관이었다. 따라서 살아남았다고 해서 조금도 이상할 것이 없었지만 각자의 성격에 따른 것으로 패전에 임하여 고급무장의 길이 자결이라는 책임감에서 나온 결연한 행동이었다.

항공본부장 데라모도(寺本) 중장, 제5사단장 야마타(山田) 중장, 제12사단장 히토미(人見) 중장, 제137사단장 아키야마(秋山) 중장, 동부군법무부장 다나카(田中) 중장, 전헌병본부장 시로쿠라(城倉) 중장 등은 이 카테고리에 속하는 사람들이었다.

책임자결의 대표적 인물은 동부군관구사령관 다나카(田中靜壹) 대장이었다. 그는 옥스퍼드대학에서 수학하고 미국내사관 무관으로 근무하여 영국과 미국의 사정에 정통한 사람이었다. 일본 육군이 독일에 치우쳐 영·미를 경시하는 위험을 경고하여 주류로부터 항상 경원시 당하는 입장에 있었다. 4명의 아들이 군인이 되었는데 다나카는 장래 군인은 정치에 간여하지 않는 대원칙을 세워야 한다고 가르쳤다. 진주만 공격이 있었던 날 감기로 누워있다가 그 소식을 듣고 '바보같은 놈들이다. 일본이 미국을 이길 수 있다고 생각하는가' 고 자리를 차고 일어났다고 하는 일화가 전해지고 있다. 어느 면에서도 그는 전쟁에 책임이 없었지만 대장으로서 패전을 천황과 국민에게 사죄하는 길은 자결뿐이라는 생각으로 8월 24일 자결했다.

처자와 함께 자결한 자 중에는 항공심사부장 구마베(隈部正美) 소장이 있다. 처자와 부모와 함께 자결한 장교는 그 외에도 10명 가까이 있었다.(6)

전략폭격조사단

종전 직후 트루먼 대통령은 전시 일본의 내막을 조사하기 위한 '비밀기관'을 일본에 파견했다.

미국은 전쟁 중 B29 폭격기를 개발하고 이를 이용해 철저한 전략폭격을 단행하여 독일과 일본의 항복을 받아냈다.

그리하여 앞으로의 전쟁은 그 방법이 달라진다고 예상했고 신속히 장래의 전략구상을 세우기 위해서는 B29에 의한 공습의 실세의 효과를 구체적으로 조사해야 했다. 그리하여 대통령 직속기관으로 전략폭격조사단을 만들어 유럽에서 독일 항복과 동시에 조사에 착수했다. 이 조사단이 유럽의 조사활동을 끝내고 워싱턴으로 돌아오자 다시 일본에 대한 공습의 효과를 조사하라는 명령을 받았다.

그런데 일본에서는 독일과는 달리 조사목적이 훨씬 많아졌다. 원폭의 효과뿐 아니라 진주만에서 종전에 이르기까지 일본의 정치, 경제, 인심 등이 어떻게 변해왔는가를 상세히 조사하라는 것이다.

이 전략폭격조사단의 단원은 학계, 경제계, 관계 등의 전문가와 육·해·공군의 각종 전문가가 참가했다. 도리에 단장이 1945년 10월 24일

도쿄에 도착했을 때 1천 5백 명의 단원이 조사를 진행하고 있었다. 이들 구성원은 민간인 3백 명, 육·해군 장교 3백 50명, 하사관 군인 5백 명이 참가했다. 당시 포춘지의 편집자였던 존 갈브레이스도 이 조사에 참여했다.

조사단이 고노에 전수상을 심문한 것이 11월 9일이었다. 조사단의 관심의 중심은 개전 및 종전의 주도권을 가지고 있었던 것은 누구였는가, 그리고 B29에 의한 폭격과 원폭투하는 종전에 어느 정도 영향을 미쳤는가였다.

이러한 질문에 고노에는 명확한 답변을 하지 않았다. '자신은 개전에 반대였다', '육군 때문이었다' 등으로 얼버무렸다.

질문: 일본에서 전쟁에 졌다는 판단이 서게 된 것은 어느 때인가?

고노에: 사람에 따라 다르지만 전쟁 초기부터 전쟁에 승산이 없다는 생각을 가진 사람도 있다.

질문: 귀하는 언제 전쟁에 졌다는 생각을 했는가?

고노에: 나는 처음부터 진다고 생각했다.

질문: 정부 안에 영향력이 있는 사람들은 언제부터 전쟁에 희망이 없으므로 화평교섭을 해야 한다고 생각했는가?

고노에: 아마도 그들은 사이판이 점령당했을 때(1944년 7월) 무렵일 것이다.

질문: 사이판 함락 후에도 일본이 전혀 전쟁을 종결시키려 하지 않은 이유는 무엇인가?

고노에: 전쟁 종결의 노력은 있었다. 그러나 육·해군 특히 육군은 목을 걸고 이러한 움직임을 봉쇄하고 최후까지 싸워나간다는 생각을

하고 있었다.

질문: 전쟁 종결의 노력이라는 것은 구체적으로 어떠한 것인가?

고노에: 최종적으로 전쟁의 종결은 천황에 의해 결정되는 것이므로 당시 천황을 설득하려고 하는 노력이 진행되었다. 특히 천황에 가까운 기토를 통해 천황이 전쟁을 종결시키도록 노력했다.

질문: 기토를 통해 천황을 설득시키려고 한 사람들은 누구인가?

고노에: 가장 열심히 노력한 것은 현재의 수상인 요시다(吉田茂)이다.

질문: 본래 최초의 육·해군의 전략은 무엇이었는가? 또한 사이판 함락 후에도 전쟁을 계속했는데 승산이 있다고 믿었는가?

고노에: 그들의 기본 계획인 전략을 아는 것은 군관계자 이외의 우리들은 거의 불가능했다.

질문: 수상의 입장에서도 그들의 계획을 알 수 없었는가?

고노에: 실제로 당시 수상들은 군의 계획에 대해 거의 알지 못했다. 군사상의 기밀이라 하여 별로 말해주지 않았다. 도조는 별도였다. 실제로 보고를 히리고 해도 모두 거부당했다.

11월 10일에는 기토(木戶幸一)가 심문받았다.

질문: 사이판 함락 이후 귀하는 전쟁상황을 어떻게 예측했는가? 전쟁을 계속해야 한다고 생각했는가?

기토: 사이판이 함락되고 B29의 공습이 시작되자 일본의 전략으로 그에 대처하지 못할 것이 분명해졌다. 대도시뿐 아니라 중소도시의 산업이 파괴되고 군수품 생산의 능력이 상실되었기 때문이다. 그리고 또 하나는 만일 연합군에 의해 일본 본토상륙이 진행될지도 모른다고 불안하게 생각했다.

질문: 사이판 함락 이후 전쟁에 대해 다시 생각해야 한다고 한 그룹은 어떠한 것이 있는가?

기토: 일반적으로 클럽에 모인 사람들로 자유주의자, 귀족원과 중의원의 많은 사람들 그리고 원로들의 거의 다가 무엇인가 해야 한다고 생각했다.

질문: 무엇을 했는가?

기토: 의견과 견해를 표명한 것 말고는 아무것도 하지 않았다.

질문: 왜 아무것도 하지 않았는가?

기토: 그 답변은 나도 할 수가 없다. 나나 다른 사람들도 무엇인가 해야 한다고 생각했지만 아무것도 한 것은 없다.

질문: 아무것도 하지 않았다는 것은 육군 때문이었는가?

기토: 그렇다. 육군이 원인이었다. 그리고 육군은 감시망을 넓히고 헌병을 강화하여 반전적인 의견의 표명을 억압했다.

질문: 그 당시 천황의 종전소칙이 나왔으면 육군은 그에 따를 충성심이 있었다고 보는가?

기토: 독일 항복 이전에 천황이 화평의 칙명을 냈더라면 쿠데타가 일어났을 것이다.

히가시 구니노미야(東久邇宮): 종전 직후 수상이고 황족이었던 그에게 심문한 것이 11월 14일이었다.

히가시: 나는 전쟁 중 방위총사령관이었다. 마리아나가 함락되고 B29가 온다고 했을 때 전쟁은 진 것이라고 생각했다. 미국에서 B29를 생산하고 있다는 것은 외신으로부터 정보를 입수했다. 그것이 1만 3천 미터의 고공을 시속 6백 킬로미터로 난다는 것을 알았다.

일본에는 이러한 무기에 대항할 수 있는 것은 아무것도 없었다. 방위총사령관의 관점에서 나는 전쟁에 진 것이라고 생각하고 그렇게 말했다. ― B29가 온다면 아무것도 할 수 없다고 생각했다.

질문: 그러한 사실을 알리기 위해 어떠한 방법이 가능했는가?

히가시: 나에게는 이러한 견해를 공표할 수가 없었다. 나는 황족이기 때문에 그 당시 견해를 공적으로 표명할 수가 없었다. 그러나 친한 친구에게는 모두가 틀렸다고 말했다.

조사단은 3천 5백 명을 면접하여 심리조사를 실시했다.

전시 일본의 최대의 강점은 야마토 다마시(大和魂)였다. 천황과 조국을 위해서라면 생명을 포함하여 어느 희생도 아끼지 않는다는 정신이다. 그리고 약점은 물질적인 결핍이었다.

개전시의 국민의 반응은 불안과 희망이 혼재한 양상이었다. 중국과의 10년 전쟁에 일본인은 지쳐있었지만 진주만 기습, 싱가포르 함락 등 서전의 승리에 낙관론으로 전환되었다.

일본군의 후퇴가 계속되었지만 사이판 함락때까지는 아직 '최후에는 승리할 것이다' 라는 자신이 있었고 그렇기 때문에 영양부족과 인플레에도 견디었다.

그러나 1944년 7월 사이판이 함락되자 우선 인텔리들이 지겠구나 하는 것을 느꼈고 그것은 국민의 2퍼센트였다. 44년 12월에는 10퍼센트, 45년 3월 야간공습이 시작되자 19퍼센트, 오키나와가 함락된 6월에는 46퍼센트, 종전 직전에는 64퍼센트가 패전하고 말 것이라고 생각했다.[7]

천황을 처벌해야

1945년 8월 15일, 일본천황의 연합국에 대한 무조건 항복 선언이 전 세계에 알려지고 4년에 걸친 태평양전쟁은 막을 내렸다.

8월 27일 새벽 미국의 대함대는 사가미만(相模灣)에 몰려왔다. 맥아더 원수는 30일 검은 안경을 쓰고 파이프를 문채 아쓰기(厚木) 비행장에 내렸다.

9월 2일에는 미조리함상에서 항복의 조인식이 진행되었다.

쇼화 천황.

맥아더 연합군사령관은 9월 10일 대본영을 폐지할 것을 명령했다. 그리하여 7년 10개월간 최고 통수였던 일본 대본영은 9월 13일 막을 내렸다. 그리고 10월 15일까지 일본의 모든 군인은 무장을 해제당했다. 일본은 이제 더 이상 군사대국이 아니었다. 이제 남은 것은 선생범죄자에 대한 처벌이었다.

연합군사령부(GHQ)는 9월 11일 도조 히데키(東條英機) 등 태평양전쟁을 일으킨 전쟁지도자들인 A급 전범 39명에 대한 체포 명령을 내렸다. A급 전범이라는 것은 침략전쟁을 일으키는 데 공모하여 기습개전으로 살인 등 잔학행위를 한 평화에 대한 죄인이다. 사령부는 이어서 12월 6일 고노에(近衛文磨) 등 9명을 추가로 체포하도록 명령했다.

고노에는 수감 직전 음독자살했고 도조는 권총자살을 기도했지만 실패하여 중상인 채 수감되었다.

이들 중 기소된 28명에 대한 재판이 도쿄 이치가야(市ヶ谷)에 설치된 극동국제군사재판 법정에서 1946년 5월부터 시작되었다.

재판장은 호주의 웹 판사였고 수석검사는 미국의 키난이었다. 이 재판은 3년 반에 걸쳐 진행되었고 결과는 교수형 7명, 종신금고 16명, 금고 20년 1명, 금고 7년 1명의 판결로 끝났다. 재판 진행 중 2명이 사망하고 1명이 발광하여 정신병으로 면소되었다.

이 재판에서 가장 델리킷한 문제였던 것은 천황의 책임론이 대두될 것인가였다. 호주, 중국, 소련 그리고 미국의 국민여론도 천황을 기소하라고 강력히 요구했기 때문이다.

1943년 여름에 실시한 갤럽 여론조사에서 미국민 33퍼센트가 천황을 처형하는데 찬성하는 의견을 보였다. 이에 반해 천황에 책임을 묻지 말아야 한다는 의견은 4퍼센트에 불과했다.[8]

1945년 7월 8일에 실시된 여론조사에서는 약 3분의 1이 즉시 처형, 약 5분의 1이 감금 또는 추방이고 현재 상태로 두어야 한다는 것은 3~4퍼센트에 지나지 않았다.[9]

그러나 미국 정부와 맥아더 원수는 천황을 단죄하지 않고 이용하려는 방침을 정했다. 만의 일이라도 피고의 입에서 천황의 전쟁 책임이 거론된다면

사형선고를 듣는 도조 수상.

사정은 급전직하로 달라질 것이고 맥아더를 비롯한 미국 정부의 입장은 매우 난처해지는 것이다. 피고들에게는 천황에 대한 충성심을 강조하여 천황이 소추되는 재료가 되는 '진술을 하지 못하도록 극력 신경을 썼다.

미국 정부가 이러한 천황 비호 정책을 결정하게 된 것은 미국의 전주일대사 조셉 그루를 중심으로 한 워싱턴 관료들의 천황 이용론 주장이 채택된 때문이었다.

'천황은 일본에서 유일한 안정세력이고 미국이 일본을 점령할 때에 가장 유효하게 그리고 손해를 적게하는 수단은 천황을 이용하는 것'이라는 의견이 이미 1943년 여름부터 나오고 있었다.

그리고 맥아더에게 이러한 신념을 심어준 것이 고급부관 보나 F. 페라즈 준장이었다. 1935년부터 맥아더의 측근으로 일하면서 심리전을 담당했던 페라즈 준장은 1945년 10월 2일 보고서를 써서 맥아더에 제출했다. 그 내용은 대략 다음과 같다.

'일본인의 천황에의 충성심은 절대적이다. 천황은 일본 민족의 살아 있는 상징이고 그들 선조의 덕의 결집이다. 천황에게는 얼굴도 들지 못하고 말도 못하고 그림자도 밟지 않는다. 천황에 대한 외경의 념은 종교적이고 애국심에 연계되어 경우에 따라서는 자기 부성에까지 이르게 한다.

만일 천황을 전범으로 만들면 일본인에게는 신성함을 더럽히는 것으로 받아들이고 정신적 충격을 크게 받을 것이다.

개전의 소칙은 천황이 내렸지만 신뢰할 만한 소스에 의하면 그것은 도조가 천황을 이용한 것이다.

미군의 무혈상륙의 뒤에는 천황의 힘이 작용했다. 그의 명령으로 7천만 명이 무기를 버렸다. 이러한 천황의 힘으로 미군은 수십만 명의 생명을 구할 수 있었다.

만일 천황이 재판정에 서게 되면 일본의 정치기구는 붕괴되고 국민의 봉기는 틀림없이 일어난다. 혼란과 유혈은 피할 수 없을 것이다.'[10]

이리하여 천황은 1946년 1월 1일 '인간선언'을 하여 무사하게 되었고 따라서 일본의 공화제의 가능성은 영원히 없어지고 말았다.

천황이 전쟁을 반대했다면 쿠데타가

종전 다음해인 1946년 3월 18일부터 4월 8일까지 천황은 마쓰다히라 (松平) 내대신을 비롯하여 5명에게 5차에 걸쳐 태평양전쟁의 원인, 근인, 경과 및 종전의 사정에 이르기까지 기억을 더듬어가면서 자세히 말했다. 천황은 이제까지 한번도 국사에 관해 자신의 심경을 이렇게 자세히 말한 일이 없었다. 이 내용을 데라사키(寺崎英成) 비서역(御用掛)이 기록해 둔 것을 그의 딸 마리코 데라사키 미라가 출판하여 세상을 놀라게 했다.

천황의 독백 중에서 가장 특기할 만한 내용은 미국과 개전을 결정할 때에 만일 천황이 반대했다면 쿠데타가 일어났을 것이라는 회상이었다. 그 요지를 소개하면 다음과 같다.

"一실로 석유의 수입금지는 일본을 궁지로 몰아넣은 것이다. 그렇게 된 이상 만일의 요행을 바라면서도 싸우는 것이 좋겠다는 생각이 결정적으로 된 것은 자연스러운 일이었을지도 모른다.

만일 그 때에 내가 주전론을 억제했다면 다년간 연마해온 정예의 육·해군을 가지고 있으면서도 힘 없이 미국에 굴복하는 것이라고 국내여론

미조리 함상의 항복 조인식.

은 비등하고 쿠데타가 일어났을 것이다. 실로 어려웠던 때였다. 그러한 때에 헐 국무장관의 최후 통첩이 왔으므로 외교적으로 최후의 단계에 이르게 되었다."

일본의 항복 문서를 읽는 트루먼 대통령.

이 천황의 쿠데타 발언에 관해서는 존 간서의 '맥아더의 수수께끼'에 기묘하게도 일치하는 대목이 있다. 전후 1945년 9월 27일 천황이 처음으로 맥아더 원수와 회견할 때에 다음과 같은 대화가 있었다고 간서는 쓰고 있다.

"천황은 이번 전쟁에 유감을 표시하면서 자신은 '이 전쟁을 저지하려고 했다'고 말했다. 맥아더는 상대방의 얼굴을 한동안 바라보다가 '만일 그것이 사실이라면 왜 그것을 실천하지 못했는가?'라고 물었다.

천황은 대충 다음과 같이 말했다.

'나의 국민은 나를 매우 좋아한다. 나를 좋아하기 때문에 만일 내가 전쟁에 반대한다든가 평화의 노력을 한다든지 했다면 나의 국민은 나를 정신병원이나 그러한 곳에 집어넣고 전쟁이 끝날 때까지 유폐했을 것이 틀림없다. 또한 국민이 나를 사랑하지 않았다면 그들은 간단히 나의 목을 잘랐을 것이다.'"

천황의 독백은 이어졌다.

'다음날(1941년 11월 30일 전쟁 직전) 다카마쓰 노미야(高松宮)가 찾아왔다. ― 그는 전생의 전망에 관해 통수부의 예싱은 5부 5부로 무승부이든가, 잘하면 6부 4부로 겨우 신승할 것으로 보고 있다고 했다. 그러나 나는 질지도 모른다고 말했다. 다카마쓰는 그렇다면 지금 중지시키면 어떤가?고 말했다. 나는 입헌국의 군주로서 정부와 통수부의 일치된 의견을 인정하지 않으면 안된다. 만일 인정하지 않는다면 도조(수상)는 사직하고 큰 '쿠데타'가 일어나 오히려 엄청난 전쟁론이 지배적이 될 것으로 생각되어 전쟁을 저지하는 말은 하지 않았다.

12월 1일, 각료와 통수부와 합동의 어전회의가 열려 전쟁을 결정했다. 그 때에는 반대해도 소용없다고 생각하여 아무 말도 하지 않았다."

천황은 결론부문을 다음과 같이 말했다.

"만일 개전 결정을 하는 자리에서 내가 비토했다면 국내는 반드시 대내란이 일어나고 내가 신뢰하는 주변의 사람들은 모두 살해당하고 나의 생명도 보증할 수 없었을 것이다. 그것은 어쩔 수 없다고 해도 결국 광포한 전쟁이 전개되어 이번 전쟁의 몇 배에 달하는 비참한 일이 일어나고 종전도 할 수 없는 상황이 되어 일본은 망하고 말았을 것이다."[11]

천황이 왜 이 시점에 이러한 말을 했는가에 대해 전문가들은 여러 가지 해석을 하고 있다. 그 중 하나가 천황유죄론이 나오는 가운데 열린 도쿄재판 때문이었다는 주장이었다. 천황의 이 독백이 일부 번역되어 맥아더 사령관이나 키난 주석검사에 제출되지 않았겠는가 하는 설이다. 당시 소련, 호주, 중국 등은 천황처벌을 강력히 주장하고 있었기 때문에 만약의 경우 천황은 전쟁에 직접 책임이 없다는 근거로 사용하기 위한 준비였다고 해석한다. 그러나 그러한 영역(英譯)이 있었다든가 연합군총사령부에 제출되었다는 증거가 없으므로 그렇다고 단정할 수는 없다.

제13장 한반도의 분단

식민지 조선의 해방

일본 제국의 패망은 식민지 조선의 해방을 의미했다. 1945년 8월 15일 일본 천황의 연합국에 대한 무조건 항복, 즉 포츠담선언 수락 연설은 4년에 걸친 태평양전쟁의 종결 선언이었다. 이제 조선은 일본의 압박 통치에서 벗어나 자주 독립을 하게 되었다. 1910년 8월 29일, 한일합방조약이 선포된 이래 35간의 질곡의 세월은 끝났다. 광녕의 천지가 전개된 것이다.

8.15를 맞은 조선 민족의 첫 반응은 무엇보다고 그 무조건적 환희였다. 조선 민족은 누구나 뜻하지 않던 이 소식에 저절로 우러나오는 기쁨을 억누를 수 없었다.

그토록 조선 민족을 멸시하고 착취하고 탄압하던 일본인들이 연합국의 당당한 위세에 눌려 비맞은 생쥐같이 초라한 모습으로 쫓겨가게 된 것을 내 눈으로 똑똑히 보는 것 자체가 마치 꿈만 같았다. 이제 우리도 조선인의 긍지를 갖고 기를 펴고 살 수 있는 세상이 되었구나 하는 자유 평화의 정신적인 만족감과 더불어 이제는 내 자식 내 형제가 전쟁의 희생물로 끌려가지 않아도 된다는 안도감이 조선인의 마음을 들뜨게 만들었다.

'인제 무시기보다 병정 않나가게 되었으니 좋다. 그 간나새끼들이 저이 쌈에 누길 내세우는 게야. 백판 남의 자식들을 데려다가 생목숨을 끊을라구.'
'야, 선냇집 큰아들이랑 수채동집 창수랑 병정 나갔든 게 돌아 오겠구나. 이 동네에서 몇이나 나갔능가?'
'야달이 나갔는데 만주로 다섯이 가고 그담엔 아직두 라남부대에 있다드라. 그 새끼들이 집으루 오느라구 눈을 허옇게 뒤집어 썼겠다.' ⑴
인간의 욕망과 활동은 요컨대 살자는 데로 귀착하는 법이다. 자칫 죽을 뻔한 목숨이 살아나게 되었으니 이보다 기쁜 일이 또 있을 것인가?

그런데 억압 통치자 일본 제국주의자들만 없어지면 우리끼리 잘 살아갈 수 있을 것이란 환상은 너무도 빨리 깨지고 있었다. 국토는 분단되고 사상은 갈리고, 정당의 난립 정치적 혼란은 당시 조신에 닥쳐온 절실한 현실이었다. 여기에 곁들여 미군정 당국의 우유부단한 정책과 이 틈에 일확천금을 노리는 모리배의 발호 속에서 서민들의 생활은 급속도로 곤궁 속으로 몰아갔다.
물가는 천정부지로 뛰고 먹고 사는 문제가 급박한 현실로 다가오면서 서민들은 그렇다면 왜 해방이 되었는가 하는 의문을 갖게 되었다.

해방을 맞아 「우리조선 우리정권」이란 플래카드를 들고 거리에 나선 젊은이들.

　이러한 경제적 파탄과 사회적 혼란은 특히 해외에서 돌아온 귀환 동포들이 실제로 더 현실로 실감하게 되었다. 먹고 살기 위해 남부여대하여 만주로 일본으로 흘러갔던 동포들이 해방된 조국에 가기만 하면 따뜻한 환대를 받고 발 뻗고 잘살 수 있으려니 하고 무작정 귀국해온 터이다. 그러나 그들을 기다리고 있는 것은 그들이 그나마 가시고 온 얼마 안 되는 재산을 등쳐먹으려는 사기꾼과 모리배였다.(2)

　먹을 식량을 구하기 어렵고 숙소를 마련하기조차 어렵게 된 그들은 그리던 고국땅이 오히려 새로운 이방으로 느껴지는 냉엄한 현실에 아연할 뿐이었다. 그들은 조국으로 돌아온 것을 후회했고 낯설던 이국땅에서의 생활이 훨씬 안정되었다고 생각했다.

분단의 배경

이러한 사회의 혼란과 정치적 갈등은 여러 가지 원인이 있겠지만 가장 큰 것이 한반도의 남북 분단 때문이었다.

연합국 수뇌들이 한국문제를 최초로 논의한 것은 1943년 3월 루스벨트 대통령과 헐 국무장관, 이든 영국 외상이 워싱턴에서 가졌던 회담에서였다. 이 회의의 주요 의제는 만주, 대만, 인도차이나, 한국 등의 전후 처리에 관한 문제였다.

루스벨트는 만주와 대만은 중국에 반환되어야 하지만 인도차이나와 한국은 신탁통치해야 한다는 의견을 제시했다. 탁치위원국으로는 미국과 중국 및 소련을 거명했다. 연합국이 이들 일본의 점령지역을 일본에서 분리 독립시켜야 하겠다는 생각을 하게 된 것은 일본이 장차 팽창정책을 재개하지 못하도록 그 힘을 대폭 축소시켜야 한다는 고려에서였다.

1943년 11월 22일, 카이로 회담에서 일본은 1914년 이후 태평양지역에서 탈취한 모든 섬들을 반환해야 하며 만주, 대만, 팽호군도를 중국에 돌려주어야 한다고 선언했으나 한국만은 노예상태에 유의하여 '적절한 절차'를 거쳐 독립이 허용될 것이라는 단서를 붙여 자주독립을 잠정적으로 유보하겠다는 뜻을 보였다. 이 유보가 루스벨트의 한국 신탁통치안이었다.

루스벨트의 특별보좌관 해리 홉킨스가 만든 초안에는 한국의 독립은 '가장 조속한 시일 내(at the earliest possible moment)'에 부여된다고 명기되어 있었으나 루스벨트가 '적당한 시기(at the proper moment)'로 고쳤고 처칠이 '적절한 절차(in due course)'로 다듬었다.

이 자리에서 장개석은 한국의 즉시 독립을 생각했지만 루스벨트의 주장에 밀려 끝까지 주장은 하지 못했다.

이어서 열린 미·영·소의 테헤란회담(1943. 11. 27~12. 2)에서 루스벨트는 처음 '한국인이 완전한 독립을 얻기 위해서는 그 전에 약 40년간의 수습기간(apprenticeship)을 필요로 한다'고 말했다. 그리고 신탁국은 미국, 영국, 소련, 중국이 될 것이라고 말했다. 스탈린은 묵시적으로 이 제안을 수락했다.

이러한 대화는 1945년 2월 8일 얄타 회담에서 계속되었다.

루스벨트가 한국에 대한 신탁통치안을 제의하자 스탈린은 '한국인들이 그들 자신의 만족할만한 정부를 세울 수 있다면 왜 탁치가 필요한가?' 고 물었다.

루스벨트는 필리핀이 자치정부를 준비하는 데 약 50년이 소요되었음을 예로 들면서 '한국의 경우에는 그 기간이 20년 내지 30년일 수 있다'고 대답했다.

그러자 스탈린은 '그 기간이 짧으면 짧을수록 좋다'고 말했다. 스탈린이 다시 외국군이 한국에 주둔하느냐고 묻고 루스벨트가 그렇지 않다고 대답하자 스탈린도 이에 동의했다.[3]

한국에 대한 신탁통치안이 점령정책으로 바뀐 것은 1945년 7월에 열린 포츠담회담에서였다는 것이 신복룡 교수의 주장이다. 그는 7월 16일 뉴 멕시코에서 원자폭탄의 실험이 성공했다는 보고를 받은 트루먼 대통령이 한국의 4분의 1을 점령하게 되는 신탁통치안보다 2분의 1을 점령하는 점령정책에 자신을 갖게 되었기 때문이라는 것이다.

미국이 이토록 한국의 독립 능력을 의문시한 것은 임시정부에 대한 불신 때문이었다. 미군이 한반도에 진주할 당시 전쟁성(육군성)에서 작성한 '한국편람'이 그것을 입증하고 있다.

　편람은 임시정부의 분파주의가 심각하고 대중에지지 기반이 취약하며 임시정부를 우대할 경우 발생하는 여타의 독립단체에 미칠 파급효과를 고려하여 한국에는 현실적으로 수권집단이 존재하지 않는 것으로 되어 있다. 한국이 무리하게 독립을 한다면 한국의 정치상황은 2백 년 전으로 되돌아 갈 것이라고 믿고 있었다.

　미국의 이와 같은 한국에 대한 인식은 매우 확고한 것이었고 그 근거로 다음과 같은 자료를 들고 있다. 1919년 상해에서 설립된 임시정부는 27개의 징당 사회난체로 구성되어 최악의 분파주의를 노정했고 이러한 현상은 그 후에도 지속되어 해방 직전 미국의 전략국(OSS)의 정보보고에서도 임정의 분열상과 임정요인이 해방 후 수권능력이 없다는 설명으로 가득차 있었다. 이러한 사실은 부분적으로 존재했고 이에 대한 한국인 자신의 책임은 면할 길 없다.[4]

38도선의 분할

　한반도의 남북 분단이 왜 38도선으로 확정되었는가?
　이에 대한 정설은 아직도 없다. 오랜 세월이 지났음에도 불구하고 그 전모가 밝혀지지 않고 있고 따라서 미스테리로 남게 되었다.
　여러 가지 설이 있지만 지금까지 보편적으로 알려진 것으로는 전쟁성을 대표하여 3성조정위원회에 파견된 링컨 소장을 중심으로 본 스틸 대령과 딘 러스크 중령에 의해 작성되었다는 것이다.

이 설명에 따르면 1945년 8월 11일 오전 2시, 링컨 소장은 3성조정위원회 딘 의장으로부터 소련군이 한반도로 남진한다는 사실과 이에 대한 대응책을 강구하라는 지시를 받았다. 링컨 소장은 본스틸 대령에게 전화를 걸어 서울과 인천이 포함되는 선에서 남북을 분할하여 일본군의 항복을 받을 수 있는 군사상의 분계선을 그으라고 지시했다. 명령을 받은 본스틸 대령은 내셔널 지오

1945년 9월 2일, 미·소 양군의 분할 점령에 따라 한반도에 38도선이 그어졌다.

그래픽에서 만든 지도를 찾아내어 푸른 잉크로 서울과 인천을 포함하는 38도선을 그어 링컨 소장에게 제시했다는 것이다.[5]

러스크 중령은 후에 '내가 본 그대로' 라는 저서에서 다음과 같이 술회하고 있다.

'우리는 한국의 일을 잘 알지도 못했고 연구할 충분한 시간도 없었기 때문에 매우 초조해졌다. 다만 무슨 일이 있어도 서울은 미국측이 점령해야 한다고 생각했다. 그리하여 처음에는 서울의 북쪽의 적당한 지리적

라인을 찾으려고 했는데 결국 북위 38도선이 손쉽게 생각되어 단숨에 선을 그어버렸다.'

러스크는 그 경위를 '실은 나중에 38도선이 20세기 초두에 러시아가 반도의 세력권을 나누는 때 그었던 선과 같음을 알게 되었다. 그렇다면 다른 선으로 그었을 것을 하고 후회했다' 고 말했다.[6]

그러나 러스크의 이러한 증언은 거짓이거나 착각에서 나온 것이라는 설이 있다. 러스크가 보고 있던 지도는 위도가 1도 단위로 되어있는 것이 아니라 10도 단위로 되어 있었다는 것이다. 러스크가 작업 진행에 대해 공명심에 사로잡혀 이렇게 증언했다는 것이다.

이와 같이 38도 선의 분할안이 확정되자 가드너 제독은 39도선까지 분할선을 북상시켜야 한다고 주장했고 40도까지 북상해야 한다는 주장도 제기되었다. 그 이유는 그래야만 중국의 대련까지 포함시킬 수 있기 때문이었다.

그러나 링컨 소장은 '소련이 그 안을 받아들이지도 않을 뿐만 아니라 현실적으로도 그토록 짧은 시간 안에 미군을 38도선까지 북진시킬 수도 없다' 는 이유를 들어 39도 선을 반대했고 결국 38도선이 확정되기에 이르렀다.[7]

이와 같이 졸속을 거쳐 분단이 확정된 다음 미국은 소련이 이를 선선히 응낙한 데 대해서 놀랐고 소련은 위도가 그토록 남쪽으로 내려간데 대해 놀랐다. 사실상 소련군의 남한 진주계획도에 의하면 그들은 지난날의 나남 19사단과 용산 20사단의 작전 관할 영역인 38도 45분 이남의 진주를 고려하지 않았다. 그 후 링컨은 40도선을 제시하지 않은 것을 후회했으나 이미 때는 늦었다.

미국은 일본열도 독식에 포만감

종전이 가까워지자 미국의 수뇌부들은 소련이 일본을 분할 점령할 것을 요구할지도 모른다는 가능성을 예견했다. 실제로 트루먼이 '일반 명령 제1호'를 스탈린에 전달했을 때 스탈린은 북해도 북부를 소련에 할양한다는 내용으로 수정해줄 것을 요구했다. 그러나 미국은 이것을 받아들이면 일본을 배타적으로 점령한다는 미국의 극동정책을 근본부터 위협하는 것으로 우려했다. 미국은 일본의 분할점령이라는 것은 도저히 수용할 수 없었다.

맥아더는 일본의 분할을 단호히 거부했다. 그리고 그의 주장이 관철되어 미국은 일본을 독차지할 수 있었다. 일본을 독차지한 미국은 자연히 포만감에 빠지게 되었다. 미국으로서는 한국의 상당부분을 소련에 양보하는 것이 그리 아까울 것이 없었다. 소련의 남하를 저지하는 데는 일본이 가장 중요한 위치라고 생각했다. 한국은 일본에 비하면 부차석인 지위에 불과했다. 미국이 19세기 중엽 극동에 진출할 때와 마찬가지로 이제 한국은 다시 미국에게는 일본의 종속 변수임을 확인한 셈이다.[8]

이 안은 8월 13일 트루먼 대통령에 의해 채택되어 즉시 영국과 소련 및 장개석정부에 전달되었다. 어느 나라도 이의없이 받아들이자 이것은 8월 15일 마닐라에 있는 맥아더에게 전달되었다.

맥아더는 9월 2일 일본 항복의 공식서명과 함께 이를 포고하고 한반도에 있어서 38도선 이북의 일본군의 항복은 소련이, 이남의 일본군의 항복은 미군이 접수한다고 규정했다.⁽⁹⁾

이렇게 38도선은 미군과 소련군이 일본군의 항복을 접수하는 군사상의 편의로 획정된 선이다. 그러나 이 선이 한반도를 분단하여 정치적으로 고착되었고 결국 미소의 안전보장이 불꽃으로 변환되는 전초기지가 되고 말았다.

미국 국무성의 역사기록 담당자 라이슬 로즈가 지적했듯이 '한국은 해방된 것이 아니라 사산(死産)의 운명을 맞이한 것'이 되었다.⁽¹⁰⁾

미숙했던 미군정

오키나와에서 한반도로 진주한 미 제24군단장 즉 주한미군사령관 하지(John R. Hodge) 중장은 무슨 까닭인지 한국민을 해방민족으로 인정하지 않는 태도로 일관했다. 1945년 9월 2일, 서울 상공에 뿌린 그의 최초의 전단도 해방의 감격에 들끓고 있는 한국민에게 해방을 축하한다는 문구는 한 줄도 없고 경고부터 했다. 자기의 포고와 명령을 지켜야 하며 일본인과 미 상륙군에 대한 반란행위, 재산과 각종 시설의 파괴행위는 처벌될 것이라는 내용뿐이었다.

9월 9일자 제2포고문에서는 경솔 무분별한 행동, 즉 미 상륙군에 항의를 하면 '인민을 잃고 아름다운 국토가 황폐될 것'이라고 엄포를 놓기도 했다.

미군은 공군의 엄호 하에 일본군을 앞세워 인천에서 서울로 진군해 들어와 한국인의 접근을 차단하고 조선 총독부에 도착, 일본군의 항복을 받고 성조기를 총독부에 게양했다.

이승만, 김구, 하지 중장.

존 R. 하지는 육군사관학교 출신이 아니면서 3성장군으로까지 승진한 전형적인 군인이었다. 1893년 6월, 일리노이주의 농가에서 태어난 하지는 19세 때 교원학교에서 1년 동안 수학한 뒤 군에 입대하여 제1, 2차 세계대전에 참전했다. 그는 비록 융통성이 없고 명령만을 지상으로 아는 장군이기는 하지만 전투에서 용병에 밝았으며 특히 참모학에 관해서는 여섯 학교에서 연구를 한 실적을 가지고 있었다.(11)

아무리 한국의 실정에 무지했다고는 하지만 초기 미군정의 점령정책은 이해하기 어려운 일 투성이었다.

9월 8일 공포된 맥아더 포고 제1호는 남한에 군정을 실시할 것을 밝히고 동시에 정부 공공단체에 종사하는 자, 즉 일제의 행정기관원의 계속 집무를 명령했다. 이렇게 미군은 일제의 식민통치기구를 합법적 통치기구로 인정하면서 임시정부를 비롯한 한국인의 단체는 일체 인정하지 않는 태도를 보였다.

이러한 미국의 점령정책은 한민족의 정치적 리더십을 약화 분열시키는 결과를 가져왔다. 민족적 구심점으로 여겨왔던 임정의 이승만과 김구 및 김규식 등은 개인자격으로 귀국할 수밖에 없었고 해방 후 하나의 정치적 결집세력이었던 건국준비위원회도 약화되었다.

일본의 항복을 접수하는 군사적 목적 이외에는 분명한 정책이 없었고 더욱이 일본인과 부일 한국인의 계속 집무라는 식민정책의 연장은 한국민을 혼란으로 몰아갔다.

또한 미군정의 정치적 중립주의는 남로당을 중심한 좌익세력의 맹렬한 활동을 허용하게 되었다.

결국 민족진영은 10월에 귀국한 이승만과 11월에 귀국한 김구 그리고 미군정에 적극 참여히고 있던 한민당 인사들 사이에 좌우합작문제, 미군정청협조문제, 부일협력자처리문제 등에 이견을 격화시켜 정국의 혼란만을 조장하게 되었다.

또한 해방 당시 조선에는 전국 기업체의 80퍼센트 이상이 일본인 소유재산이었다. 미군정은 이 일본인 재산을 접수한 다음 미군정의 귀속재산으로 규정하고 이를 다시 특정인들에게 관리시켰다. 이 특정인들 중에는 전날의 친일 매판상인들이 많았다. 또 이 재산을 불하하는 과정에서 온갖 부패가 난무했고 미군정청에 가까이 있었던 한민당계가 이 이권에 개입했다는 것은 널리 알려진 사실이다.

지도층의 준비부족

일제가 연합국에 항복하여 한민족은 오랜 식민통치에서 해방은 되었지만 이 땅의 지도층은 이날을 맞을 준비를 하지못했다. 물론 그들의 항일투쟁은 산발적이나마 전국에서 전개되어 왔지만 총독경찰의 철저한 탄압으로 투옥되거나 전향하여 8.15 당시에는 여운형의 건국 동맹 외에는 이렇다 할 통일된 조직이 없었다.

개개인 중에는 깊숙한 산골에서 두문불출하여 일제에의 협력을 일체 거부한 양심적인 인사가 적지 않았으나 일제의 엄중한 감시 하에 지하에서나마 조직활동을 할 수가 없었다. 특히 우파라 지목된 인사들은 상당수가 전향하고 부일협력하여 소극적일망정 민족의 양심을 지키지 못하고 있는 실정이었다.

본래 조선에서 조직성을 띠고 민족운동을 전개했던 세력으로는 다음 5개파 정도였다.

김성수, 송진우 등을 중심으로 한 토착세력, 여운형을 중심으로 한 사회주의 경향의 세력, 재건파 박헌영을 중심으로 한 공산주의 그룹, 그리고 이승만계와 안창호계의 기독교 세력이었다.

이들 중 김성수, 송진우 세력은 동아일보를 중심으로 1930년까지는 온건한 민족운동을 전개하고 있었으나 1940년 동아일보가 폐간당하자 그들은 근거지를 잃게 되었다. 그 후에는 일제의 강제에 못이겨 본의는 아니지만 친일단체 등에 이름을 올리게 되었고 부득이 부일협력을 하지 않을 수 없었다. 더욱이 김성수는 일제 하에서 삼양사, 경성방직 등 대기업을 운영하면서 일제의 지원을 받고 있었기 때문에 일제의 협력 요청을

연설하는 여운형(1946).

거절할 입장이 못되었다.

박헌영을 중심한 공산주의 그룹도 전쟁이 시작되자 일제의 철저한 탄압으로 산산조각이 나고 박헌영 자신이 광주의 벽돌공장으로 숨어 들어 일체 적극적인 활동을 하지 못하고 동면상태가 되어 있었다.

1938년 안창호가 사망하자 동우회는 모두 부일협력으로 전향했고 이승만계의 흥업구락부는 본래 부유한 실업인이 많았으므로 조직이 노출되자 마자 전향하여 친일행위를 하게 되어 8.15를 앞두고 이승만과 안창호계는 사실상 뿌리가 모두 뽑히고 말았다.[12]

해방을 앞두고 지도층이 모두 이토록 지리멸렬 상태에 있을 때 여운형만이 해방의 준비를 서두르고 있었다. 8.15 이후 여운형 지도 아래 재빨리 건국준비위원회가 결성되고 사회적, 경제적, 정치적 혼란에 대처할 수 있었던 것은 그동안 일제의 탄압 속에서도 지하활동을 해왔기 때문이다.

만약 8.15 이후 늦게나마 미군정의 압력이 없었다면 그 후의 정치는 건국준비위원회에서 '인민공화국'으로 밀려나가는 대세를 누구도 저지하지 못했을지도 모른다. 그만큼 우파는 해방을 맞을 준비가 없었고 국내 대세는 좌경화로 기울어지고 있었다.

북한의 실정

북한의 우익 민족주의세력은 소련이 진주하기 전에 조만식의 영도하에 평안남도 건국준비위원회를 구성했다. 조만식은 일본인 지사로부터 정권을 이양받아 북한의 실질적 권력중심으로서의 역할을 수행하고 있었다.

현준혁 등 공산주의자들도 '조선에 있어서의 현단계는 부르주아 민주혁명'이라고 주장하고 조만식의 리더십을 인정하고 있었다. 따라서 국내에 세력기반이 없는 33세의 김일성은 소련군대의 힘만으로는 처음부터 집권태세를 갖출 수 없었다.

소련군 사령부는 10월 14일 김일성을 환영하는 '평양시 군중대회'를 열고 김일성을 '민족의 영웅'으로 데뷔시켰다. 그리고 김일성의 항일 무장투쟁에서 한국 공산주의의 혁명적 전통을 세우기 위해 그의 유격대의 전설을 과장하고 날조하기 시작했다.

북한에 단독정권을 수립하겠다는 김일성의 결의는 그가 책임비서로 선출된 1945년 12월 17일 '조선 공산당 북조선분국 제3차 확대집행위원회'에서 행한 노선과 조직에 관한 보고연설에서 나타났다. 여기에서 김일성은 북한에 공산기지를 뜻하는 '민주기지'를 창설할 것을 선언했다.

1949년 1월, 평양 주재 초대 소련 대사 시티코프가 김일성을 만나고 있다.

　공산주의에 대항하여 우익 민족주의자들은 조선민주당을 11월 3일 창건하고 조만식을 당수로 선출했다. 그러나 조만식이 모스크바 3상회의(1945.12)에서 결정된 신탁통치를 반대하는 뜻을 보이자 '반동'으로 몰아 연금하고 조선민주당을 최용건에 맡게 하여 민족주의세력은 말살되고 말았다.

　남북한이 이러한 혼란스러운 정세로 치닫는 가운데 8월 말에서 9월 초 사이에 소련군은 남한과의 철도, 전신, 전화, 우편교류를 일체 단절시켰다. 남한의 미군사령관 하지는 38도선의 벽을 헐고 남북교류를 위해 북한의 소련군 사령관과 회담하려고 여러 번 시도했으나 소련군측은 이를 권한 밖이라고 말하면서 거절했다.(13)

미국과 소련의 결별

1945년 9월, 런던에서 독일과 일본의 전후 처리를 위해 미국, 영국, 프랑스, 소련, 중국의 외상이 회의를 가졌다. 이 회담에서 한국문제가 구체적으로 거론된 것은 아니지만 이 회담이 한국의 현대사에서 중요한 의미를 갖는 회의가 되었다.

이 회의를 계기로 소련은 냉전적 태도를 선명히 드러내었고 미국은 소련의 협조 가능성에 대해 부정적으로 전환되었다.

미국의 제임스 번즈 국무장관은 이 회의에서 소련의 모로토프 외상의 공격적이고 방자한 태도에 처음으로 경계심을 갖게 되었다.

소련은 이탈리아의 식민지였던 리비아의 점유를 요구하고 일본에서 더 많은 이권을 요구하는 등 적극적인 입장을 취했다. 따라서 미국은 이때부터 소련은 더 이상 자신의 협력자가 아니라는 인식을 하게 되었고 헤어질 준비를 하게 되었다. 이러한 현상이 트루먼 독트린 같은 강경정책으로 선회하게 만들었고, 한반도 분할의 고착화에 중요한 계기가 되었다고 학자들은 분석하고 있다.[14]

참고문헌

제1장 식민지가 된 조선

1) 雩南 李承晚, 許政 著, 太極出版社 1974. 3.5.
2) '이승만과 김구' 손세일, 月刊 朝鮮 2002. 10월호
3) 太平洋の世紀, フランク ギブニー 著, TBSブリタニカ 1993. 6.1.
4) '이승만과 김구', 손세일, 월간조선 2003. 4월호
5) 雪山 張德秀, 李敬南 著, 東亞日報 1981. 8.15
6) 상과 동
7) 상과 동
8) 日本による朝鮮の支配40年, 姜在彦 著, 朝日文庫 2001. 7.30.
9) 日本の朝鮮支配政策史研究, 姜東鎭 著, 東京大學出版會 1981.4.10.
10) 브루스 커밍스의 한국현대사, 창작과비평사 2001.
11) 조선총독 10인, 친일문제연구, 가남기획 1996. 8.14.
12) スーパ 日本史, 古川淸行 著, 講談社 1991. 9.15.
13) 상기, 日本による朝鮮の支配40年
14) 상기, 조선총독 10인
15) 상과 동
16) 상기, 日本による朝鮮の支配40年
17) 植民地朝鮮研究, 杉本幹夫 著, 展轉社, 平成14年 8.15.
18) 植民地朝鮮の日本人, 高崎宗司 著, 岩波新書 2002. 6.20.
19) 朝鮮人 强制連行の 記錄, 朴慶植 著, 未來社 1967. 12.20.
20) 台灣, 戴國輝 著, 岩波新書 1993. 12.6.
21) 상기, 日本の朝鮮支配政策史研究
22) 日帝下 朝鮮財政史論攷, 金玉根 著, 一潮閣 1997. 1.5.
23) 고쳐쓴 한국현대사, 강만길 저, 창작과비평사 1994. 2.5.

24) 상기, 日帝下 朝鮮財政史論攷

제2장 제1차 세계대전과 3.1운동

1) アメリカ外交 50年, ジョジ F ケナン著 岩波現代文庫 2000.10.16.
2) 서양문명의 역사(4), E.M. 번즈 등, 손세호 역, 소나무 1997. 1.20.
3) ルーズベルト秘録, 産經取材班 前田徹 産經新聞社 2001. 11.30.
4) 世界の歷史がわかる本, 小和田哲男 著, 三笠書房
5) 상기, 서양문명의 역사
6) 日本の歷史がわかる本, 綿引 弘 著, 三笠書房
7) 時代末, 堺屋太一著 講談社文庫 2001. 6.15.
8) 상과 동
9) 상기, 世界の歷史がわかる本
10) 상과 동
11) 상기, 日本による朝鮮支配の40年
12) 한국민족문화대백과사전, 3.1운동편 李完宰 한국정신문화연 구원
13) 상기, 日本による朝鮮支配の40年
14) 상기, 한국민족문화대백과사전
15) 상기, 日本による朝鮮支配の40年
16) 상기, 植民地朝鮮研究
17) 상기 日本による朝鮮支配の 40年
18) 상과 동
19) 世界史, 學習資料 '世界史' 編輯委員會編 ほるぷ出版

제3장 총독의 유화정책과 참정권 논란

1) 청산하지 못한 역사, 반민족연구소지음 청년사 1994. 4.7
2) 상기, 日本による朝鮮支配の40年
3) 상기, 日本の歷史がわかる本
4) 長征, 金俊燁著 나남 1993. 3.25.

5) 상기, 日本の朝鮮支配政策史研究

6) 상과 동

7) 상과 동

8) 상과 동

9) 상과 동

10) 미국의 아시아외교 100년사, 金英欽著 新丘文化社 1988. 12. 25.

11) 상기, アメリカ 外交 50年

12) 歷代アメリカ大統領總覽, 高崎通浩 著, 中公新書 2002. 9. 10.

13) 상기, 日本の朝鮮支配政策史研究

14) 여운형평전 이기형저 실천문학사 2000. 6. 20.

15) 상기, 日本の朝鮮支配政策史研究

16) 상과 동

17) 상기, 日本の 歷史が わかる 本

18) 상기, スーパ 日本史

19) 상기, 日帝下 朝鮮財政史論攷

제4장 20년대 세계정세와 공산당

1) 상기, 世界の歷史がわかる本

2) 박헌영, 박갑동저 인간사 1983. 6. 20.

3) 상기, 雪山 張德秀

4) 상기, 박헌영

5) 싱기, 雩南 李承晩

6) 日本の歷史, 執筆代表 水原慶二 등 讀賣新聞社 1990. 3. 24.

7) 상기, 日本の歷史がわかる本

8) 상기, 日本の歷史

9) 상기, 時代末

10) 民族と いう 名の 宗敎, なだいなだ著 岩波新書 1999. 10. 5.

11) 月刊 朝鮮 2002. 10월호

12) 상기, 서양문명의 역사

13) 中國の歷史がわかる, 山口修著 三笠書房
14) 상기, 서양문명의 역사
15) アメリカの20世紀 有賀夏紀 著, 中公新書 2002. 10. 25.

제5장 일본의 군국주의화

1) 상기, 時代末
2) 상과 동
3) 상과 동
4) 상과 동
5) 상기 スーパ 日本史
6) 상과 동
7) 상기, 太平洋の 世紀
8) 싱기, 時代末
9) 상기, スーパ 日本史, 日本の歷史
10) 제3제국의 흥망, 윌리암 L 샤이러 지음 유승근역 에디터 1993. 7. 18.
11) '마르크스 사상의 소련적 전개' 김학준, 월간 조선 83. 3
12) 상과 동
13) 回想の日本外交, 西 春彦著 岩波新書 1968. 4. 10.
14) 상기, ルーズベルト秘錄

제6장 루스벨트와 고노에(近衛) 수상

1) 物語アメリカの歷史, 猿谷要著 中公新書 2002. 7. 10.
2) 상기, 歷代アメリカ大統領總覽
3) 상기, 世界の歷史がわかる本
4) 상기 物語アメリカの歷史
5) 상기, 歷代アメリカ大統領總覽
6) 상기, 世界の歷史がわかる本
7) 상기, 歷代アメリカ大統領總覽

참고문헌 • 385

8) 魂の昭和史, 福田和也著 小學館文庫 2002. 8. 1.

9) 상기, 世界の歷史がわかる本

10) 상기, ルーズベルト秘錄

11) 상과 동

12) 상과 동

13) 상과 동

14) 大東亞戰爭の實相, 瀨島龍三著 PHP文庫 2000. 7. 17.

15) 상기, ルーズベルト秘錄

16) 상기 時代末

17) 日本軍政下のアジア, 小林英夫著 岩波新書 1994. 10. 17.

18) 상기, 長征

19) 상기, 時代末

20) 상기, 大東亞戰爭の實相

21) 상기, 太平洋の世紀

22) ワイルド スワン, ユンチャン著 講談社 1993. 5. 13.

23) 英雄の素顔, 兒島襄著 ダイヤモンド社 1983. 12. 15.

제7장 전시 하 조선인의 항일운동

1) 상기, 日本による 朝鮮支配の40年

2) 상과 동

3) 상과 동

4) 金日成列傳, 李命英著 新文化社 1974. 12. 11.

5) 상기, 日本による 朝鮮支配の40年

6) 한국독립운동사강의, 한국근현대사연구회 엮음, 한울 1999. 7. 20.

7) 상과 동

8) 상과 동

9) 상기, 日本による 朝鮮支配の40年

10) 상기, 雪山 張德秀

11) 상기, 日帝下 朝鮮財政史論攷

12) 상기, 고쳐쓴 한국현대사
13) 日帝侵略과 親日派, 林鍾國著 靑史 1982. 11. 25.
14) 私が朝鮮半島でしたこと, 松尾茂著 草思社 2002. 1. 31.
15) 자존심을 지킨 한 조선인의 회상, 최기일저 생각의 나무 2002. 11. 30.
16) 상기, 植民地朝鮮の日本人
17) 太平洋戰爭がよくわかる本, 太平洋戰爭硏究會 PHP文庫 2002. 1. 21.
18) 상기, 日本による朝鮮支配 40年
19) 日本歷史を點檢する, 對談 講談社 1970. 1. 20.
20) 大東亞戰爭肯定論, 林房雄 著, 番町書房 1966. 10. 25.

제8상 유럽에서 시작된 제2차 세계대전

1) 상기, 제3제국의 흥망
2) 상기, 서양문명의 역사
3) 상기, スーパ日本史
4) 상기, 제3제국의 흥망
5) 상기, 回想の日本外交
6) 回想の ローズヴェルト, ジョン ガンザ著 早川書房 1968. 7. 15.
7) 小說 太平洋戰爭, 山岡莊八著 講談社 1967. 7. 25.
8) 상기, 太平洋戰爭がよくわかる本
9) アメリカの鏡: 日本, ヘレン ミアーズ著 メディクス 2002. 2. 15.
10) 상기, 太平洋戰爭がよくわかる本
11) 상기, ルーズベルト秘錄
12) 상기, 太平洋戰爭がよくわかる本
13) 상기, 小說 太平洋戰爭
14) 상기, ルーズベルト秘錄
15) 강대국의 흥망, 폴 케네디著 韓國經濟新聞社 1996. 10. 5.
16) 상기, 제3제국의 흥망
17) 상기, 英雄の 素顔

제9장 진주만 기습공격

1) 상기, 大東亞戰爭の實相
2) 상기, ルーズベルト秘錄
3) 상과 동
4) 상기, 大東亞戰爭の實相
5) 상기, 小說 太平洋戰爭
6) 상기, 太平洋戰爭がよくわかる本
7) ニミツの 太平洋海戰史, C.W.ニミツ, E.B.ポツター 共著 恒文 社 1967. 3. 15.
8) 상기, ルーズベルト秘錄
9) 상기, 回想の ローズヴェルト
10) 상기, 小說 太平洋戰爭
11) 상기, 大東亞戰爭の 實相
12) 상기, 小說 太平洋戰爭
13) トラ トラ トラ, 讀賣新聞の總力取材, 中公文庫, 2001. 10. 25.
14) 상기, 回想の ローズヴェルト

제10장 일본군의 승전과 패전

1) 帝國陸軍の 最後, 伊藤正德著 文藝春秋 1969. 4. 25.
2) 상기, 日本軍政下の アジア
3) 상기, 太平洋戰爭がよくわかる本
4) 상기, ニミツの 太平洋海戰史
5) 상기, 帝國陸軍の 最後
6) 상기, アメリカの 鏡: 日本
7) 상기, ルーズベルト秘錄
8) 상과 동
9) 상기, 回想の ローズヴェルト
10) 상기, ルーズベルト秘錄
11) 상기, 回想の ローズヴェルト

12) 상기, ルーズベルト秘錄

제11장 전시하의 조선인

1) 韓美修交100年史, 新東亞 별책부록 1982. 1월호
2) 상기, 雩南 李承晩
3) 상기, 解放前後史의 認識
4) 상기, 日本による朝鮮支配の40年
5) 상기, 解放前後史의 認識
6) 식민지 조선에서, 파냐 이사악꼬브나 샤브쉬나著 한울 1996. 3.8.
7) 상과 동
8) 친일변절자 33인, 친일문제연구 이광식 가람기획 1995. 2.1.
9) 상기, 청산하지 못한 역사
10) 상기, 브루스 커밍스의 한국현대사
11) 상기, 청산하지 못한 역사
12) 親日文學論, 林鍾國著 平和出版社 1983. 6.6.
13) 상기 고쳐쓴 한국현대사
14) 상기, 解放前後史의 認識 '반민특위의 활동과 와해' 오익환
15) 상기, 청산하지 못한 역사
16) 상과 동
17) 상과 동
18) 상기, 解放前後史의 認識
19) 상기, 여운형평전
20) 상기, 長征

제12장 일본의 패망

1) 상기, 帝國陸軍の最後
2) 상기, アメリカの鏡: 日本
3) 상기, 帝國陸軍の最後

4) 상과 동

5) 상과 동

6) 상과 동

7) マッカーサーの日本, 週刊新潮編集部 新潮社 1970. 7. 30.

8) 상기, アメリカの鏡: 日本

9) 太平洋戰爭とは何だつたのか, クリストフア ソーン著 草思社 2001. 8. 20.

10) 상기, マッカーサーの日本

11) '昭和天皇獨白錄' 文藝春秋, 1999. 12. 25.

제13장 한반도의 분단

1) 解放前後의 認識, '窓' 李善熙 '해방문학선집' 종로서원, 1946

2) 상과 동, '소설을 통해본 해방직후의 사회상' 廉武雄

3) 상과 동, '분단의 배경과 고정화 과정' 金學俊

4) 한국분단사연구, 신복룡지음 한울 2001. 8. 30.

5) 상과 동

6) 상기, ルーズベルト秘錄

7) 상기, 한국분단사연구

8) 상과 동

9) 상기, '분단의 배경과 고정화 과정'

10) 美軍政下의 韓國政治現場 趙庸中著 나남 1990. 12. 25.

11) 상과 동

12) 상기, 解放前後의 認識, '해방의 민족사적 인식' 宋建鎬

13) 상과 동

14) 상기, 한국분단사연구

조선은 왜 일본의 식민지가 되었는가

새로운 시각 분석

일백년 전
'조선멸망기'

이덕주 지음
총 368쪽 / 값 12,000원

"조선은 왜 망했는가? 쇄국적 유교체제때문에, '당쟁망국론', '부패관리 망국론', 심지어 매국노 이완용의 합방서명때문이라는 곁가지 요인만 추적해 왔으나 정작 조선이 건국한 지 518년 만에 소멸한 국가멸망의 본질적 심층 분석은 시도하지 않고 있다."

이 책은 일백년 전 강국의 힘의 각축 속에서 조선이 일본의 식민지가 된 요인은 허약한 나라의 방위체제와 위기에 대한 대처능력 부족이 본질적 원인이라는 색다른 시각의 분석을 내놓고 있다.

에디터

1